普通高等学校“十一五”规划教材
高职经管类精品教材

财务管理

第2版

主　　编　程世平　王稼才

副主编　方东明

编写人员（以姓氏笔画为序）

王稼才　方东明　吴金菊

何　方　张　良　张树琪

程世平

中国科学技术大学出版社

内 容 简 介

首先，在内容上以就业为导向，注重岗位能力的培养，体现实践性和可操作性；其次，形式上突出新颖性和趣味性，加大教材案例化程度，各章节开篇有导入案例，同时加入一些“小思考”“小专栏”“观念应用”等，形象直观、深入浅出，章后有“小结”“案例分析”“思考与练习题”等，便于学生学习；最后，教材按照精品课程建设的有关要求，配套辅助教学资源。

图书在版编目(CIP)数据

财务管理/程世平，王稼才主编. —2版. —合肥：中国科学技术大学出版社，2012.1(2020.7重印)

安徽省高等学校“十一五”省级规划教材

ISBN 978-7-312-02891-5

Ⅰ.财…　Ⅱ.①程…　②王…　Ⅲ.财务管理　Ⅳ.F275

中国版本图书馆CIP数据核字(2012)第005950号

出版　中国科学技术大学出版社

安徽省合肥市金寨路96号，230026

http://press.ustc.edu.cn

https://zgkxjsdxcbs.tmall.com

印刷　安徽省瑞隆印务有限公司

发行　中国科学技术大学出版社

经销　全国新华书店

开本　710 mm×960 mm　1/16

印张　21.5

字数　422千

版次　2006年12月第1版　2012年1月第2版

印次　2020年7月第8次印刷

定价　40.00元

再版前言

《财务管理》教材自2006年出版至今已经有五年。五年间,我国的财务、会计和税收方面的法规都发生了很大的变化。其中,新的《企业会计准则》、《企业财务通则》的颁布,《企业所得税法》的修改,对企业的财务管理工作都产生了一定的影响。为了跟上国家财经政策法规变化的步伐,我们对第一版教材做了相应的修订,并对第一版中部分内容做了进一步完善,以期使本教材更符合高职教育的需要。

在本次教材修订中,我们根据《企业会计准则》的变化重新编写了第十章"财务分析",修订了第一章"财务管理概述";针对第一版的不足,重新编写了第四章"资本成本和资本结构"、第五章"投资决策";删除了第二章、第三章、第六章和第七章中的部分内容,在这些内容中,有些与现行的法规不符合,有些题难度较大、理论性太强,不适用高职学生学习,有些与其他课程重复;对其他章节,修正了部分文字和数字,修订了部分内容。

本教材由程世平进行总体方案策划、统稿和定稿工作。参加编写的人员和分工为:王稼才(第一章),何方(第二、三章),张良(第六、七章),方东明(第十、十一章),吴金菊(第四、五章),张树琪(第八、九章)。

五年来,本教材得到了社会公众和业内专家的认可,多所院校的老师和学生都在使用本教材,2007年,本教材获评安徽省高职高专院校省级规划教材。社会各方的支持与厚爱,使得本教材得以修订再版,在此我们表示衷心的感谢!

编　者

前　　言

本书是按照教育部《关于以就业为导向深化高等职业教育改革的若干意见》中大力推进高等职业教育的改革和发展，培养大批高级技能型应用人才的精神，结合高职高专教育的特点，并根据高职高专学生的素质能力和培养目标的要求编写的。

本书的编写致力于转变教育思想，更新教育观念，配合高等职业院校教学课程改革，突出高等职业教育的特点，以培养技术应用能力和综合素质为主线，坚持“创新性、通俗性、实践性”的原则，使教材的内容和教学要求体现出培养高级技能型应用人才的目标。

另外，为了方便教师和学员，在每章课后还准备了丰富的习题，其配套的参考答案可在中国科学技术大学出版社网站中免费下载(http://press.ustc.edu.cn)。

本书对教材的编写方法进行了一定的改革，尽量做到文字简明扼要、通俗易懂，版面形式灵活。本书的每一章均借助引例导学，同时加入了一些“小思考”、“小专栏”、“观念应用”等，形象直观，深入浅出，以提高学生的学习兴趣，拓展学生的知识面，进一步培养学生分析问题和解决问题的能力。

本书由程世平和王稼才担任主编，方东明担任副主编，由程世平进行总体方案策划、统稿和定稿工作。参加编写的人员和分工为：王稼才（第一、四、五章），何方（第二、三章），闻学（第六、七章），方东明（第十、十一章），杜世东（第八、九章），吴金菊（修改部分章节）。

在编写过程中，参考了很多同行的著作和部分网站的资料，有些已在“参考文献”中说明，但难以尽收，请有关作者包涵和谅解，在此也深表感谢。由于编者水平有限，书中存在不妥之处，欢迎广大读者批评指正。

编　者

2006 年 12 月

目　录

再版前言 …………………………………………………………（Ⅰ）

前言 ………………………………………………………………（Ⅲ）

第一章　财务管理概述 ……………………………………………（1）

第一节　财务管理的涵义 ………………………………………（3）

一、企业财务活动……………………………………………（3）

二、企业财务关系……………………………………………（4）

三、财务管理的涵义…………………………………………（6）

第二节　财务管理的内容 ………………………………………（7）

一、筹资管理…………………………………………………（7）

二、投资管理…………………………………………………（7）

三、营运资本管理……………………………………………（8）

四、收益分配的管理…………………………………………（8）

第三节　财务管理目标 …………………………………………（9）

一、财务管理的总体目标……………………………………（9）

二、财务管理的具体目标……………………………………（11）

三、财务管理目标的矛盾与协调……………………………（12）

四、企业财务管理目标与社会责任…………………………（15）

第四节　财务管理环境 …………………………………………（15）

一、经济环境…………………………………………………（16）

二、法律环境…………………………………………………（18）

三、金融市场环境……………………………………………（22）

第五节　财务管理基本环节 ……………………………………（29）

一、财务预测…………………………………………………（29）

二、财务决策…………………………………………………（30）

三、财务规划…………………………………………………（31）

四、财务控制…………………………………………………（32）

五、财务分析…………………………………………………（32）

本章小结 …………………………………………………………（32）

关键概念 …………………………………………………………（33）

复习思考题 ………………………………………………………（33）

综合练习题 ……………………………………………………………………………（34）

第二章　资金时间价值与风险分析 …………………………………………………（39）
第一节　资金时间价值 ……………………………………………………………（40）
一、资金时间价值的概念………………………………………………………（40）
二、一次性收付款项终值和现值的计算………………………………………（42）
三、年金终值和现值的计算……………………………………………………（45）
四、利率的推算…………………………………………………………………（52）
第二节　风险分析 …………………………………………………………………（53）
一、风　险………………………………………………………………………（54）
二、风险报酬……………………………………………………………………（57）
三、风险的衡量…………………………………………………………………（58）
四、风险的控制…………………………………………………………………（62）
本章小结 ……………………………………………………………………………（63）
关键概念 ……………………………………………………………………………（64）
综合练习题 …………………………………………………………………………（64）

第三章　企业筹资方式 ………………………………………………………………（69）
第一节　企业筹资概述 ……………………………………………………………（70）
一、企业筹资的目的……………………………………………………………（70）
二、企业筹资的原则……………………………………………………………（71）
三、企业筹资的渠道与方式……………………………………………………（72）
第二节　权益资金的筹集 …………………………………………………………（74）
一、吸收直接投资………………………………………………………………（74）
二、发行股票……………………………………………………………………（76）
第三节　负债资金的筹集 …………………………………………………………（81）
一、短期借款筹资………………………………………………………………（81）
二、长期借款筹资………………………………………………………………（84）
三、债券筹资……………………………………………………………………（85）
四、融资租赁……………………………………………………………………（89）
本章小结 ……………………………………………………………………………（91）
关键概念 ……………………………………………………………………………（92）
综合练习题 …………………………………………………………………………（92）

第四章　资本成本和资本结构 ………………………………………………………（94）
第一节　资本成本 …………………………………………………………………（96）
一、资本成本及其作用…………………………………………………………（96）

二、个别资本成本……………………………………………………………………（97）
三、综合资本成本(加权平均资本成本)…………………………………………（102）
四、边际资本成本……………………………………………………………………（104）
第二节　杠杆效应 ……………………………………………………………………（107）
一、杠杆效应的含义…………………………………………………………………（107）
二、经营杠杆效应……………………………………………………………………（107）
三、财务风险与财务杠杆……………………………………………………………（109）
四、复合杠杆效应……………………………………………………………………（112）
第三节　资本结构 ……………………………………………………………………（113）
一、资本结构的含义…………………………………………………………………（113）
二、影响企业资本结构决策的因素…………………………………………………（114）
三、资本结构决策方法………………………………………………………………（115）
四、资本结构的调整…………………………………………………………………（120）
本章小结 ………………………………………………………………………………（122）
关键概念 ………………………………………………………………………………（122）
复习思考题 ……………………………………………………………………………（123）
综合练习题 ……………………………………………………………………………（123）

第五章　项目投资决策 ……………………………………………………………（129）
第一节　项目投资概述 ………………………………………………………………（130）
一、投资的涵义和种类………………………………………………………………（130）
二、项目投资的概念及特点…………………………………………………………（131）
三、项目投资决策及其影响因素……………………………………………………（132）
四、项目投资资金的投入方式………………………………………………………（134）
五、项目投资的决策程序……………………………………………………………（134）
第二节　项目投资的现金流量分析 …………………………………………………（135）
一、现金流量的涵义…………………………………………………………………（135）
二、现金流量的构成…………………………………………………………………（136）
三、现金流量的计算…………………………………………………………………（137）
四、投资决策中使用现金流量的原因………………………………………………（139）
第三节　项目投资决策的评价指标 …………………………………………………（140）
一、非贴现现金流量指标……………………………………………………………（140）
二、贴现现金流量指标………………………………………………………………（143）
三、差额投资内部收益率法…………………………………………………………（150）
第四节　项目投资决策指标的应用 …………………………………………………（151）

一、项目投资的方案性质…………………………………………………(151)
二、独立方案财务可行性的决策………………………………………(151)
三、互斥方案比较选择的决策…………………………………………(152)
四、投资组合的决策(相容选择的决策)………………………………(155)
本章小结 ………………………………………………………………(157)
关键概念 ………………………………………………………………(158)
复习思考题 ……………………………………………………………(158)
综合练习题 ……………………………………………………………(158)
第六章　证券投资管理 ……………………………………………(163)
第一节　证券投资概述 ……………………………………………(164)
一、证券投资的涵义……………………………………………………(164)
二、证券投资的目的……………………………………………………(164)
三、证券投资的原则……………………………………………………(165)
四、证券投资的分类……………………………………………………(165)
第二节　债券投资 …………………………………………………(166)
一、债券投资的特点……………………………………………………(166)
二、债券的主要内容……………………………………………………(167)
三、债券投资的价值分析………………………………………………(167)
四、债券投资的信誉评级………………………………………………(171)
五、债券投资的优缺点…………………………………………………(172)
第三节　股票投资 …………………………………………………(172)
一、股票投资的目的……………………………………………………(172)
二、股票投资的特点……………………………………………………(173)
三、股票投资的相关概念………………………………………………(174)
四、股票投资的价值分析………………………………………………(175)
五、股票投资的优缺点…………………………………………………(178)
第四节　基金投资 …………………………………………………(179)
一、投资基金的概念……………………………………………………(179)
二、基金投资的特点……………………………………………………(180)
三、基金投资的基本要素………………………………………………(180)
四、投资基金的分类……………………………………………………(180)
五、投资基金的估值……………………………………………………(182)
本章小结 ………………………………………………………………(185)
关键概念 ………………………………………………………………(185)

综合练习题 …………………………………………………………………… (186)

第七章　营运资金管理 …………………………………………………… (188)
第一节　营运资金概述 ………………………………………………… (188)
一、营运资金的概念……………………………………………………… (188)
二、营运资金的特点……………………………………………………… (189)
第二节　现金管理 ……………………………………………………… (190)
一、现金管理的动机……………………………………………………… (190)
二、现金的成本…………………………………………………………… (191)
三、最佳现金持有量……………………………………………………… (192)
四、现金的日常控制……………………………………………………… (194)
第三节　应收账款管理 ………………………………………………… (198)
一、应收账款的功能与成本……………………………………………… (198)
二、应收账款的管理……………………………………………………… (200)
第四节　存货管理 ……………………………………………………… (205)
一、存货的功能与成本…………………………………………………… (205)
二、存货规划……………………………………………………………… (207)
三、经济订货批量………………………………………………………… (210)
四、存货 ABC 分类管理 ………………………………………………… (213)
五、适时管理系统………………………………………………………… (215)
本章小结 ……………………………………………………………… (217)
关键概念 ……………………………………………………………… (217)
综合练习题 …………………………………………………………… (218)

第八章　利润分配 ……………………………………………………… (221)
第一节　利润分配概述 ………………………………………………… (222)
一、利润分配基本原则…………………………………………………… (222)
二、确定利润分配政策时应考虑的因素………………………………… (223)
第二节　股利理论与股利政策 ………………………………………… (226)
一、股利理论 …………………………………………………………… (226)
二、股利政策……………………………………………………………… (227)
第三节　利润分配程序与方案 ………………………………………… (231)
一、股份制企业的利润分配程序………………………………………… (231)
二、股利分配方案的确定………………………………………………… (232)
第四节　股票分割与股票回购 ………………………………………… (235)
一、股票分割……………………………………………………………… (235)

二、股票回购 …………………………………………………… (236)
本章小结 ………………………………………………………… (237)
关键概念 ………………………………………………………… (238)
综合练习题 ……………………………………………………… (239)
第九章　财务预算 ……………………………………………… (244)
第一节　财务预算体系与作用 ………………………………… (244)
一、财务预算的含义 ……………………………………………… (244)
二、财务预算在全面预算体系中的地位 ………………………… (245)
三、财务预算的作用 ……………………………………………… (245)
第二节　财务预算的方法 ……………………………………… (246)
一、固定预算与弹性预算 ………………………………………… (246)
二、增量预算与零基预算 ………………………………………… (250)
三、定期预算与滚动预算 ………………………………………… (251)
第三节　现金预算与预计财务报表的编制 …………………… (252)
一、现金预算的编制 ……………………………………………… (252)
二、预计财务报表的编制 ………………………………………… (261)
本章小结 ………………………………………………………… (263)
关键概念 ………………………………………………………… (264)
综合练习题 ……………………………………………………… (264)
第十章　财务分析 ……………………………………………… (270)
第一节　财务分析概述 ………………………………………… (271)
一、财务分析的意义 ……………………………………………… (271)
二、财务分析的内容 ……………………………………………… (272)
第二节　财务分析方法 ………………………………………… (273)
一、趋势分析法 …………………………………………………… (273)
二、比率分析法 …………………………………………………… (275)
三、因素分析法 …………………………………………………… (275)
第三节　财务指标分析 ………………………………………… (278)
一、偿债能力分析 ………………………………………………… (279)
二、营运能力分析 ………………………………………………… (283)
三、赢利能力分析 ………………………………………………… (287)
四、发展能力分析 ………………………………………………… (290)
五、综合指标分析 ………………………………………………… (293)
本章小结 ………………………………………………………… (299)

关键概念 …………………………………………………………… (300)
综合练习题 …………………………………………………………… (300)

第十一章　企业资本经营 ………………………………………… (304)
第一节　资本经营概述 ………………………………………… (305)
一、资本经营的目标……………………………………………… (305)
二、资本经营的前提条件………………………………………… (305)
第二节　企业并购与控股 ……………………………………… (306)
一、企业并购……………………………………………………… (307)
二、企业控股……………………………………………………… (312)
第三节　企业重组与托管 ……………………………………… (313)
一、企业重组……………………………………………………… (313)
二、企业托管……………………………………………………… (317)
第四节　企业破产与重整 ……………………………………… (319)
一、企业破产……………………………………………………… (319)
二、企业重整……………………………………………………… (321)
本章小结 …………………………………………………………… (321)
关键概念 …………………………………………………………… (322)
综合练习题 ………………………………………………………… (322)

附表一　1元复利终值系数表………………………………………… (323)

附表二　1元复利现值系数表………………………………………… (324)

附表三　1元年金终值系数表………………………………………… (325)

附表四　1元年金现值系数表………………………………………… (326)

参考文献 ………………………………………………………………… (327)

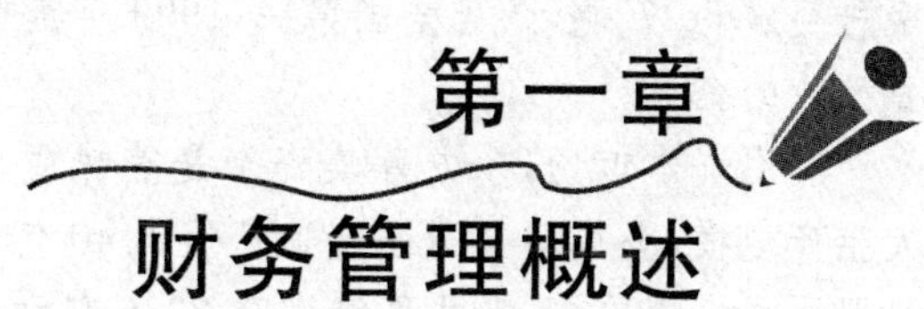

第一章 财务管理概述

学习目标

本章是财务管理课程的理论基础，主要介绍财务管理的基本概念、基础知识，为理解财务管理知识体系和学习以后各章奠定基础。通过本章学习，要掌握财务管理的概念，了解财务活动与财务关系，掌握财务管理的内涵和内容，明确财务管理的总体目标和具体目标，熟悉各种财务管理的环境及其对企业理财的影响，一般掌握财务管理的基本环节和基本方法。

引例
YINLI

适应理财环境，寻求投资良机——“燕京”啤酒的成功之路

创立于20世纪80年代的北京燕京啤酒集团（以下简称为“燕啤”）已成长为民族啤酒业的领头人。每年100多万吨的产销量，8亿多元的利税总额，并拥有当今世界最先进的纯生啤酒生产线，年产纯生啤酒10万吨。短短十多年，燕啤是怎样取得了这样巨大成功的呢？

市场竞争是企业发展的动力。20世纪90年代中后期，中国啤酒业市场竞争异常激烈，洋啤酒的攻势和国内几大啤酒生产企业的竞争相继拉开序幕。面对国内啤酒业的合资浪潮，燕啤坚持不合资，与洋啤酒展开了较量，在北京市场，与几十种品牌的外国啤酒竞争，苦苦奋战。现如今，已占总产量近三分之一的燕啤中高档啤酒，在北京的销售量比所有的外国品牌啤酒销量总和还要多，占据绝对优势。

勇于开拓国际市场。燕啤在开拓国内市场的同时积极开拓国际市场。与洋啤酒的竞争中，燕啤十分注意学习人家的长处，吸取有益的经验。燕啤的技术人员先后到美、日、德等国家有名的啤酒生产企业学习考察，引进先进技术和工艺设备。在竞争中，燕啤得到了很大发展。1994年至今，燕啤平均每年扩产

16万吨，相当于一年新增一个大型啤酒厂。继1996年在全国同行业中产销量率先突破50万吨，跃居全国第一，1999年燕啤又成为我国第一家年产啤酒突破百万吨的企业。

利用资本市场，多方筹集资金是燕啤成功的关键。通过多方筹集资金，扩大生产规模，全集团公司固定资产达到40亿元，而资产负债率不超过10%。通过股票成功上市，3年共募集资金23.6亿元，今后几年还可以采取其他多种筹资方式募集大量资金，这样到1999年实现纯利润3.8亿元，成为全国同行业和北京市地方工业经济效益最好的企业。

2000年以来，燕啤加快了向全国市场扩张的步伐。一方面，扩大国内中心地市的市场销售；另一方面合理调整资本结构，在低成本扩张上实现突破性进展。燕啤通过增资控股的方式，分别组建了江西、武汉等4家大型燕京啤酒分公司。据测算，目前新建一条年产10万吨的啤酒生产线需投资5亿元左右，燕啤只投资2.7亿元，此外又追加了1亿多元的技术改造资金，就使这4家企业具备42万吨啤酒生产能力。燕啤的低成本扩张有几条原则，即合作伙伴必须是整体情况比较好的企业、有一个好的领导班子、当地水质资源好、设备可以改造、产品有市场需求等。

燕啤公司认为，市场占有率就是质量。燕京啤酒在北京市场的占有率已高达90%以上，在全国的市场占有率达到5%。市场占有率的不断提高，根本上取决于产品质量。人们发现，在燕京啤酒的商标上都印有"矿泉水酿造"字样。经权威部门检测，生产燕啤所用的水为地下200米深处的优质矿泉水，尤其是锶的含量比一般矿泉水还要高。独一无二的水资源决定了燕京啤酒特有的品质。

燕啤还有另外一个得天独厚的条件，那就是与权威的中国食品发酵研究所建立了良好的合作关系。公司为研究所专家们提供科研条件，同时享受科研成果优先使用权。国家"七五"、"八五"科技攻关项目"酶法糖化工艺"、"高发酵度酵母实验"等都是在燕京啤酒集团公司完成的，并在这里第一个转化为生产力。原轻工部推广的12项重大科技成果有8项是在燕啤率先推广应用。另外，每年请专家和教授到公司搞培训，举办各种技术讲座，传授啤酒生产方面的最新知识。这一切，无疑使燕啤总能站在技术制高点。另外，燕啤的技术改造步伐从未停顿，他们在90年代的技术改进投资达到20亿元左右。1999年投资1.36亿元建成的纯生啤酒生产线，工艺装备和生产技术达到国际领先水平。

资料来源：王代成《财务管理教学案例》

思考 燕啤规模壮大的途径有哪些？燕啤是怎样利用外部环境来进行理财的？

第一节　财务管理的涵义

财务管理是关于企业资金及其运动的管理。企业资金及其运动构成了企业的财务活动，在企业资金运动过程中形成了企业与各个方面的经济关系，这就是企业的财务关系。为了明确财务管理的概念及基本内容，必须首先分析企业的财务活动及由财务活动引起的各种财务关系。

一、企业财务活动

企业的生产经营过程实际上是企业所占用的资金在各种形态下的不断转化，并且最终达到其价值增值的过程。这一过程是通过企业一系列财务活动运作来完成的。例如，企业要开展生产经营，首先要筹集到能满足其生产经营规模要求的一定数额的资金，然后通过有效的资金配置和投放，转化为各类生产经营要素，各种生产经营要素通过使用后形成企业的生产经营成果，再通过销售收回所付出的经营成本并获得经营利润，最后进行合理的收益分配，确保企业再生产活动得以继续进行。企业资金这种周而复始、不断循环往复的运动就是企业资金运动，这种由于企业资金循环周转运动而形成的经济活动便构成了企业的财务活动。企业财务活动贯穿于企业经营过程的始终，一般地应包括以下几个方面：

第一，筹资活动是企业财务活动的起点。企业从事生产经营活动，必须筹集资金，企业性质和组织形式不同，其筹资渠道和筹资方式也不相同。一般情况下，任何企业都要首先筹集主权资金，企业发起人或股东是企业主权资金的主要投资人；其次是筹集债务资金，债权人的投资是现代企业资金来源的主要渠道之一。企业从股东、债权人那里筹措的资金，一般是货币资金形态，也可以是实物、无形资产形态。筹集必要的资金是企业进行生产经营活动的基本条件，筹资活动既是企业财务活动的起点，也是企业进行其他一切生产经营活动的基础。

第二，投资活动是构成企业财务活动的主要内容。企业筹资的目的是为了投资，只有将资金投放于企业的经营活动才能实现资金的增值。事实上，企业一般是在确定了投资方向之后才筹集资金。但只有当筹集到资金后才可实施其投资活动。企业投资可以分为对内投资和对外投资。对内投资是指企业把资金投放于企业内部，用于购买厂房、生产设备、原材料等生产经营用的资产，这是企业投资的主体。对外投资是指通过购买其他企业的股票、债券，或对其他企业进行的直接投资。对外投资的主要目的是将企业的闲置资金利用起来，或者是为了企业长远利益的需要影响和控制被投资单位以获得长期经济利益。

第三，资金营运活动是财务活动的又一核心内容。企业将资金投放于生产经营活动中之后，形成企业的各种资产，这些资产主要分为两大类：一类是流动资产，包括现金、应收账款、存货等；二类是固定资产（或长期资产），主要包括厂房、机器设备等。在企业生产经营中，对固定资产的管理一般是由使用部门负责。流动资产在企业经营中随着经营过程的进行不断变换其形态，其周转速度和使用效率直接影响企业的经营收益，由此形成企业财务管理的重要内容。对流动资产周转速度和使用效率的管理，一般称为企业营运资金的管理。

第四，分配活动是企业生产经营的最终目的。企业生产经营的最终目的就是为了获得各种收益，并进行合理的分配。收益分配活动包括广义分配活动和狭义分配活动，广义分配活动是对企业经营收入的分配或分割过程，而狭义分配活动是对企业净收益的分配。企业收入分配主要包括：弥补生产经营消耗，支付各种费用，缴纳流转税，形成营业利润和利润总额。对于企业获取的利润，必须按规定的程序进行分配。利润总额分配主要包括：首先按规定的税率向国家缴纳所得税，弥补以前年度亏损，提取各种公积金、公益金，再确定应向投资者分配的利润和企业需要留存的收益。

上述企业财务活动的几个方面，都是由企业的资金运动引起的，它们之间具有相互联系、互为依存的关系，形成了完整的财务活动体系，它们共同组成了企业财务活动的基本内容。

二、企业财务关系

企业财务活动，一方面体现了企业经营活动中的资金运动，另一方面也体现了与企业相关的各方面的经济关系。这种由企业财务活动引起的企业与各方面的经济关系称为企业财务关系。企业财务关系主要有以下几个方面：

（一）企业与所有者之间的财务关系

企业与所有者之间的财务关系，主要是指所有者向企业投入资金，并据以拥有企业净资产的终极所有权和收益分配权的关系。任何一个企业都是由所有者出资投入才得以成立的，企业的所有者与企业之间是所有权关系。根据出资主体不同，企业的所有者可以是国家，也可以是其他法人单位或个人。所有者按投资章程或合同的规定，向企业投入资金，形成企业的资本金；企业在经营获利以后，也必须按合同、章程的规定向所有者分配利润。企业所有者按投入资金比例的不同，分为拥有控制权的所有者与不拥有控制权的所有者。拥有控制权的所有者直接影响企业的重大经营决策，不拥有控制权的所有者一般只获得投资收益。所有者的资金一旦进入企业，在企业正常经营期间不能抽回，但可以按规定的程序转让。企业经营获利的最大受益者是所有者，企业经营亏损的最大承担者也是所有者。企业财富的增大意味着所有者财富的增大；反之，企业财富的减少也意味着所有者财富的减少。因此，企业与所有者之间的财务关系，体现着所有权的性质及所有者在企业中的利益。

（二）企业与债权人之间的财务关系

企业与债权人之间的财务关系，主要是指企业向债权人借入资金，并按债务合同的规定向债权人按期支付利息和偿还本金的合同关系。负债经营是现代企业的一种普遍的经营方式。企业通过借入资金，可以扩大经营规模，相应地还可以降低企业的筹资成本，提高主权资本的收益率。企业可以向银行或其他非银行金融机构借入资金，也可以通过发行债券向社会筹措债务资金。另外，企业在经营中由于与其他单位在结算往来（购进商品或劳务）中利用商业信用也会形成一定的债务资金。企业借入的资金，必须按债务合同的规定定期向债权人支付利息，并按约定的期限归还债权人本金。企业与债权人之间的财务关系性质上属于债务与债权关系。

（三）企业与债务人之间的财务关系

企业与债务人之间的财务关系，主要是指企业将资金以购买债券或商业信用等形式出借给其他单位并要求债务人按期交付利息和偿还本金的合同关系。企业资金在保证正常经营需要的情况下，为了增大投资收益，可适当地购进部分债券，形成企业的对外投资。进行债券投资，企业有权要求债务人按合同的规定定期支付利息和到期偿还本金。企业在日常经营中，由于与其他单位销售商品或劳务的结算往来利用商业信用形式，使企业资金被其他单位所占用，这种由于企业之间的商业信用所形成的企业与债务人之间的关系，企业有权要求购货方在合同规定的期限内偿还货款。企业与债务人之间的财务关系体现的是债权与债务关系。

（四）企业与被投资单位的财务关系

企业与被投资单位的财务关系，主要是指企业将资金以购买股票或直接投资的方式向其他单位投资所形成的财务关系。企业以股权的方式进行对外投资，可实现企业的多元化经营，降低企业的经营风险，增大企业收益。如果企业对被投资单位拥有控制权，不仅可获得投资收益，还可以控制被投资单位的重大经营决策，实现企业的经营目标。即便是没有控制权的投资，也须按出资数额的大小分配被投资单位的税后利润。因此，企业与被投资单位的财务关系体现的是企业投资的所有权性质与被投资单位的利益关系。

(五)企业与职工之间的财务关系

企业与职工之间的财务关系，主要是指企业向职工支付劳动报酬过程中所形成的财务关系。企业职工是企业生产经营活动的主要参与者，在企业生产经营中付出了体力的和脑力的劳动。企业必须根据职工提供的劳动数量和质量，用其收入向职工支付劳动报酬，并提供必要的福利和保险待遇。企业与职工之间的这种财务关系，体现了企业与职工个人在劳动成果上的分配关系。

(六)企业内部各单位之间的财务关系

企业内部各单位之间的财务关系，主要是指企业内部各单位之间在生产经营各环节中相互提供产品或劳务所形成的经济关系。企业在实行厂内分级核算制和内部经营责任制的条件下，企业产供销各个部门以及各个生产单位之间，相互提供产品和劳务也要计价结算。这种在企业内部形成的结算关系，体现了企业内部各单位之间的利益关系。

(七)企业与国家之间的财务关系

企业与国家之间的财务关系，主要是指由企业向国家纳税所形成的国家与企业之间的财务关系。国家政权机关承担对全社会的管理工作，为维持国家机器的正常运转，必须向各类纳税人(包括企业)征收税款。任何企业在其正常的经营过程中，都要依法向国家缴纳各种税金，包括所得税、流转税和计入成本的税金等。向国家缴纳各种税金是每个企业必须履行的责任和义务。这种由企业向国家纳税所形成的国家与企业之间的财务关系，是自企业成立便形成的，向国家缴纳各种税金是每个企业必须履行的责任和义务。这种关系体现的是一种强制和无偿的分配关系。

从上所述可以看出，企业的财务活动引起了企业与各方面的财务关系，这就要求企业在组织财务活动的过程中，必须正确处理与各方面的经济关系，遵守国家的法律法规，履行有关合同，保护各方面的利益，协调与各方面的关系，以提高企业生产经营活动的效率。

三、财务管理的涵义

企业的资金及其运动构成了企业的财务活动，企业财务活动又引起了企业与各方面的一系列财务关系。因此，财务管理就是企业为实现既定的经营目标，在国家法律法规允许的范围内，遵循资金运动的特点和规律性，有效地组织企业资金运动，正确处理各种财务关系的一项经济管理工作。财务管理作为企业管理的一个重要组成部分，与企业其他管理工作相比，其最大的特点在于它是一种价值管理活动。这一特点决定了企业财务管理主要是对企业筹资、投资、营运资金及利润分配的管理，由此而构成了财务管理的基本内容。

第二节　财务管理的内容

企业财务活动及其所体现的财务关系构成了财务管理的基本内容。财务管理的基本内容主要包括以下几个方面：

一、筹资管理

筹资活动是企业财务活动的起点，对筹资活动进行管理构成了企业财务管理的一项主要内容。企业面对不同的资金来源渠道可以采取不同的筹资方式进行筹资，筹资的过程实际上是一个筹资的决策过程。在企业资本需要量总额一定的情况下，企业既可以从所有者那里筹集主权资本，也可以从债权人那里筹集债务资本；企业资本既可以从外部筹集，也可以通过企业内部留存收益筹集；即便是从外部筹集资本，既可以在公开的资本市场上筹集资本，也可以通过银行等金融机构筹集资本。这就需要企业在不同的筹资方式之间进行权衡。企业在筹集资本时，还存在确定长短期资本的比例、主权资本和负债资本的比例等问题，即资本结构问题，这些都是需要企业进行筹资决策的问题。企业进行筹资管理，应遵循的基本原则是：尽可能扩大筹资的渠道，选择最有利的筹资方式，在满足企业资金需要量的情况下，降低筹资成本，减少企业的风险。

二、投资管理

企业的投资活动形成企业的各种资产，这些资产在企业经营活动中发挥不同的作用，从而使企业获得利润。投资方案的正确与否，直接影响企业未来的收益。正确的投资决策，可以获取高额的投资报酬；错误的投资决策，可能给企业造成损失，严重时还会导致企业经营失败。因此，投资决策构成企业财务管理的又一重要内容。

衡量企业投资方案优劣的一个重要指标是投资项目未来所能带来的现金

流量。同等投资额的情况下，未来现金流量的折现值越大，投资方案越优。因此，企业在进行投资决策时，必须选择正确的投资方向，比较不同投资方案的未来现金流量，同等情况下，选择投资报酬最大的投资方案。

企业投资按资金投向的不同，可分为对内投资和对外投资。对内投资是企业基本的投资活动，对外投资主要是进行证券投资。证券投资与资本市场直接相关。如何进行证券投资和进行怎样的证券投资组合，已成为现代企业投资管理的重要内容。总之，不论是对内投资，还是对外投资，企业都必须在各种投资方案之间进行比较，权衡各种投资方案的风险和报酬，选择最优的投资方案，以提高企业总体的投资报酬。

三、营运资本管理

营运资本管理主要是对企业流动资产的管理。企业的流动资产主要包括现金、应收账款、短期有价证券和存货。流动资产的管理涉及企业日常的经营活动，一般情况下，在保证企业正常经营需要的前提下，应尽可能降低在各种流动资产上的资金占用。流动资产随着企业经营活动的进行不断地周转，其周转速度的快慢直接影响企业的经营收益。因此，对营运资本进行管理，一方面应正确地计算企业所需要的各种流动资本的占用量，另一方面还必须加速流动资产的周转，提高流动资产的使用效率。

四、收益分配的管理

收益分配包括销售收入分配和利润分配。企业销售收入分配主要包括：补偿生产经营消耗，支付各种费用，缴纳各种流转税，形成营业利润和利润总额。利润是企业最终的经营成果，企业利润在按规定的税率向国家缴纳所得税后形成企业的税后利润。税后利润是企业所有者的权益，对税后利润的分配形成企业财务管理的又一项重要内容。税后利润主要是在所有者和企业之间进行分配。所有者分配的利润是所有者投资的现实回报，也是所有者进行投资的主要目的；企业留用利润也是所有者的权益，实质上是所有者对企业的再投资，未来的投资收益仍然属于企业所有者。不同的所有者由于投资目的不同，对待分配的利润和企业留用利润的态度是不同的。有些投资者希望得到现实的投资回报，有些投资者希望将利润留在企业以期获得更大的投资报酬，这就直接影响到企业的利润分配决策。另外，企业留用利润实际上又是企业的内部筹资活动，对利润分配的管理又直接影响企业的筹资决策。对此，需要企业进行综合的分析和决策。

第三节 财务管理目标

财务管理目标是企业进行财务管理工作要达到的目的,是评价企业财务活动是否合理的依据。合理地确定企业的财务管理目标,是进行财务管理工作的前提条件,在企业财务管理工作中具有重要的意义。

一、财务管理的总体目标

财务管理是企业管理的一个重要组成部分,企业的一切管理工作都是围绕企业的目标来进行的,因此,财务管理的目标是由企业生产经营目标所决定的。长期以来,关于企业财务管理的总体目标,基于环境的变化及人们认识问题的不同有不同的解释,最常见的有利润最大化、每股利润或资本利润率最大化和企业价值最大化。现代企业财务管理理论一般将企业价值最大化作为财务管理的总体目标。下面具体分析企业财务管理总体目标的演变过程。

(一)利润最大化

以利润最大化作为财务管理目标的基本思路是:只有在企业的收入大于成本和费用的情况下,企业才能获取利润。获取利润是企业经营和发展的基本条件,企业只有赢利才能满足各利益相关者的基本利益要求,因此,应以利润最大化作为企业财务管理的目标。

追求利润最大化是西方企业在相当长的时期内所遵循的财务管理目标,在传统的西方微观经济学中一般都是以利润最大化作为其生产目的和理论基础的。这说明以利润最大化作为企业财务管理的目标,具有一定的合理性。因为,企业在追求利润最大化的过程中,必须不断地强化企业内部的管理,采用新的生产技术,提高劳动生产率,生产出适销对路的产品,并不断地降低成本,扩大销售。企业为追求利润所采取的这些措施,有利于提高企业的经济效益。

企业以利润最大化作为财务管理的目标也有其不足:首先,企业为追求利润最大化没有考虑资金的时间价值,往往很少考虑风险因素,由此很容易导致企业为了追求高利润而不顾风险的大小,致使企业所获得的利润与所冒的风险不相配,甚至出现得不偿失的情况;其次,利润是绝对额指标,不能反映投入与产出的对比关系,当不同企业的投资额不等时,不便于直接对比投资收益的大小;再次,利润最大化容易导致企业财务决策的短期行为,造成企业为了眼前利益,而不顾企业的长远发展。由此可见,利润最大化作为企业财务管理的目标具有一定的局限性，尤其是在当前市场竞争激烈，各种不确定性因素竞相出现的情况下，它不是企业最优的财务管理目标。

（二）每股利润或资本利润率最大化

每股利润（或称每股盈余）是净利润额与普通股股数的比值。资本利润率是指净利润额与投入资本额的比值。企业所有者作为企业的投资者，其投资的目的是取得资本收益，具体表现为企业净利润与出资额或普通股股份的对比关系。

每股盈余或资本利润率最大化作为企业财务管理目标，其优点主要包括：直观、明确、容易理解，能避免以利润最大化作为财务管理目标而没有考虑投入与产出关系的缺陷；可以对不同规模的企业、企业的不同期间、企业不同投资规模的项目等进行比较分析；揭示其赢利水平的差异，以进行相应的决策。但是，每股盈余或资本利润率最大化作为企业财务管理的目标，仍然没有考虑资金时间价值因素和风险因素的影响，也不能避免企业的短期行为。

（三）企业价值最大化

现代财务管理理论认为利润最大化和每股盈余最大化都不是财务管理的最优目标，在考虑了资金的时间价值和风险报酬的基础上，提出了财务管理目标应该是实现企业价值最大化。企业价值最大化目标是指通过企业的合理经营，采取最优的经营策略，充分考虑货币时间价值和风险与报酬的关系，在保证企业长期稳定发展的基础上使企业总价值达到最大。

对于上市股份公司而言，企业价值最大化体现在该公司股票市价的最大化。当公司股票市价达到最大值时，股东持有该公司的股票价值也达到最大值，即股东财富达到最大值。所以，企业的财务决策要有利于提高公司股票市价。对于非股份制企业，由于不存在股票市价，因而把企业的价值定义为企业在整个经营期间内预期所取得现金净流量的现值之和。因此，这里所说的企业价值不是指企业账面资产的总价值，而是指企业全部财产的总的市场价值，它反映了企业潜在的或预期的获利能力。

1. 以企业价值最大化作为财务管理目标的积极意义

(1)该目标考虑了资金的时间价值和投资的风险价值，有利于企业统筹规划，合理安排投资方案。

(2)反映了对企业资产保值、增值的要求。从某种意义上说，企业价值越大，使股东财富越来越多，可使企业资产保值、增值。

(3)该目标有利于克服管理上的片面性和短期行为，有利于社会资源合理分配。

(4)在追求股东财富增大的同时,兼顾了其他利益相关者的利益,强调了提高企业整体的收益,可保证企业协调稳定地发展。正因为如此,通常以企业价值最大化作为现代财务管理的整体目标。

2. 以企业价值最大化作为财务管理目标所存在的不足

(1)对于上市公司来说,虽然可以通过股票价格揭示企业价值,然而我们也必须看到,决定股票市价的因素是很复杂的,除了企业自身财务管理水平外,还有许多是企业不可控制的因素。在有些情况下,股票市价与企业财务管理水平并非呈同向变化,特别是在即期市场上的股价不一定能直接揭示企业的获利能力。

(2)对于非上市企业,只有对企业进行专门的评估才能确定其价值。然而在评估企业资产时,又要受到评估标准和评估方式的影响,一般不易做到客观准确,会导致企业价值难以确定。

二、财务管理的具体目标

财务管理的具体目标是按照财务管理的具体内容进行确定的。根据财务管理的具体内容不同,财务管理的具体目标包括以下几个方面:

(一)筹资管理的目标

筹集一定数量的资金是企业进行经营活动的基本条件。企业筹集资金,必须根据国家法律、政策的规定,依法筹集资金。企业从不同的来源,采取不同的方式筹集的资金,其使用的时间、资金成本和财务风险各不相同。企业需要分析不同的筹资渠道,对不同的筹资方式进行比较权衡,做出正确的筹资决策。因此,企业筹资管理的具体目标,应是在满足生产经营需要的前提下,合理选择筹资渠道,降低资金成本和财务风险。

(二)投资管理的目标

企业只有将资金投资于经营过程中才能赚取利润,但任何投资活动都有风险,只是不同投资项目的风险和报酬各不相同。这就要求企业根据市场需要选择正确的投资方向,分析各种因素对企业投资决策的影响,尽可能将资金投向那些风险小报酬高的项目,提高投资项目总的报酬率。因此,企业投资管理的具体目标,应是在认真分析投资项目可行性的前提下,力求提高投资报酬,降低投资风险。

(三)营运资金管理的目标

营运资金是为满足企业日常经营活动的需要而垫支的流动资金。营运资金伴随企业经营过程的进行而周转，其资金周转与经营过程具有一致性。在企业一定的经营时期内，一定数量的营运资金周转得越快，企业可能获得的销售收入越多，赚取的利润越多。因此，企业营运资金管理的具体目标，应是合理使用资金，加速资金周转，不断提高资金的使用效果。

（四）收益分配管理的目标

企业实现的利润，必须在企业的各利益相关者之间进行合理的分配，这涉及国家、企业所有者、债权人、企业管理者、职工及社会各方面的利益。企业必须统筹兼顾，充分考虑各方面的贡献及利益要求，合理进行利润分配。企业赚取了利润，首先应按契约或合同的规定在除所有者外的企业其他利益相关者之间进行分配，然后进行剩余利润分配。企业剩余利润的分配主要是在企业留存收益和向所有者分配利润这两方面进行，这一分配比例的大小，直接影响所有者的当期收益和企业的现金流量，也对其他利益相关者产生潜在影响，进而影响企业的价值。因此，利润分配管理的具体目标，应是合理确定利润的分配比例及分配形式，以提高企业的潜在收益能力，进而提高企业的总价值。

三、财务管理目标的矛盾与协调

企业财务管理的目标是企业价值最大化，而追求企业价值最大化是企业各利益相关者的共同目标。但各利益相关者在这一共同目标下又有各自的不同目标，不同利益主体的目标之间有时会存在矛盾甚至发生冲突。企业理财必须对各利益相关者的财务目标之间的矛盾进行协调，也只有通过对各利益相关者之间矛盾的协调，才能最终实现企业价值最大化的目标。企业的多个利益相关者中，利益关系最为密切且容易发生矛盾的是股东与经营者之间、股东与债权人之间，这两对矛盾是企业中的主要矛盾，它们的协调对企业价值的实现会产生重要的影响。

（一）股东与经营者之间的矛盾与协调

1. 股东与经营者之间的矛盾

现代股份公司由于所有权与控制权的分离，形成了股东与经营者之间的委托代理关系。股东将资金投向企业，委托经营者进行管理，并希望经营者为最大化股东财富而努力工作。从理论上讲，作为代理人的经营者应按股东的最大利益行事。但现实中，经营者可能更关心个人财富的增长、职位的稳定性以及在职消费等个人利益。这种对个人利益的关心在一定程度上限制了他们为谋求股东财富最大化做出努力，甚至在经营者的利益和股东的利益之间会发生矛盾或冲突。股东与经营者之间利益上的矛盾主要表现在以下几个方面：

(1)经营者的享受成本问题。所有者支付给经营者的管理报酬是所有者被放弃的利益，这种所有者被放弃的利益称为享受成本。经营者希望在提高企业价值或股东财富的前提下尽可能多地增加享受成本，而所有者和股东则希望以较小的享受成本支出带来更高的企业价值或股东财富，这便是股东和经营者的主要矛盾。

(2)经营者任职期限问题。经营者受聘于股东，在他们之间签订的相关合同中一般都规定有任职期限。在任职期限内，经营者的决策更多地是为了实现其任职期限内的经营目标。当公司的长期目标与短期目标不一致时，经营者会为了实现短期目标而不顾长期目标，牺牲公司的长期利益可能直接导致股东财富的减少。

(3)管理者的风险回避问题。公司的经营者更重视现有的职位及可控制的资产规模，因此，追求公司稳健地运行是经营者的主要目标之一。当公司面临的风险性决策可能对股东有利时，经营者则有可能为了回避风险而放弃。虽然高风险的决策可能为股东带来高收益，但经营者为了现有的职位可能会放弃一些高风险的项目。

2. 股东与经营者之间矛盾的协调

协调股东与经营者之间的矛盾是实现企业价值最大化目标的前提条件。为此，必须通过企业内部和外部合理的约束和激励机制来促使股东和经营者为了共同的目标而努力。为了协调股东和经营者之间的矛盾，企业内部可采取激励、监督甚至解聘等措施。而资本市场上兼并的威胁和经营者人才市场的作用也在一定程度上从外部缓解了股东和经营者之间的矛盾。

(1)激励。股东为了确保经营者做出最优的财务决策，必须采取有效的激励措施。激励的方式包括股票期权、奖金或额外津贴等，而进行这些激励的依据是公司的经营业绩。公司的经营业绩上升，经营者的报酬也随之上升；反之，则降低。将经营者的报酬与公司经营业绩结合起来是目前普遍采取的一种激励方式，这种方式可确保经营者在追求自身利益的同时增大股东财富。

(2)监督。对经营者实施必要的监督也是协调股东和经营者之间矛盾的一种重要措施。监督的方式包括与经营者签订目标合同、有计划地检查经营者的在职消费、审计财务报表以及限制经营者的决策权等。

(3)解聘。这是股东对经营者进行约束的主要措施，也是股东与经营者之间发生激烈冲突时的解决办法。如果在实施了必要的报酬补偿及监督后，经营者仍然不能实现股东要求的财务目标，股东即可采取相应的方式对经营者予以解聘。经营者因担心被解聘而失去现有的职位就会努力工作，以实现企业的财务目标。

(4)兼并的威胁。这是一种来自资本市场的对经营者的约束机制。当公司由于经营不善而导致股价过低时,很可能被其他的公司收购或兼并,而被兼并公司的经营者将失去现有的职位。所以,经营者为了避免公司被兼并而造成自己失业这种情况的出现,也必须努力提升公司的经营业绩,提高公司股票的价格。

(5)经理市场的作用。经理市场即经营者的人才市场,竞争性经理市场的存在也从外部对经营者形成约束。一般情况下,经营者的才能可通过公司经营业绩及股价反映出来。如果经营者为其所在的公司带来良好的经营业绩,由此可形成经营者的声誉及潜在价值。有着良好经营业绩记录的经营者在经理市场常常是许多公司竞相聘请的对象,而业绩不佳的记录则会使经营者在人才市场上失去竞争力。因此,经营者为了自己的声誉及未来的前途,也应为公司创造良好的业绩。

小思考 1.1

如何理解享受成本?

(二)股东与债权人之间的矛盾与协调

1. 股东与债权人之间的矛盾

股东与债权人都是企业的投资者,但因其投资性质不同,对公司拥有的权利也不同,由于承担的风险不同,其报酬也不同。股东一般拥有公司重大事项的投票权,大股东一般还拥有对公司的控制权,而债权人则没有投票权;债权人只能得到固定的利息收入,股东则是从公司税后利润中分配股利,股利的多少随公司经营业绩的变化而变化。股东与债权人在公司控制权及投资收益上的不同,导致了他们之间的矛盾。首先,股东可能希望通过投资高风险项目而获得高收益,但债权人则希望公司收益稳定,因为高风险项目带来的高收益归股东所有,但高风险项目投资失败的损失则可能由债权人和股东共同承担,这对债权人来讲风险与收益是不对称的;其次,公司举借新债对债权人与股东的影响也不同,通过举借新债可能会使股东获益,但因提高了公司风险会降低已有负债的价值,这实际上损害了原有债权人的利益。

2. 股东与债权人之间矛盾的协调

对于股东与债权人之间矛盾的协调,一般是通过下列方式进行的:

(1)增加限制性条款。即在签订债务合同时增加某些限制性条款,如限制资金的投向、限制公司举借新债、限制公司在现金不足时发放股利、要求公司提供担保条款等。

(2)收回或停止借款。即对于违反债务合同而且可能出现侵蚀债权价值的公司,债权人可收回其债权,以保护自身的权益。

四、企业财务管理目标与社会责任

企业财务管理的目标是追求企业价值最大化,维护利益相关者的利益。但企业在追求价值最大化的过程中是不能忽视其应承担的社会责任的。企业对社会应承担的责任包括:保护消费者的权益,向职工支付合理的工资,对职工进行必要的业务技术培训,创造安全的工作环境,保护环境,控制污染,支持公益性活动等。从表面上或短期来看,企业履行一定的社会责任可能减少了收益或增加了现金支出,从而影响了企业当前的利润,但从实质上或长期来看,企业履行必要的社会责任,是为公司的生存和发展创造条件,也是为了实现公司的财务管理目标。因此,企业实现财务管理目标与履行相应的社会责任是不矛盾的。

第四节　财务管理环境

企业财务活动是在一定的环境下进行的,必然受到环境的影响。财务管理环境是指影响企业财务活动的各种因素和条件。财务管理环境一般可分为宏观环境和微观环境。宏观环境是指影响企业财务活动的各种宏观因素,如政治因素、经济因素、法律因素、金融市场等。微观环境是指影响企业财务活动的各种微观因素,如企业组织形式、生产状况、产品销售市场状况、资本供应情况、企业素质、管理者水平等等。

企业财务管理与其环境是相互依存、相互制约的。一方面,财务管理环境决定企业的财务管理,不同的财务管理环境有不同的财务管理目标、手段和效率,从而要求有不同的财务管理活动;另一方面,企业财务管理对财务管理环境又有反作用,甚至在一定条件下,财务管理有能力改变其环境,特别是改变微观环境。

正确认识财务管理与环境的关系具有重要意义。企业在财务管理时必须主动面对纷繁复杂的环境,研究财务管理环境变化的规律性,通过制定和选择富有弹性的财务管理战略和政策,来抓住环境因素的突变可能出现的各种有利机会,抵御环境变化可能对财务活动造成的不利影响。同时,还要求财务管理要尊重客观环境的存在,发挥主观能动性,扎扎实实地做好财务管理工作,要用科学的方法改变环境。

一、经济环境

财务活动是经济活动的组成部分，经济环境是财务管理的重要环境。财务管理的经济环境是指企业进行财务活动所处的宏观和微观经济条件，主要包括以下几个方面：

（一）宏观经济状况

国家乃至国际的宏观经济运行状况对企业的财务活动有着重要的影响。宏观经济增长速度较快、经济繁荣都会带来企业的快速发展，从而需要更多的资金投入企业的发展、运转，一般企业都需要筹集资金。相反，宏观经济增长缓慢、经济衰退都会给企业带来直接的影响，如影响其销售、生产等，从而影响到企业的财务活动。

（二）经济周期

在市场经济条件下，经济的发展过程既是一个非人力所能完全控制而又有其内在运动规律的过程，无论人们采用什么样的调控手段，它都不可避免地出现或强或弱的波动，并呈现出一种由繁荣、衰退、萧条、复苏再到繁荣的周期性特征。在西方国家，国民生产总值、企业利润和失业率一般被认为是划分经济周期的三个重要标准。高国民生产总值、高企业利润和低失业率是经济繁荣的标志；国民生产总值和企业利润的不断下降以及失业率的不断提高表明经济发展由繁荣趋于衰退；持续的衰退势必造成经济的全面萧条；在经济复苏时期，国民生产总值与企业利润逐渐增加，失业率也开始下降并趋于稳定。

经济的周期性波动对财务管理有着非常重要的影响。在不同的发展时期，企业的生产规模、销售能力、获利能力以及由此而产生的资本需求都会出现重大差异。在经济周期中的理财策略可归纳为表 1.1 所示。

表 1.1　经济周期中的理财策略

复　苏	繁　荣	衰　退	萧　条
1. 增加厂房设备	1. 扩充厂房设备	1. 停止扩张	1. 建立投资标准
2. 实行长期租赁	2. 继续建立存货	2. 出售多余设备	2. 保持市场份额
3. 建立存货	3. 提高价格	3. 停产不利产品	3. 缩减管理费用
4. 引入新产品	4. 开展营销规划	4. 停止长期采购	4. 放弃次要利益
5. 增加劳动力	5. 增加劳动力	5. 削减存货	5. 削减存货
		6. 停止扩招雇员	6. 裁减雇员

（三）经济政策

经济政策是国家进行宏观经济调控的重要手段。国家的产业政策、金融政策、财税政策对企业的筹资活动、投资活动和分配活动都会产生重要影响。如：金融政策中的货币发行量、信贷规模都能影响企业的资本结构和投资项目的选择等；价格政策会影响资本的投向、投资回收期及预期收益。

财务管理人员应当深刻领会国家的经济政策，研究经济政策的调整对财务管理活动可能造成的影响。例如，当大多数投资者还没有将注意力转移到国家经济政策上时，如果企业及时地领会某项经济政策，把握住投资机会，就会得到国家的优化条件。国家的经济政策往往对投资产生长期的效应。

（四）通货膨胀

通货膨胀始终伴随着现代经济的发展。一般认为，在产品和服务质量没有明显改善的情况下，价格的持续提高就是通货膨胀。通货膨胀是困扰企业管理人士的一个重要因素，通货膨胀不仅对消费者不利，对企业的财务活动的影响更为严重。因为，大规模的通货膨胀会引起资本占用的迅速增加；通货膨胀会引起利率的上升，增加企业筹资成本；通货膨胀时期有价证券价格的不断下降，给筹资带来较大的困难；通货膨胀会引起利润的虚增，造成企业的资本流失。

为了减轻通货膨胀对企业造成的不利影响，财务人员应当采取措施予以防范。在通货膨胀初期，货币面临着贬值的风险，这时企业进行投资可以避免风险，实现资本保值；与客户应签订长期购货合同，以减少物价上涨造成的损失；取得长期负债，保持资本成本的稳定。在通货膨胀持续期，企业可以采用比较严格的信用条件，减少企业债权，调整财务政策，防止和减少企业资本流失等等。

（五）利率波动

利率波动对有价证券的影响是：利息率上升，股票、债券价格下降；反之，有价证券价格上升。以利息率上升为例。利率上升意味着闲散资金会流向银行，形成储蓄，市场上用于购买股票及债券的资金减少，导致有价证券供大于求，价格下降。利息率上升也意味着折现率上升，在计算股票、债券的价值（价格）时，结果也会变小。

利息率波动对筹资的影响：利息率上升，筹资成本增加；反之，筹资成本会下降。因此，预期利息率上升时，应发行长期债券，引入长期借款；反之，应发行短期债券，引入短期借款，以节省资金成本。

（六）市场竞争

企业的一切生产经营活动都发生在一定的市场环境中，财务管理行为的选择在很大程度上取决于企业的竞争环境。所谓科学、合理、有效的财务管理行为即是能够适应企业微观经济环境、优化企业财务状况的理财行为。不了解企业所处的市场环境，就不可能深入地了解企业的运行状态，也就很难做出科学的、行之有效的财务决策。

企业所处的市场环境通常包括以下四种：完全垄断市场、完全竞争市场、不完全竞争市场和寡头垄断市场。不同的市场环境对财务管理有不同影响。处于完全垄断市场的企业，销售一般都不成问题，价格波动不大，利润稳中有升，经营风险较小，企业可利用较多的债务资本。处于完全竞争市场的企业，销售价格完全由市场来决定，企业利润随价格波动而波动，企业不宜过多地采用负债方式去筹集资本。处于不完全竞争市场和寡头垄断市场的企业，关键是要使企业的产品具有优势、具有特色、具有品牌效应，这就要求在研究与开发上投入大量资本，研制出新的优质产品，并搞好售后服务，给予优惠的信用条件。

企业市场竞争环境对于财务管理行为的影响表现在各个方面。例如：投资项目赢利能力的大小在很大程度上要取决于将来市场上占有份额的大小；由于银行和投资者的谨慎，竞争能力强的企业总是比其他企业能够较容易地融通到资本；竞争能力不相上下的企业之间，各种财务策略的谋划和运用应注意相通性，避免激烈的互相伤害，如信用条件不应有重大差异等。

另外，企业产品销售与供应市场对企业的财务活动也有重大的影响。例如：企业所经营的产品销售市场发展迅速，需求不断增加，则企业会实现更多的收入，资金充裕，运转有效；相反，如果企业所经营的产品销售市场不断萎缩，需求逐渐减少，则企业实现的收入将会越来越少，资金周转也会出现困难。再如：企业所需要的原料等供应充足，价格稳定，则企业的生产、销售活动会正常进行；相反，供应紧张或价格波动，都会给企业的生产经营造成不利影响，并最终体现在资金运转上。

二、法律环境

财务管理的法律环境是指企业和外部发生经济关系时所应遵守的各种法律法规和规章制度。财务管理中常用的法律规范主要包括：企业组织法规（公司法、企业法）、税收法规（所得税法、流转税法、财产税法、资源税法和行为税法等）、证券法规、财政财务法规（财政法规、财务准则和财务制度）等。

（一）企业组织法规

企业组织必须依法成立。组建不同组织形式的企业，要依照不同的法律规范。它们包括《中华人民共和国公司法》、《中华人民共和国全民所有制工业企业法》、《中华人民共和国外资企业法》、《中华人民共和国个人独资企业法》、《中华人民共和国合伙企业法》等。这些法律规范既是企业组织法，又是企业的行为法。

例如，《公司法》对公司企业的成立条件、设立程序、组织机构、组织变更和终止条件、程序等都做了规定，包括股东人数、法定资本的最低限额、资本的筹集方式等。只有按其规定的条件和程序建立的企业，才能称为“公司”。《公司法》还对公司生产经营的主要方面做出了规定，包括股票的发行和交易、债券的发行和转让、利润的分配等。公司一旦成立，其主要的活动，包括财务管理活动，都要按照《公司法》的规定来进行。因此，《公司法》是公司企业财务管理最重要的强制性规范，公司的理财活动不能违反该法律，公司的自主权不能超出该法律的限制。

其他企业也要按照相应的企业法来进行理财活动。

从财务管理来看，非公司企业与公司企业有很大不同。非公司企业的所有者，包括独资企业的业主和合伙企业的合伙人，要承担无限责任，他们占有企业的赢利或承担损失，一旦经营失败必须抵押其个人财产，以满足债权人的要求。公司企业的股东承担有限责任，经营失败时其经济责任以出资额为限，无论股份有限公司还是有限责任公司都是如此。

（二）税收法规

税法是税收法律制度的总称，是调整税收征纳关系的法律规范。税收既有调节社会总供给与总需求、经济结构，维护国家主权和利益等宏观经济作用，又有保护企业经济实体地位、促进公平竞争、改善经营管理和提高经济效益等微观作用。国家税种的设置、税率的高低、征收范围、减免规定、优惠政策等都会影响企业活动。

1. 我国税收体系

我国自改革开放以来，对税收制度进行了一系列的改革。其指导思想是：统一税法，公平税负，简化税制，合理分权，理顺分配关系，保证财政收入。我国现行税收法律体系是在1994年税收改革的基础上逐步完善形成的。

目前，与企业相关的主要有以下税种：

（1）流转税类。包括增值税、消费税、营业税、关税。

（2）所得税类。包括企业所得税、个人所得税。

(3)资源税类。包括资源税、土地使用税、土地增值税。

(4)财产税类。房产税。

(5)行为税类。包括印花税、车船使用税。

2. 税收对财务管理的影响

税收对于企业资本供给和税收负担有着重要影响,税种的设置、税率的调整对企业生产经营活动具有调节作用,因此,企业财务决策应当适应税收政策的导向,合理安排资本投放,以追求更大的经济效益。税收对财务管理的影响具体表现为:

(1)影响企业融资决策

按照国际惯例和我国现行所得税制度,企业借款利息不高于金融机构同类同期贷款利息的部分,可在所得税前予以扣除,债券利息也可记入财务费用,作为利润总额的扣减项,这样就减少了企业的应纳税所得额。其他筹资方式则无此优势。

(2)影响企业投资决策

企业投资建立不同形式的企业、不同规模的企业,投资于不同的行业,投资经营不同业务等,都会面临着不同的税收政策。

第一,对企业设立地点和行业的影响。我国现行的企业所得税制度中,规定了对于投资于特定地区和特定行业以及劳动就业服务、福利生产企业等的优惠政策,在企业设立之初可以考虑依照国家政策导向,获得税收优惠。

第二,对企业兼营业务的影响。按照我国现行增值税制度规定,增值税纳税人兼营不同税率的货物或应税劳务,应分别核算,未分别核算的,从高适用税率。因此,企业必须健全内部会计核算制度,分别核算不同增值税率的货物和不同税种的销售额,否则,将承担额外税负,降低投资效益。

第三,对企业分支机构设立形式的影响。分公司不具有独立法人资格,只就增值税和营业税等流转税在其所在地区和业务发生地自行缴纳,所得税则与总公司合并缴纳;而子公司因为具有独立的法人资格,其各项税收的计算、缴纳均独立,并可单独享受税收的减免、退税等权利。

(3)影响企业现金流量

税收有强制性、无偿性和固定性特征,交税要增加企业现金流出量。

(4)影响企业利润

税收体现着国家与企业对所创造的纯收入的分配关系。税费的变动与利润的变动呈反向关系。税率的变更对利润有直接影响,现实税率的上升或下降会使企业利润减少或增加,预计税率的变更会影响利润的预测值。财务人员做适当的长远预测是必要的。

(5)影响企业利润分配

股份公司的股利分配政策不仅影响股东的个人所得,而且影响公司的现金流量。股东获得的现金股利需缴纳个人所得税，如果公司将赢利留在企业作为内部留存收益，股东可不缴纳个人所得税，虽然没有现实的收入，但可以从以后的股价上涨中获得实惠。

（三）证券法规

证券法规定了证券的上市规则和交易规则，其中涉及了许多财务方面的要求。证券法对企业财务管理的影响主要表现在企业内部财务制度如何体现这些要求，企业如何按照这些要求来规范自身的财务行为。一般来讲，这些要求可以由企业作为财务制度的内容，以促进企业按上市公司的标准来强化企业的财务管理。

（四）财务法规

企业财务法规制度是规范企业财务活动、协调企业财务关系的行为准则，它是按照社会主义市场经济和完善企业经营机制的要求建立的。它有利于企业适应社会主义市场经济的需要，成为依法自主经营、自负盈亏、自我发展、自我约束的商品生产者和经营者，成为独立享有民事权利和承担民事义务的企业法人，成为产权清晰、权责明确、政企分开、管理科学的现代企业。因此，企业财务法规制度对企业财务管理的规范化和科学化有着重要的作用。

我国目前企业财务管理法规制度，有以下三个层次：

1. 企业会计准则

《企业会计准则》是设立在我国境内各类企业财务活动必须遵循的基本原则和规范，是财务规范体系中的基本法规，在财务法规制度体系中起着主导作用。会计准则的制定与实施是我国市场经济发展的需要，也是我国财务制度与国际通行财务制度相衔接的需要。

2. 企业财务通则

《企业财务通则》是各类企业进行财务活动、实施财务管理的基本规范。2007年1月1日起，经国务院批准由财政部发布的新《企业财务通则》开始实施。从财务管理的内容来看，企业财务通则明确了资金筹集、资产运营、成本控制、收益分配、信息管理和财务监督六大财务管理要素，对财务管理的内容、方法和相关政策要求做出了明确规范，并且建立起了开放性的企业财务制度体系。它是企业合理组织财务活动、正确处理财务关系的纲领性文件和财务管理的行动指南。

3. 企业内部财务制度

企业内部财务制度是由企业管理当局制定的用来规范企业内部财务行为、

处理企业内部财务关系的具体规则，它在财务法规制度体系中起着补充作用。

(1)企业内部财务制度的制定要符合以下原则：

①符合企业会计准则和行业财务制度的原则和规定；

②体现本企业的生产技术和经营管理特点；

③考虑企业内部财务管理体制的方式和内容。

(2)企业内部财务制度的制定要体现以下要求：

①明确财务主体的具体范围。即明确企业内部财务管理的级次，明确企业内部各经营单位之间及其与企业财务部门的关系，明确企业与联营单位、投资与被投资单位、内部承包单位的财务管理关系。

②划分内部财务管理的岗位，明确相应的责任。具体包括：财务管理体制的确立、财务机构的设置、财务管理岗位的设立、内部分工、各岗位责权利及其相互衔接关系。

③明确财务管理的内容和方法。具体包括：货币资金、存货、固定资产、销货与收款、工资、筹资、投资、收益分配等的管理方法和程序以及折旧方法、存货计价方法、费用提取标准等的选择。

④规定财务管理与内部责任单位的相互衔接关系。包括责任单位的划分、责任核算、责任控制、责任奖惩等。

⑤规定财务规划与财务评价的方法与程序。包括企业进行财务规划和财务评价的程序、方法和时间，各经营单位在规划和评价中的职责。

根据上述这些原则和要求，企业内部财务管理制度的内容一般包括：资本金管理制度，资本管理制度，资产管理制度，成本费用管理制度，利润分配管理制度，财务分析和考核制度等等。

三、金融市场环境

金融市场是以资金为交易对象，由资金的供应者和资金的需求者双方融通资金达成交易的场所。企业进行筹资、投资以及其他的财务决策都是在一定的金融市场环境下进行的，因此，金融市场是影响企业财务管理的重要环境。

(一)金融市场的种类

金融市场可以按不同的标准分类，一般情况下可按以下标准进行分类：

1. 按融资期限的长短不同，可以分为货币市场和资本市场

货币市场是指交易期限在一年以内的短期金融资产的交易市场。货币市场又可分为短期存贷款市场、银行同业拆借市场、银行承兑汇票市场、可转让大额定期存单市场、贴现市场及短期债券市场等。货币市场主要是满足交易者对资金流动性的需求。

资本市场是指交易期限在一年以上的长期金融资产的交易市场。资本市场又可以分为股票市场、长期债券市场及长期存贷款市场等。资本市场主要是满足交易者对长期资金的需求。

2. 按交易的性质不同,可以分为一级市场和二级市场

一级市场是指发行证券的市场,又称发行市场。投资银行是一级市场的主要中介机构,它通过从事证券发行活动将证券发行者与投资者联系在一起。

二级市场是指已发行证券的交易和转让市场,又称流通市场。二级市场又可分为有组织的市场和场外交易市场。有组织的市场就是固定的、组织严密的证券交易所。场外交易市场又称柜台交易市场,是在证券交易所外进行证券买卖活动所形成的交易市场。

3. 按交割的时间不同,可以分为现货市场和期货市场

现货市场是指在买卖双方成交后,当天或几天之内必须由买方付款、卖方交付资产的市场。

期货市场是指在买卖双方成交后,约定在未来一定日期按约定的价格进行交割的市场。

(二)金融机构

在金融市场上,融通资金和证券投资过程一般都是通过金融机构提供的中介服务来实现的。金融机构直接或间接地参与资金的交易过程,提高了金融市场的效率,在金融市场上发挥着重要的作用。金融机构通常可以分为银行金融机构和非银行金融机构。

1. 银行金融机构

银行金融机构按其职能的不同,通常可以分为中央银行、商业银行和专业银行。

(1)中央银行。中央银行代表政府管理全国的金融机构和金融活动。其主要职能是制定和实施国家的金融政策,发行货币,依法对其他金融机构进行监督管理,维护国家金融业的健康、合法运行等。一般情况下,中央银行并不参与具体的金融交易活动。在我国,中央银行就是中国人民银行。

(2)商业银行。商业银行是以经营存款、贷款及办理转账结算为主要业务,以营利为主要目的的金融企业。在金融市场中,商业银行占有非常重要的地位。尤其是在证券市场不发达的国家,金融市场的主要参与者是商业银行,社会的闲置资金基本上是存入商业银行,企业的大部分贷款也主要来自商业银行。商业银行作为金融企业在办理各种业务时,必须考虑自身的收益和风险,在资产的流动性、风险性和收益性之间进行权衡,尽可能提高收益,防范风险。

在我国，商业银行主要有两种类型，即国有独资商业银行和股份制商业银行。国有独资商业银行是由原来的国家专业银行演变而来的，包括中国工商银行、中国农业银行、中国建设银行和中国银行。股份制商业银行是1987年以后发展起来的，包括交通银行、中国光大银行、中信实业银行、招商银行、华夏银行、中国民生银行、上海浦东发展银行等。这些股份制商业银行的股权结构各异，一般是以企业法人股和财政入股为主，个别银行也有个人股权。

(3)专业银行。专业银行是指集中经营特定范围内的业务和提供专门的金融服务的银行。专业银行一般按服务对象和存贷资金的性质划分，主要包括开发银行、投资银行和储蓄银行等。开发银行是通过长期资金融通以促进经济发展或支持某项事业发展而设立的银行。开发银行通常不以营利为目的，所提供的长期贷款利息一般比商业银行低。投资银行是专门对工商企业办理信贷投资和长期信贷业务的银行。储蓄银行是吸收居民小额储蓄存款并为储蓄者提供必要银行服务的银行。

我国目前有三大政策性专业银行，即国家开发银行、中国进出口银行和中国农业发展银行。国家开发银行是以国家重点建设项目为主要融资对象的政策性专业银行，主要办理国家重点建设项目的政策性贷款及贴息业务。国家开发银行只设总部，信贷业务由中国建设银行代理。中国进出口银行主要是为大机电成套设备进出口提供买方信贷和卖方信贷，为成套机电产品出口信贷提供贴息及出口信用担保。中国农业发展银行主要承担国家粮棉油储备、农副产品合同收购、农业开发等方面的政策性贷款，代理财政支农资金的拨付及监督使用。

2. 非银行金融机构

非银行金融机构是指银行以外的各类金融机构，主要包括保险公司、证券公司、投资公司及财务公司等。

(1)保险公司。保险公司是经营保险业务的金融机构。它依靠投保者缴纳的保险费集中了大量的资金，这些资金可用于进行各种投资活动。目前，我国保险公司的资金投向被严格限制在银行存款、政府债券、金融债券和投资基金范围内。

(2)证券公司。证券公司是从事证券发行和交易的金融机构。证券公司主要从事代理国家债券、企业股票和债券的发行业务，代理买卖和自营买卖已上市流通的各类有价证券，参与企业收购兼并，充当企业财务顾问等业务。在证券市场比较发达的国家，证券公司在金融市场中发挥着极为重要的作用。

(3)投资公司。投资公司是一种通过吸收中小投资者的资金再进行集合投资的金融机构。通常是由基金发起人发行基金证券集中一定数量的资金，委托由投资专家组成的专门投资机构进行各种多样化的投资组合，投资者按出资比例分享企业收益，并共同承担投资风险。

(4)财务公司。财务公司主要是依靠银行信贷、发行债券、卖出公开市场票据等手段筹集资金再进行相应投资的金融机构。我国的财务公司一般是由企业集团内部各成员单位入股，向社会募集中长期资金，为企业技术进步服务的金融股份有限公司。其业务被限定在本集团内部，不能从企业集团之外吸收存款，也不能对非集团单位和个人贷款。

(三)金融工具

金融工具是金融市场上能够证明金融交易的金额、期限和价格的信用工具。金融工具是金融市场上进行交易的主要对象，也是交易的工具。对于利用金融工具进行投资的投资者，金融工具则形成他们的金融资产。

1. 金融工具的种类

金融工具的种类很多，近年来随着金融创新的不断发展，出现了更多品种的金融工具，因此，对金融工具可以按不同的标准进行分类。

(1)按金融工具的期限划分，可以分为长期金融工具和短期金融工具。长期金融工具也称资本市场金融工具，期限一般在一年以上，主要包括股票、公司债券及政府中长期债券等。这类金融工具因为期限长，因而风险较大，流动性较弱。短期金融工具也称货币市场金融工具，期限一般在一年以内，主要包括商业票据、银行承兑汇票、短期债券、可转让大额定期存单等。这类金融工具期限短，风险小，流动性强。

(2)按金融工具的发行者是否为金融机构划分，可以分为直接金融工具和间接金融工具。直接金融工具是由资金需求者直接向资金供应者融通资金所使用的金融工具，是由资金需求者而非金融机构发行的，主要包括股票、公司债券、政府债券及商业票据等。间接金融工具是由金融机构进行间接融资活动所发行的金融工具，包括银行承兑汇票、银行债券、可转让大额定期存单及人寿保险单等。

(3)按投资人是否掌握所投入资本的所有权划分，可以分为所有权凭证和债务凭证。所有权凭证只有股票这一种，股票投资者拥有被投资公司的所有权，因而股票属于所有权凭证。其他金融工具都属于债务凭证，债务凭证表明投资者投入资金取得了债权，并有权据以到期索取本金和利息。

2. 金融工具的特征

金融工具虽然种类繁多，但它们都具有共同的特征，即流动性、风险性、收益性和偿还期限。

(1)流动性。流动性是指金融工具能够在短期内迅速转变为现金而不致遭受损失的能力。一般情况下，期限短、交易费用低、市场价格比较稳定的金融工具，其流动性较强；反之，流动性较差。金融工具的流动性对投融资双方都是非常重要的。对于金融工具的持有者来讲，流动性强的金融工具可视同现金，在持有人需求变现时，可迅速转变为现金。国家债券、信誉良好的公司发行的商业票据等一般都具有较强的流动性。

(2)风险性。风险性是指购买金融工具的本金遭受损失的可能性。在金融市场上，几乎所有的金融工具都有不同程度的风险。金融工具的风险主要有违约风险和市场风险两种。违约风险是指金融工具的发行者不履行合约，不能按期归还本金而给投资人造成的风险。市场风险是指由于金融工具市场价格下跌给投资者带来损失的风险。

(3)收益性。收益性是指金融工具的持有者获得收益的特征，一般用收益率表示。金融工具的收益率是持有金融工具所得的收益与本金的比率。一般情况下，金融工具的收益与风险有较大的关系，风险较大的金融工具其收益率一般也比较高；风险较小的金融工具其收益率一般也比较低。股票的风险大于公司债券，因此股票的收益率也常常高于公司债券。

(4)偿还期限。偿还期限是指金融工具发行人最终偿还本金之前所经历的时间。金融工具的种类不同，其偿还期限也有较大的差异。一般情况下，各种债务凭证都有明确的偿还期。金融工具的偿还期可以有零期限和无穷期限两个极端，如活期存款的偿还期可以视为零期限，股票或永久性债券的偿还期可以是无穷期限。

(四)利息率——金融市场的交易价格

利息率是指资金的增值额同投入资金的比率，即利息额与本金的比率，一般称之为利率。在金融市场上，资金的供应者和需求者以资金这一特殊商品为交易对象，利率就是金融市场上进行资金交易的价格。利率的高低对投融资双方的利益有重要的影响，它直接影响到融资者的资金成本和投资者的收益。

1. 利率的种类

利率有多种表现形式，可以按照不同的标准进行如下分类：

(1)利率按照基本确定方式，可分为基准利率和套算利率。基准利率又称基本利率，是指在多种利率并存的条件下起决定作用的利率。基准利率变动，其他利率也相应变动。了解基准利率的变动趋势，也就可以了解整个利率体系的变动趋势。在西方国家中，基准利率通常是中央银行的再贴现率；在我国，基准利率是中国人民银行对商业银行的贷款利率。套算利率是在基准利率的基础上，各个金融机构根据借贷款项的特点换算出的利率。

(2)利率按照是否考虑通货膨胀因素，可分为实际利率和名义利率。实际利率是指物价不变，从而货币购买力不变条件下的利率，或者是在物价变化时扣除通货膨胀补偿后的利息率。名义利率是指包括对通货膨胀风险补偿的利息率。名义利率包含了通货膨胀因素的影响,实际利率则剔除了通货膨胀因素的影响,市场中表现出来的各种利率一般都是名义利率。在通货膨胀的条件下,实际利率等于名义利率与通货膨胀率之差,在已知名义利率的情况下,可根据这一关系推算实际利率。

(3)利率按照在借贷期内是否调整,可分为固定利率和浮动利率。固定利率是指在借贷期内不进行调整的利率。这种利率在整个借贷期内都保持固定不变,有利于借贷双方计算资金成本和投资收益。但是,在借款期限较长或市场利率变动较快的情况下,借款人或贷款人要承担利率变动的风险。浮动利率是指在借贷期内随市场利率变化而定期调整的利率。浮动利率的调整期限和所依据的市场利率,一般是在借贷关系发生时由借贷双方协商确定的。采用浮动利率可以降低借贷双方所承担的利率变动风险,但利率的确定和利息的计算则比较繁杂。

(4)利率按照变动与市场的关系,可分为市场利率和法定利率。市场利率是指随着市场规律而变动的利率。法定利率是指由政府金融管理部门或中央银行确定的利率,它体现了政府调节经济的意向。在市场经济发达的西方国家,一般以市场利率为主,同时也有法定利率。

2. 影响利率的因素

在金融市场上,利率受多种因素的影响而不断地变动。一般情况下,主要有以下几种影响利率的因素:

(1)资金的供求关系。资金的供求关系是影响利率的最基本因素。在金融市场上,当资金供大于求时,利率下降;当资金供不应求时,利率上升;当资金供求达到新的平衡时,决定了新的市场利率。

(2)经济周期。经济周期的不同阶段对市场利率产生不同的影响。在经济周期的复苏和高涨阶段,资金需求增加会使利率水平上升;在经济周期的萧条和衰退阶段,资金需求减少会使利率水平下降。

(3)通货膨胀。持续的通货膨胀会引起货币贬值,使投资人的实际报酬下降。为补偿投资人因通货膨胀而遭受的损失,必须通过提高利率给予必要的补偿。一般情况下,利率随通货膨胀率的提高而提高。

(4)国家的财政和货币政策。国家的财政和货币政策影响金融市场的利率。例如:直接通过货币政策调节利率,通过制定有关利息、股息的税收政策影响利率,通过发行国家债券影响利率等。

除上述影响利率的主要因素外,还有其他因素也会影响利率水平,如国际市场利率水平及其变动趋势、外汇汇率的变动等。

3. 利率的构成

一般情况下,资金的利率由三部分组成,即纯利率、通货膨胀补偿率和风险报酬率。利率的计算公式可表示如下：

利率＝纯利率＋通货膨胀补偿率＋风险报酬率

(1)纯利率。纯利率是指没有通货膨胀和风险情况下的利率，影响纯利率的基本因素是资金的供求关系，纯利率随资金供求的变化而变化。

(2)通货膨胀。在通货膨胀的情况下，由于货币贬值使投资的实际购买力遭受损失，因而必须通过提高利率来补偿因通货膨胀带来的损失。所以，无风险证券的利率可以看作是纯利率加上通货膨胀补偿率。

(3)风险报酬。风险报酬是指投资者因冒风险投资而要求得到超过时间价值的额外报酬。风险报酬包括三项具体内容，即违约风险报酬、流动性风险报酬和期限风险报酬。违约风险是指借款人无法按期支付利息或偿还本金而给投资人带来的风险，为弥补这种风险所提高的报酬就是违约风险报酬。流动性风险是指由于投资人所持有的证券流动性差而产生的风险，为弥补这种风险所提高的报酬就是流动性风险报酬。期限风险是指由于与更长期限相应的更多不确定性而导致的风险，为弥补这种风险所提高的报酬就是期限风险报酬。

(五)金融市场对财务管理的影响

企业筹资、投资活动是在一定的环境约束下进行的，金融市场是企业财务管理的直接环境，它不仅为企业筹资和投资提供场所，而且促进资本的合理流动和优化配置。金融市场是商品经济发展和信用形式多样化的必然产物，它在财务管理中具有重要的作用。

1. 为企业筹资和投资提供场所

金融市场能够为资本所有者提供多种投资渠道，为资本筹集者提供多种可供选择的筹资方式。在现实经济生活中，资本所有者在为闲置资本寻找出路时，要求兼顾其安全性、流动性和赢利性；而资本需求者在筹资时，也要求在降低资本成本的同时，满足在数量和时间上的需要。要实现资本所有者和筹集者的满意结合，需要创造一个理想的场所，而金融市场上有多种融资形式和金融工具可供双方选择。因此，通过金融市场，资本供应者能够灵活地调整其闲置资本，实现其投资目的；资本需求者也能够从众多筹资方式中选择最有利的方式，实现其筹资目的。

2. 促进企业资本灵活转换

金融市场各种形式的金融交易，形成了纵横交错的融资活动。通过融资活动可以实现资本的相互转换，包括时间上长短期资本的相互转换，空间上不同区域间资本相互转换，以及数量上大额资本和小额资本的相互转换。例如：股票、债券的发行能够将储蓄资本转换为生产资本，将流动的短期资本转换为相对固定的长期资本，将不同地区的资本转换为某一地区的资本；远期票据的贴现能够使将来收入转化为现期收入。这种多种方式的相互转换能够调剂资本供求，促进资本流通。

3. 引导资本流向和流量，提高资本效率

金融市场通过利率的上下波动和人们投资收益的变化，能够引导资本流向最需要的地方，从利润率低的部门流向利润率高的部门，从而实现资本在各地区、各部门、各单位的合理流动，实现社会资源的优化配置。

4. 为企业树立财务形象

金融市场是企业树立财务形象的最好场所。企业有良好的经营业绩和财务状况，股票价格就会稳定增长，而这是对企业财务形象的最客观的评价。

5. 为财务管理提供有用的信息

企业进行筹资、投资决策时，可以利用金融市场提供的有关信息。股市行情从宏观看反映了国家和总体经济状况和政策情况，从微观看反映了企业的经营状况、赢利水平和发展前景，有利于投资者对企业财务状况做出基本评价。

小思考 1.2

什么是金融工具？

第五节　财务管理基本环节

财务管理环节是指财务管理工作的各个阶段，即完成财务管理工作的步骤或程序。财务管理的基本环节有：财务预测、财务决策、财务规划、财务控制、财务分析。它们相互配合，紧密联系，形成首尾相接、周而复始的财务管理循环过程，构成完整的财务管理工作体系。如图 1.1 所示。

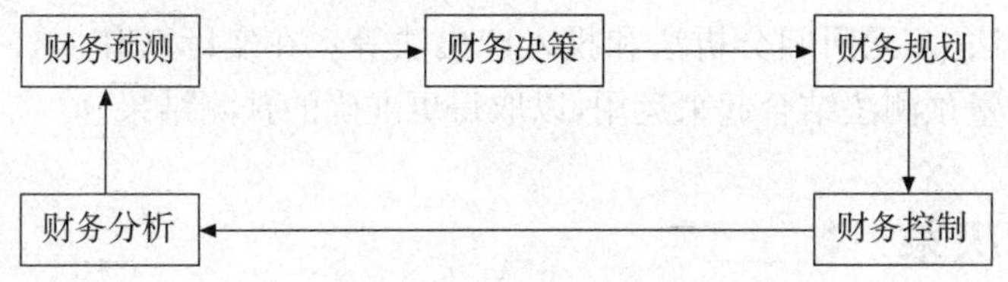

图 1.1　财务管理基本环节

一、财务预测

预测是以过去和现在的资料为基础，对未来做出有科学依据的预计和推测。预测的科学理论依据是:事物的发展变化有一定的规律性,因此人们可以通过调查研究来认识它。财务预测是在市场预测的基础上,根据企业以往的财务资料和所收集到的财务信息,考虑各种可变因素的影响,运用科学方法对企业财务活动的未来发展趋势及结果进行预计和推测。财务预测是企业进行财务决策和编制未来时期财务计划的重要依据,也是企业进行日常财务管理工作的必要条件。

财务预测的种类,按预测时间的长短可分为长期预测、中期预测和短期预测;按预测的内容可分为现金流量预测、成本费用预测和资本预测等。

财务预测实际上是一个复杂的过程,其一般程序可概括为:

(1)确定财务预测对象和目标,制订预测计划;

(2)搜集和整理财务信息资料;

(3)选择预测方法,建立预测模型,确定预测值;

(4)分析预测误差,修正预测结果。

财务预测并非主观臆测,而必须建立在真实可靠的相关财务信息资料之上,尤其应重视理财环境的调查研究,以积累预测所需资料。

财务预测的方法一般有定性预测法和定量预测法两大类。定性预测法是利用直观资料,依靠个人经验的主观判断和综合分析能力,吸收各方面意见进行分析,做出判断。这类方法受预测者主观因素影响较大,科学依据不足,可靠性较差,通常在企业缺乏完备、准确的历史资料的情况下采用。定性预测法具体包括:专家预测法、集合意见法及特尔菲法。定量预测法是根据历史资料以及变量之间存在的数量关系,建立数学模型,对未来财务发展趋势做出数量预测,它又可分为时间序列法和因果预测法两类方法。时间序列法是将按时间顺序排列的历史资料,根据事物发展趋势进行预测的一类方法,具体包括移动平均法、指数平滑法、回归趋势法等;因果预测法是根据历史资料找出要预测的因素与其他因素之间的因果关系所建立的数学模型进行预测的方法,具体包括一元回归分析法、多元回归分析法和投入产出法等。在实际工作中,一般将定性预测法和定量预测法结合起来运用,以取得更准确的预测结果。

二、财务决策

决策是人们运用科学的理论和方法,对未来实践的方向、目标以及达到目标所采取的方法、途径、策略所做出的选择。财务决策是为实现预定的财务目标,根据财务预测资料,运用科学方法对若干可供选择的财务活动方案进行评价,从中选择最佳方案的过程。财务决策对企业影响重大,正确的决策可给企业带来良好的经济效益,错误的决策则会导致企业亏损和损失。因此,财务决策是企业财务管理的重点和核心。

财务决策的内容主要包括筹资决策、投资决策和收益分配决策。筹资决策是权衡比较各种筹资方案的风险和成本，以选择资金成本最低、资金结构最合理、筹资风险较小的筹资方案；投资决策是权衡比较各种投资方案的收益与风险，以选择投资收益最好、投资风险较低的投资方案；收益分配决策是根据企业的具体情况，制定合理的收益分配政策。

财务决策的一般程序是：

(1)确定财务决策对象和目标；

(2)根据财务预测结果提出各种备选方案；

(3)选择决策标准和方法，对备选方案进行评价，选定最优方案；

(4)实施选定的方案，进行跟踪、再评价。

财务决策方法因财务决策内容的不同而有所差异，具体方法将在后面章节中详细介绍。另外，财务决策方法与财务预测方法在多情况下存在通用关系。

三、财务规划

财务规划是企业在一定的时期内，以货币形式为主反映的生产经营活动所需要的资金及其来源、现金收入与支出、财务成果及其分配的预先安排。财务规划是财务预测和财务决策的数量化和具体化，是企业及其各部门工作的奋斗目标，是组织财务活动、协调财务关系、控制财务收支和考核财务业绩的依据。

财务规划通常通过编制财务预算体现出来。财务预算的具体形式主要包括现金预算、预计损益表和预计资产负债表。现金预算由现金收入、现金支出、现金多余或不足、现金的筹集和运用四个部分组成。其目的在于协调企业现金收支的平衡，提供现金收支的控制依据。预计财务报表的内容与实际财务报表基本相同，其中预计损益表的目的是掌握税后净利润，预计资产负债表的目的是为了预见计算期的财务状况，保证各项目的收支平衡。

财务预算的编制依赖于业务预算和资本支出预算。编制财务预算的一般程序是：

(1)根据财务预算所提供的数据及财务决策的结果，全面提出各项预算指标；

(2)对各项预算指标进行协调，保持指标间的勾稽关系，实现预算的综合平衡；

(3)具体落实各项预算指标的数字，按规范表格编制财务预算。

编制财务预算常用的方法有：固定预算法与弹性预算法，增量预算法与零基预算法，定期预算法与滚动预算法，概率预算法等。

四、财务控制

控制是指对一个组织的活动进行约束和指导。财务控制是企业在执行财务预算过程中，利用财务信息，运用特定方法，对企业财务活动施加影响，进行检查、监督、调节和引导，以保证财务活动沿既定的计划目标运行。财务检查、财务核算、财务考核评价均寓于其中。财务控制必须在建立好岗位责任制度、信息反馈制度和考核奖惩制度的基础上进行。

财务控制的一般程序是：

(1)制订控制标准；

(2)执行财务预算；

(3)记录和计算实际执行结果，确定差异大小及其性质；

(4)分析差异形成的原因，判明责任归属，采取有效措施消除差异(当预算或标准本身存在问题时，则应调整预算或标准)；

(5)根据岗位责任制，考核评价各项财务预算指标的执行结果，按照奖惩制度实行奖优罚劣，起到激励作用。

财务控制的方法一般有：财务目标控制法，财务预算控制法，财务制度控制法，内部管理审计控制法，财务分析控制法，标准(定额)控制法等。

五、财务分析

财务分析是利用财务报表和其他相关资料，采用一系列专门的分析技术与方法，用以揭示各项财务指标之间的内在联系及其所体现的经济含义，并据以对企业的财务状况和财务成果以及未来的发展趋势进行评价。通过财务分析，可以掌握各项财务计划指标的完成情况，评价财务状况的优劣，研究和掌握财务活动的规律；通过财务分析，可以及时揭示财务管理中存在的问题，有助于采取有效的控制措施，保证财务预算、财务制度的执行；通过财务分析，可以总结经验教训，积累资料，为下一轮的财务预测、财务决策、财务计划提供依据，有利于进一步改进财务管理工作。总之，财务分析可以使企业总结过去，了解现在，展望未来。财务分析的具体内容和方法将在财务分析一章中详细介绍。

本章小结

◇财务管理是企业管理的一个组成部分。它是依据国家的政策和法令，遵循资金运动的特点和规律性，为实现企业财务管理目标，有效地组织企业的资金运动，正确处理相应财务关系的一项经济管理工作。

◇企业财务活动是指企业资金的筹集、投放、营运、使用、收回和分配等一系列具体活动，它构成企业经济活动的一个独立方面。企业财务关系是指企业在组织财务活动过程中与有关各方面发生的经济关系。企业财务活动及其所体现的财务关系构成了财务管理的基本内容，具体包括以下几个方面：筹资管理，投资管理，营运资金管理，资金分配管理等。

◇财务管理目标是企业进行财务管理所要达到的目的，是评价企业财务活动是否合理的标准，企业价值最大化是现代企业财务管理的整体目标。财务管理具体内容的不同形成了不同的财务管理的分部目标。不同利益主体的目标之间有时是存在矛盾和冲突的，企业理财时必须对各利益相关者财务目标之间的矛盾进行协调，只有通过对各种矛盾的协调，才能最终实现企业价值最大化。

◇财务管理的环境，又称理财环境，是指对企业财务活动产生影响的各种条件和因素，它是企业进行财务决策、制订财务规划、实施有效理财的依据。理财环境主要包括宏观环境和微观环境，概括起来可分为：经济环境，法律环境，金融市场环境等。

◇财务管理环节是指财务管理工作的各个阶段，即完成财务管理工作的步骤和程序。财务管理的基本环节有：财务预测，财务决策，财务规划，财务控制，财务分析。它们相互配合，紧密联系，形成完整的财务管理工作体系。与财务管理的环节相适应，财务管理的方法也分为财务预测方法、财务决策方法、财务规划方法、财务控制方法和财务分析方法等。

关键概念

财务关系　财务管理　每股利润最大化　企业价值最大化　金融工具　财务控制

复习思考题

1. 什么是财务关系？企业应如何正确处理与各方面的财务关系？
2. 试述财务管理的概念及其基本内容。
3. 利润最大化、每股利润最大化目标的优点及不足有哪些？
4. 什么是价值最大化目标？为什么企业财务管理应以价值最大化为目标？
5. 如何协调股东和经理之间在财务目标上的矛盾？
6. 什么是财务管理环境？财务管理环境对企业理财有何影响？

7. 简述经济周期中企业的理财策略。

8. 合伙企业有哪些特点？哪些类型的企业适合合伙制？

9. 简述金融工具的概念及其特征，列举目前金融市场上的主要金融工具。

10. 简述财务管理的基本环节。

综合练习题

知识题

一、单项选择题

1. 财务管理是企业组织财务活动，处理与各方面（　　）的一项经济管理工作。

A. 筹资关系　　B. 投资关系　　C. 分配关系　　D. 财务关系

2. 在协调企业所有者与经营者的关系时，通过所有者约束经营者的一种方法是（　　）。

A. 解聘　　B. 接收　　C. 激励　　D. 提高报酬

3. 企业与政府的财务关系体现为（　　）。

A. 债权债务关系　　B. 强制和无偿的分配关系

C. 资金结算关系　　D. 风险收益对等关系

4. 作为企业财务目标，每股利润最大化较之利润最大化的优点在于（　　）。

A. 考虑了资金时间价值因素

B. 反映了创造利润与投入资本的关系

C. 考虑了风险因素

D. 能够避免企业的短期行为

5. 作为企业财务目标，每股利润最大化目标的优点在于（　　）。

A. 考虑了资金时间价值因素

B. 考虑了风险价值因素

C. 反映了创造利润与投入资本之间的关系

D. 能够避免企业的短期行为

6. 相对于每股利润最大化目标而言，企业价值最大化目标的不足之处是（　　）。

A. 没有考虑资金的时间价值

B. 没有考虑投资的风险价值

C. 不能直接反映企业当前的获利水平

D. 不能反映企业潜在的获利能力

7. 在下列经济活动中，能够体现企业与其投资者之间财务关系的是（　　）。

A. 企业向国有资产投资公司交付利润

B. 企业向国家税务机关缴纳税款

C. 企业向其他企业支付货款

D. 企业向职工支付工资

8. (　　)是指为了弥补因债务人无法按期还本付息而带来的风险,由债权人要求提高的利率。

A. 期限性风险报酬率　　B. 违约风险报酬率

C. 流动性风险报酬率　　D. 通货膨胀补偿率

9. 企业资金运动包括的经济内容有(　　)。

A. 筹集、使用、收回　　B. 使用、耗费、分配

C. 使用、收回、分配　　D. 筹集、投放、使用、收回、分配

10. 企业财务管理是组织企业财务活动、处理各方面财务关系的一项(　　)。

A. 人文管理工作　　B. 经济管理工作

C. 社会管理工作　　D. 物质管理工作

11. 企业的财务管理目标是(　　)。

A. 利润最大化　　B. 风险最小化

C. 企业价值最大化　　D. 报酬率最大化

12. 分配管理的目标是(　　)。

A. 合理确定利润的留成比例及分配形式

B. 最大满足企业所有者的需要

C. 提高企业的资产利润率

D. 优先满足企业积累的需要

13. 投资管理的目标是(　　)。

A. 使投资收益最大化

B. 使投资风险最小化

C. 以比较低的投资风险获得最多的投资收益

D. 尽可能多地投资

14. 企业同其债权人之间的财务关系反映的是(　　)。

A. 经营权和所有权关系　　B. 债权债务关系

C. 投资与受资关系　　D. 债务债权关系

15. 企业价值最大化目标强调的是企业(　　)。

A. 实际利润额　　B. 实际利润率

C. 预期获利能力　　D. 生产能力

二、多项选择题

1. 在不存在通货膨胀的情况下,利率的组成因素包括(　　)。

A. 纯利率　　　　　　　　　　B. 违约风险报酬率

C. 流动性风险报酬率　　　　　D. 期限风险报酬率

2. 下列各项中，可用来协调公司债权人与所有者矛盾的方法有(　　)。

A. 规定借款用途　　　　　　　B. 规定借款的信用条件

C. 要求提供借款担保　　　　　D. 收回借款或不再借款

3. 企业与投资者之间的财务关系具体表现为，投资者按其出资比例对企业具有(　　)。

A. 管理控制权　　　　　　　　B. 利润分配权

C. 净资产分配权　　　　　　　D. 优先分配剩余财产权

4. 以企业价值最大化作为理财目标的优点有(　　)。

A. 考虑了资金的时间价值和风险价值

B. 有利于社会资源的合理配置

C. 有利于克服管理上的短期行为

D. 反映了对资产保值增值的要求

5. 所有者通过经营者损害债权人利益的常见形式有(　　)。

A. 未经债权人同意发行新债券

B. 未经债权人同意向银行借款

C. 投资于比债权人预计风险要高的新项目

D. 不尽力增加企业价值

6. 协调所有者与经营者之间矛盾的措施包括(　　)。

A. 解聘　　　　B. 接收　　　　C. 激励　　　　D. 规定借款的用途

7. 最具有代表性的财务管理目标主要包括(　　)。

A. 经济效益最大化　　　　　　B. 利润最大化

C. 资本利润率最大化　　　　　D. 企业价值最大化

8. 预测所要做的工作包括(　　)。

A. 明确预测目标　　　　　　　B. 搜集相关资料

C. 建立预测模型　　　　　　　D. 确定财务预测结果

9. 在金融市场上，决定利率的因素有(　　)。

A. 纯利率　　　　　　　　　　B. 通货膨胀补偿率

C. 风险报酬率　　　　　　　　D. 借款利率

10. 金融市场与企业理财的关系，主要表现为(　　)。

A. 金融市场是企业投资和筹资的场所

B. 企业通过金融市场融通资金

C. 企业是金融市场的主体

D. 金融市场是企业向社会筹资必不可少的条件

11. 下述有关有限责任公司的表述中，正确的有(　　)。

A. 公司的资本总额不分为等额的股份

B. 公司只向股东签发出资证书

C. 不限制股东人数

D. 承担有限责任

12. 风险报酬率的构成内容有(　　)。

A. 违约风险报酬率　　B. 流动性风险报酬率

C. 通货膨胀补偿率　　D. 期限风险报酬率

13. 在以下企业组织形式中，出资者负有无限偿债责任的有(　　)。

A. 合伙人　　B. 独资企业

C. 股份制企业　　D. 有限责任公司

14. 影响财务管理的主要金融环境因素有(　　)。

A. 金融机构　　B. 金融工具　　C. 金融市场　　D. 利率

三、判断题

1. 从资金的借贷关系看，利率是一定时期资金使用权的交易价格。(　　)

2. 在协调所有者与经营者矛盾的方法中，“解聘”是一种通过所有者来约束经营者的方法。(　　)

3. 以企业价值最大化作为财务管理目标，有利于社会资源的合理配置。(　　)

4. 按利率的形成机制分，利率分为实际利率与名义利率。(　　)

5. 所谓股东财富最大化，就是指企业股东权益的价值最大化。(　　)

6. 企业的资金运动是钱和物的增减变动，与人与人之间的经济利益关系无关。(　　)

7. 财务管理的主要内容是：筹资、投资、股利分配，因此财务管理不涉及成本问题。(　　)

8. 财务决策是财务管理的核心。(　　)

9. 财务关系是指企业在财务活动中与有关方面发生的各种关系。(　　)

10. 每股利润最大化虽然没有考虑风险因素，但考虑了资金时间价值的因素。(　　)

11. 风险小的企业经济效益最好。(　　)

12. 纯利率的高低要受平均利润率、资金供求关系、国家调节等因素的影响。(　　)

13. 股东财富的大小要看企业净利总额，而不是看企业投资报酬率。(　　)

14. 如果企业面临的风险较大，那么企业价值就有可能降低。(　　)

15. 金融市场按组织方式的不同可划分为场内交易市场和场外交易市场。(　　)

16. 在协调所有者与经营者矛盾的方法中,“接收”是一种通过所有者来约束经营者的方法。(　　)

17. 期限风险报酬率是指为了弥补因债务人无法按时还本付息带来的风险,而由债权人要求提高的利率。(　　)

18. 按利率的形成机制不同,可将利率分为固定利率和浮动利率。(　　)

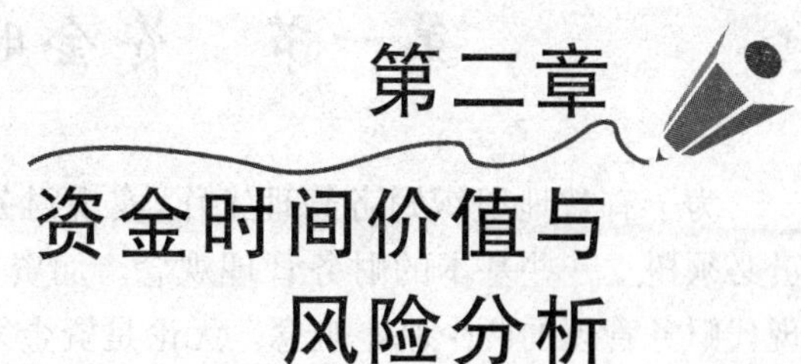

第二章 资金时间价值与风险分析

学习目标

通过本章学习，掌握资金时间价值和资金时间价值中各种终值、现值的概念并熟练掌握其计算，掌握利率的推算，认识风险与风险报酬的概念、种类，掌握风险衡量的方法。

引例
YINLI

在日常生活中，我们每一个人都会遇到这样的问题：我们是花30万元买一套现房值呢，还是花27万元买一年以后才能住进的期房更值呢？我们若想买一辆汽车，是花20万元现金值呢，还是每月支付6 000元钱，共支付4年更合算呢？假定我们有2万元积蓄，我们可以进行长期投资，20年内不能取，20年后可得4万元，或我们可以投入股票市场，运气好可能每年会赚30%，运气不好可能会全赔。

资料来源：刘曼红《公司理财》

所有这些问题告诉我们两个简单道理：货币是有时间价值的；风险是有货币成本的。这两个道理也说明了金融的两大基本原理：

(1) 今天的1元钱比明天的1元钱更值钱；

(2) 保险的1元钱比有风险的1元钱更值钱。

我们在第一节讲述第一个基本原理，在下一节将讲述第二个原理。当然，时间价值和风险成本是不可能完全脱离的。现在手里的1元钱是实实在在的1元钱，明天到手的钱就有一定的风险。

第一节　资金时间价值

为了有效地组织财务管理工作，实现财务管理目标，企业各级财务管理人员必须树立一些基本的财务管理观念。而资金时间价值和投资风险收益则是现代财务管理的两个基本观念。无论是资金筹集、资金投放，还是收益分配，都必须考虑资金时间价值和投资风险收益问题。

资金时间价值是客观存在的经济范畴，因为任何企业的财务活动都是在特定的时空中进行的。离开了资金时间价值因素，就无法正确计算不同时期的财务收支。资金时间价值原理正确揭示了不同时点上的资金之间的换算关系，是进行财务决策的基本依据。

一、资金时间价值的概念

西方学者通常把资金时间价值称作货币时间价值，他们认为：即使在没有风险和没有通货膨胀的情况下，今天的 1 元钱与 1 年以后的 1 元钱也不等值，前者的价值要大于后者，这就是货币的时间价值。为什么会产生时间价值呢？西方传统的解释认为：投资者进行投资就必须牺牲现时的消费，对投资者推迟消费的耐心应给予报酬，这种报酬的量应与推迟的时间成正比。所以，单位时间的这种报酬对投资的百分率称为货币的时间价值。

我国认为所谓资金时间价值，是指一定量资金在不同时点上的价值量的差额。比如，某企业打算购置一台设备，若采用现付方式，价款为 50 万元，若延期至 5 年后，则价款为 68 万元。设企业 5 年期存款年利率为 10%，请问现付同延期付款比较，哪一个有利？假设该企业目前已筹集到 50 万元资金，暂不付款，存入银行，按单利计算，5 年后的本利和为 50×(1+10%×5)=75 万元，同 68 万元比较，企业尚可得到 7 万元(75－68)的利益。由此可见，延期付款 68 万元，比现付 50 万元更为有利。这说明，今年年初的 50 万元，5 年后价值就提高到 75 万元了。人们将资金在周转使用中随着时间的推移而发生增值的现象，称为资金具有时间价值的属性。

专栏 **2.1**

今天的 1 美元大于明天的 1 美元，手中之雀胜过空中之鹰，这对每一个企业家来说，都是千真万确的。

诚然,资金的时间价值是资金在周转使用中或者说在运动过程中产生的。原因何在呢?这是由于任何资金使用者把资金投入生产运营后,借以生产出新产品,创造新价值,都会带来利润,实现增值。周转使用的时间越长,周转的次数越多,所获得的利润越多,实现的增值额越大。所以,资金时间价值的实质是资金经历一定时间的投资和再投资在周转使用后的增值额,它是资金所有者让渡资金使用权而参与社会财富分配的一种形式。

小思考 2.1

资金使用者把钱闲置不用,放在保险柜中或埋入地下保存能否发生增值呢?

答 不能。因为资金时间价值的实质是资金在周转使用后的增值额,也就是说,资金的时间价值是在周转使用中产生的,而把钱闲置不用,放在保险柜中或埋入地下保存,资金都没有经历周转,所以不能发生增值。

资金的时间价值有两种表现形式,一种是绝对数表示形式,称时间价值额,它是资金在周转使用中产生的真实增值额;另一种是相对数表示形式,称时间价值率。实践中,人们习惯用后者表示资金的时间价值。从量的规定性来看,时间价值率是没有风险和没有通货膨胀条件下的社会平均资金利润率,这是利润平均化规律作用的结果。由于时间价值的计算方法和有关利息的计算方法类似,因此时间价值和利率容易被混为一谈。众所周知,财务管理活动中客观存在着风险和通货膨胀,所以,利率不但包括时间价值,而且还包括风险价值和通货膨胀的因素。一般说来,在通货膨胀率很低的情况下,由于购买政府债券几乎没有风险,可以用其利率表示时间价值。

(一)终值(Future Value,FV)

又称将来值、本利和,是指现在一定量的资金在未来某一时点上的价值。例如,某人现在存入银行 1 000 元,年利率为复利 10%,经过 2 年后可以一次性提出 1 210 元,这 2 年后的 1 210 元即为现在 1 000 元的终值。

(二)现值(Present Value,PV)

又称本金,是指未来某一时点上一定量的资金折合成现在的价值。如上例中 2 年后的 1 210 元折合成现在的价值为 1 000 元,这 1 000 元即为现值。

(三)单利法

指计算利息时只按本金计息,不将以前计算期的利息累加到本金中去,即利息不再生息。目前我国银行多按单利计算利息。例如,某人在银行存入 3 年期定期存款 1 000 元,利率为 10%,则到期他可提取:

$$1\,000+1\,000\times10\%\times3=1\,300(\text{元})$$

(四)复利法

指计算利息时把上期的利息并入本金一并计算利息,即“利滚利”。例如,在银行存入 3 年期定期存款 1 000 元,利率为 10%,则 3 年的利息分别为:

第一年:$1\,000\times10\%=100(\text{元})$

第二年:$(1\,000+100)\times10\%=110(\text{元})$

第三年:$(1\,000+100+110)\times10\%=121(\text{元})$

加上本金到期可提取:

$$1\,000+100+110+121=1\,331(\text{元})$$

现代财务管理中一般用复利计算资金时间价值。

(五)年金(Annuity)

指一定时期内每期相等金额的收付款项,如保险费、养老金、折旧、租金、等额分期收付款、零存整取或整存零取储蓄等都是年金问题。

年金有多种形式,一般可分为以下几种:

普通年金,也称后付年金,指在每期期末收到或付出的年金。

即付年金,也称先付年金,指在每期期初收到或付出的年金。

递延年金,指第一次收付款发生时间不在第一期期初或期末,而是间隔若干期后才开始发生的系列等额收付款项。它是普通年金的特殊形式,凡不是从第一期开始的普通年金都是递延年金。

永续年金,也称永久年金,指无限期连续收入或付出的年金,即期限趋于无穷的普通年金,如存本取息。

二、一次性收付款项终值和现值的计算

一次性收付款是指在某一特定时点上一次性支付或收取,经过一段时间后再相应地一次性收取或支付的款项。这种性质的款项在日常生活中十分常见。

(一)单利终值和现值的计算

1. 单利终值的计算

单利终值是指一定量资金按单利法计算时间价值而在若干期后的本利和。计算公式如下:

$$F=P+I=P\times(1+i\times n)$$

式中:F 为本利和,P 为现值(本金),I 为利息、$I=P\times i\times n$,i 为利率,n 为期数。

例 2.1

若某人现在给小王 1 000 元,或者 3 年后的同一天给小王 1 160 元。设利率为 5%,按单利法计算,小王会选择哪笔钱?

分析 要回答这个问题,小王首先要计算现在这 1 000 元的终值,然后与 3 年后的 1 160 元做比较,若 1 000 元的终值大于 1 160 元,则应选择现在的1 000 元,反之应选择 3 年后的 1 160 元。3 年后的 1 000 元的终值为:

$$F=1\,000\times(1+5\%\times3)=1\,150(\text{元})$$

由于 3 年后的终值小于 1 160 元,所以,小王应选择 3 年后的 1 160 元。

2. 单利现值的计算

单利现值是指以后时间收到或付出资金按单利法计算贴现的现在价值。它同单利终值的计算是互逆的,由终值计算现值的计算称为折现。其计算公式如下:

$$P=F/(1+i\times N)$$

例 2.1 中,小王可以先算出 3 年后的 1 160 元的现值,再与今天的1 000元做比较,若其现值大于 1 000 元,则应选择 3 年后的 1 160 元,反之应选择现在的1 000元。3 年后的 1 160 元的现值为:

$$P=1\,160/(1+5\%\times3)=1\,008.70(\text{元})$$

由于 3 年后的 1 160 元的现值大于现在 1 000 元,所以,小王应选择 3 年后的1 160元。

(二)复利终值和现值的计算

1. 复利终值的计算

复利终值是指一定量资金按复利法计算时间价值而在若干期后的本利和。

例 2.2

小王将 1 000 元投资于某个项目,预计年报酬率为 6%,按复利计算 n 年后本利和是多少?

分析 经过 1 年时间的本利和为:

$$F=P+P\times i=P\times(1+i)=1\,000\times(1+6\%)=1\,060(\text{元})$$

若小王并不提走现金，将 1 060 元继续投资于该项目，则第二年本利和为：

$$F=[P\times(1+i)]\times(1+i)=P\times(1+i)^2=1\,000\times(1+6\%)^2$$
$$=1\,000\times1.123\,6=1\,123.6(\text{元})$$

同理，第三年的本利和为：

$$F=P\times(1+i)^3=1\,000\times(1+6\%)^3=1\,000\times1.191\,0=1\,191(\text{元})$$

则，第 n 年的本利和为：

$$F=P\times(1+i)^n$$

上式为计算复利终值的一般公式，其中$(1+i)^n$ 被称为复利终值系数或 1 元的复利终值，用符号$(F/P,i,n)$表示。例如，$(F/P,6\%,3)$表示利率为 6%，3 期复利终值的系数。为便于计算，可编制"1 元复利终值系数表"备用（参见本书后面附表一）。该表的第一行是利率 i，第一列是计息期数 n，相应的$(1+i)^n$ 值在其纵横相交处。通过该表可查出$(F/P,6\%,3)=1.191$，这表示在时间价值为 6%时，现在的 1 元和 3 年后的 1.191 元在经济上是等效的，根据这个系数可以把现值换算成终值。

2. 复利现值的计算

复利现值是以后时间收到或付出资金按复利现值计算贴现的现在时点的价值。它是复利终值的逆运算。将终值换算为现值叫贴现，贴现时的利率叫贴现率。由复利终值计算已知：

$$F=P\times(1+i)^n$$

所以

$$P=F/(1+i)^n=F\times(1+i)^{-n}$$

式中：$(1+i)^{-n}$称复利现值系数或称 1 元的复利现值，用符号$(P/F,i,n)$表示，可直接查阅本书后面附表二的"1 元复利现值系数表"。

例 2.3

小李夫妇的孩子今年 3 岁，他们有一个长期计划：到孩子结婚时送他一辆小汽车。若他们的孩子在 25 岁结婚，到时小汽车的价格为 80 000 元，银行存款利率为 8%。则要保证到时能买小汽车，小李夫妇现在要存一笔多少金额的钱在银行？

分析 小李夫妇的孩子现在 3 岁，到他结婚还有 22 年，即他们可以存 22 年，要计算他们现在要准备的钱，实际上是计算 22 年后小汽车价格的现值。

$$P=F\times(1+i)^{-n}=F\times(P/F,i,n)$$
$$=80\,000\times(P/F,8\%,22)=80\,000\times(1+8\%)^{-22}$$
$$=80\,000\times0.183\,9=14\,712(\text{元})$$

由计算结果可知，小李夫妇现在应一次性存入 14 712 元，并在每年到期时及时去银行连本带利地转存。这样,到他们孩子25岁结婚时就可以实现送给他小汽车的目标。

三、年金终值和现值的计算

年金是和复利相联系的,其终值、现值都以复利的终值、现值为基础进行计算。

(一)普通年金终值和现值的计算

普通年金又称后付年金,是指每期期末等额收付的年金,因在现实经济生活中最为常见,故称作普通年金。

1. 普通年金终值的计算(已知年金 A,求年金终值 F)

普通年金终值犹如零存整取的本利和,它是一定时期内每期期末等额收付款项的复利终值之和。每年年末存款1元,年利率为10%,经过5年,年金终值可计算如下:

1元第一年的终值=1.000 0(元)

1元第二年的终值=$(1+10\%)^1$=1.100 0(元)

1元第三年的终值=$(1+10\%)^2$=1.210 0(元)

1元第四年的终值=$(1+10\%)^3$=1.331 0(元)

1元第五年的终值=$(1+10\%)^4$=1.464 1(元)

1元年金5年的终值=6.105 1(元)

因此,普通年金终值的计算公式为:

$$\begin{aligned}F&=A\times(1+i)^0+A\times(1+i)^1+\cdots+A\times(1+i)^{n-2}+A\times(1+i)^{n-1}\\&=A\times[(1+i)^0+(1+i)^1+\cdots+(1+i)^{n-2}+(1+i)^{n-1}]\\&=A\times\frac{(1+i)^n-1}{i}\\&=A\times(F/A,i,n)\end{aligned}$$

式中:$\frac{(1+i)^n-1}{i}$称为“年金终值系数”,即$(F/A,i,n)$,可在书后附表三“1元年金终值系数表”中查得。

普通年金终值的计算可用图2.1说明。

例 2.4

李先生现在参加“零存整取”储蓄,每月存入100元,存期2年,若利率为7.2%,则到期他可提取多少钱?

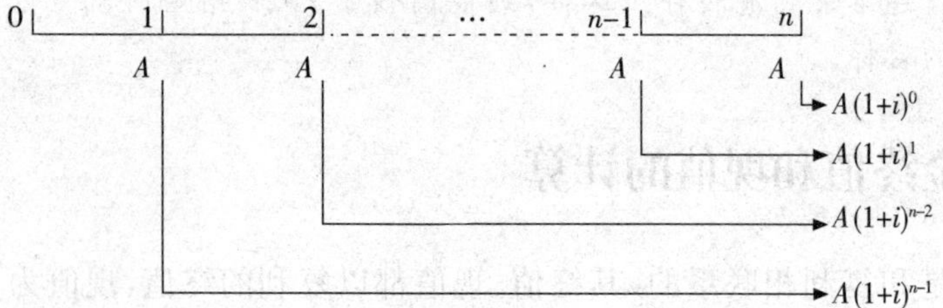

图 2.1　普通年金 n 期终值计算示意图

分析　计算到期提取的金额，实际是计算每月存入资金的终值之和。每期存入 100 元，$A=100$，存期 2 年，$n=2\times12=24$，年利率为 7.2%，则月利率为 0.6%，所以：

$$F=100\times\frac{(1+0.6\%)^{24}-1}{0.6\%}=100\times(F/A,0.6\%,24)=2\,573.12(\text{元})$$

由计算结果可知，到期他可提取 2 573.12 元。

2. 普通年金现值的计算(已知年金 A，求年金现值 P)

普通年金现值是一定时期内每期期末等额收付款项的复利现值之和。其计算公式为：

$$\begin{aligned}P&=A\times\frac{1}{(1+i)}+A\times\frac{1}{(1+i)^{1}}+A\times\frac{1}{(1+i)^{2}}+\cdots+A\times\frac{1}{(1+i)^{n-2}}\\&\quad+A\times\frac{1}{(1+i)^{n-1}}+A\times\frac{1}{(1+i)^{n}}\\&=A\times\frac{1-(1+i)^{-n}}{i}\\&=A\times(P/A,i,n)\end{aligned}$$

式中：$\frac{1-(1+i)^{-n}}{i}$称为“年金现值系数”，即$(P/A,i,n)$，可在书后附表四“1 元年金现值系数表”中查得。

普通年金现值的计算可用图 2.2 说明。

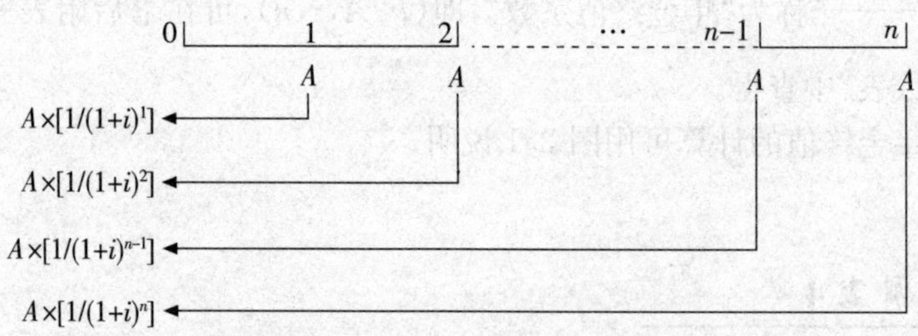

图 2.2　普通年金 n 期现值计算示意图

例 2.5

某投资项目于 2011 年初动工，设当年投产，从投产之日起每年可得收益 80 000元。按年利率 6%计算，则预期 10 年收益的现值为多少？

分析

$$P=80\,000\times\frac{1-(1+6\%)^{-10}}{6\%}=80\,000\times(P/A,6\%,10)$$
$$=80\,000\times7.360\,1=588\,808(\text{元})$$

3. 偿债基金

偿债基金是指为了在约定的未来某一时点清偿某笔债务或积聚一定数额的资金而必须分次等额形成的存款准备金，又称积累基金。即已知年金终值 F,i,n，求等额年金 A。因此，偿债基金的计算实际是年金终值的逆运算。其计算公式为：

$$A=F\times\frac{i}{(1+i)^n-1}=F\times(A/F,i,n)=F\times[1/(F/A,i,n)]$$

式中：$\frac{i}{(1+i)^n-1}$称为“偿债基金系数”，即$(A/F,i,n)$，可直接查阅“偿债基金系数表”或通过年金终值系数的倒数推算出来。

例 2.6

小张欠小李一笔 10 000 元的债务，打算在 5 年后还清，他从现在起每年等额存入银行一笔款项。假设银行存款利率为 10%，请问，他每年需存入多少元才可以在 5 年后还清？

分析

$$A=10\,000\times\frac{10\%}{(1+10\%)^5-1}=10\,000\times(A/F,10\%,5)$$
$$=10\,000\times[1/(F/A,10\%,5)]$$
$$=10\,000\times(1/6.105\,1)$$
$$=1\,637.97(\text{元})$$

4. 年投资回收额的计算(已知年金现值 P，求年金 A)

投资回收额是指在给定的年限内等额回收或清偿初始投入的资本或所欠的债务的价值指标，即已知现时投资 P，收益率 i,n，求 A。因此，年投资回收额的计算是年金现值的逆运算。其计算公式为：

$$A=P\times\frac{i}{1-(1+i)^{-n}}=P\times(A/P,i,n)=P\times[1/(P/A,i,n)]$$

式中：$\frac{i}{1-(1+i)^{-n}}$称为“投资回收系数”，即$(A/P,i,n)$，可直接查阅“投资回收系数表”或通过年金现值系数的倒数获得。

例 2.7

某人购买一套98.35平方米的“安居工程”住房，房价为每平方米1 160元。采用“按揭”方式向银行贷款房款的70%，贷款期15年，贷款利率6%。那么，该购房人在今后15年里每月应支付多少钱给银行？

分析

该人的全部购房款＝98.35×1 160＝114 086(元)

该人向银行贷款额＝114 086×70%＝79 860.2(元)

该人现在向银行申请的贷款在今后15年内的等额还本付息相当于一组年金，现在向银行申请的贷款等于是这组年金的现值。为计算方便，我们先计算每年支付的金额，然后再除以12计算出每月支付的金额。

该人每年应支付的金额：

$$\begin{aligned}A&=79\,860.2\times\frac{6\%}{1-(1+60\%)^{-15}}=79\,860.2\times(A/P,6\%,15)\\&=79\,860.2\times[1/(P/A,6\%,15)]=79\,860.2\times(1/9.712\,2)\\&=8\,222.67(\text{元})\end{aligned}$$

该人每月应支付的金额为：

$$8\,222.67/12=685.22(\text{元})$$

(二)即付年金终值和现值的计算

即付年金又称预付年金、先付年金或期首年金，是指在每期期初等额收付的年金。它与普通年金的区别仅在于付款时间的不同。

1. 即付年金终值的计算

即付年金终值是一定时期内每期期初等额收付款项的复利终值之和。它的计算可在普通年金终值的基础上进行。图2.3说明了n期即付年金终值和n期普通年金终值之间的关系。

从图2.3中可看出，n期即付年金与n期普通年金的付款(或收款)次数相同，但由于付款(或收款)时间不同，n期即付年金终值比n期普通年金终值多计算一期利息。故，在n期普通年金终值基础上再乘以$(1+i)$便可求出n期即付年金的终值，其计算公式如下：

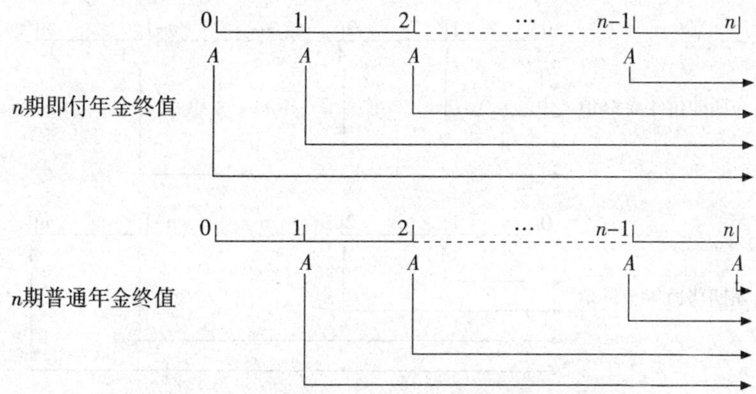

图 2.3　即付年金与普通年金终值关系图

$$F = A\times\frac{(1+i)^n-1}{i}\times(1+i) = A\times\left[\frac{(1+i)^{n+1}-1}{i}-1\right]$$
$$= A\times[(F/A,i,n+1)-1]$$

式中：$\frac{(1+i)^{n+1}-1}{i}-1$ 称为“即付年金终值系数”，它是在普通年金终值系数的基础上，期数加 1，系数值减 1 所得的结果，即 $(F/A,i,n+1)-1$。通过查阅“1元年金终值系数表”得到 $(n+1)$ 期的值，再减去 1 便可得到对应的即付年金终值系数值。

例 2.8

小李于每年年初存入银行 10 000 元，若存款利率为 10%，则第 5 年末可一次性取出本利和多少？

分析

$$F = A\times[(F/A,i,n+1)-1] = 10\,000\times[(F/A,10\%,6)-1]$$
$$= 10\,000\times(7.715\,6-1) = 67\,156(\text{元})$$

2. 即付年金现值的计算

即付年金现值是一定时期内每期期初等额收付款项的复利现值之和。同即付年金终值计算一样，即付年金现值的计算也可在普通年金现值的基础上进行。n 期即付年金现值和 n 期普通年金现值之间的关系如图 2.4 所示。

从图 2.4 可看出，n 期即付年金与 n 期普通年金的付款（或收款）次数相同，但由于付款（或收款）时间不同，n 期即付年金现值比 n 期普通年金现值少折现一期。故在 n 期普通年金现值基础上再乘以 $(1+i)$ 便可求出 n 期即付年金的现值，其计算公式如下：

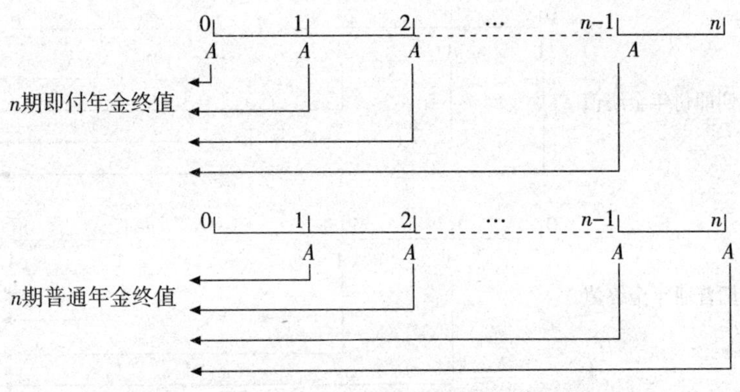

图 2.4　即付年金与普通年金现值关系图

$$P=A\times\left[\frac{1-(1+i)^{-n}}{i}\right]\times(1+i)=A\times\left[\frac{1-(1+i)^{-(n-1)}}{i}+1\right]$$
$$=A\times[(P/A,i,n-1)+1]$$

式中：$\frac{1-(1+i)^{-(n-1)}}{i}+1$ 称为“即付年金现值系数”，它是在普通年金现值系数的基础上，期数减 1，系数值加 1 所得的结果，即$(P/A,i,n-1)+1$。通过查阅“1 元年金现值系数表”得到$(n-1)$期的值，再加上 1 便可得到对应的即付年金现值系数值。

例 2.9

某人 6 年分期付款购某物，于每年年初支付 2 000 元，设银行利率为 8%，请问，该项分期付款相当于一次现金购物价的多少？

分析

$$P=A\times[(P/A,i,n-1)+1]=2\,000\times[(P/A,8\%,5)+1]$$
$$=2\,000\times(3.992\,7+1)=9\,985.4(\text{元})$$

（三）递延年金现值的计算

递延年金是指第一次收付款发生时间不在第一期期初或期末，而是间隔若干期（设为 m 期，$m\geqslant1$）后才发生的系列等额收付款项。它是普通年金的特殊形式，凡不是从第一期开始的普通年金都是递延年金。

递延年金的终值大小与递延期无关，其计算方法与普通年金终值计算方法相同。

递延年金的现值计算有以下两种方法：

第一种方法：假定递延期内也有年金收付，故先求出 n 期的年金现值，再减去实际未支付的递延期(m)的年金现值；

第二种方法：先把递延年金视为 $n-m$ 期普通年金，求出递延期末的现值，然后再将此现值调整到第一期期初。

递延年金现值的计算如图 2.5 所示，设全部计息期为 n 期，递延 m 期后发生每期期末等额收付款项。

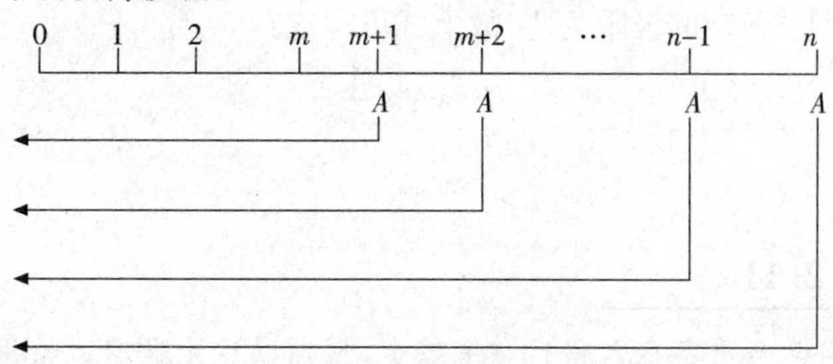

图 2.5　递延年金现值计算示意图

例 2.10

赵师傅今年 35 岁，他想购买保险以备养老。假设赵师傅在 60 岁退休后的 20 年内每年能提取 5 000 元的养老金，那么，现在赵师傅应一次性花多少钱购买保险(假设利率为 7%)？

分析　这是递延年金问题。从例中可知：$A=5\,000$ 元，$i=7\%$，$m=25(60-35)$，$n=45(25+20)$。

第一种方法：

$$
\begin{aligned}
P &= A\times[(P/A,i,n)-(P/A,i,m)] \\
&= 5\,000\times[(P/A,7\%,45)-(P/A,7\%,25)] \\
&= 5\,000\times(13.605\,5-11.653\,6) \\
&= 9\,759.5(\text{元})
\end{aligned}
$$

第二种方法：

$$
\begin{aligned}
P &= A\times(P/A,i,n-m)\times(P/F,i,m) \\
&= 5\,000\times(P/A,7\%,20)\times(P/F,7\%,25) \\
&= 5\,000\times10.594\,0\times0.184\,2 \\
&= 9\,757.07(\text{元})
\end{aligned}
$$

(四)永续年金现值的计算

永续年金又称永久年金，是指无限期地连续收款或付款的年金。如企业的优先股的股息，无论企业的收益如何，企业都要每年按票面规定的金额支付直到企业结束为止。由于会计上有企业“持续经营”的假设，所以可以认为这种优先股的股息为一种永续年金。永续年金没有终止的时间，因此它没有终值。

永续年金的现值可以通过普通年金现值的计算公式导出：

$$P=A\times\frac{1-(1+i)^{-n}}{i}$$

当 $n\to\infty$ 时，$(1+i)^{-n}$ 的极限为零，故上式可写成：

$$P=A\times\frac{1}{i}$$

例 2.11

某自然科学会准备存入银行一笔基金，预期以后无限期地于每年年末取出16 000元用于颁发学会奖金。若存款利息率为 8%，则该学会应于年初一次存入多少款项？

分析

$$P=A\times\frac{1}{i}=16\ 000\times\frac{1}{8\%}=200\ 000(\text{元})$$

观念应用 2.1

张华家有一棵银杏树，每年秋天能收获白果 60 千克，每千克白果售价约为 50 元，有人预出价20 000元购买。请问：他家如何做出是否卖出的决策？

分析提示 银杏树是一种果龄很长的果树，百年以上的银杏树并不少见，并且病虫害较少。所以，可以认为银杏树收获的白果产量是稳定和长期的。如果假设市场价格每年也保持稳定，那么，张华家银杏树的收益每年基本是保持稳定不变的，这种收益等于是年金。前已述及，银杏树的果龄很长，很难确定其收益期，因此，这种年金可以认为类似于永续年金。而为了回答张华家是否应出售银杏树的问题，关键是要计算该树的价值。

四、利率的推算

以上讲的例子中，利息率都是指的年利，即利息每年只计息一次。但现实生活中，我们常遇到更频繁的计息。例如，某些债券每半年计息一次，有的抵押贷款每月计息一次，银行间拆借资金均为每天计息一次。当利息在一年内复利数次时，给出的年利率叫做名义利率，而一年只复利一次的利率称为实际利率。

在一年内复利数次的情况下，可采取两种方法计算时间价值。

第一种方法：按以下公式将名义利率调整为实际利率，然后按实际利率计算时间价值。

假设名义利率为 r，一年计息 m 次，实际利率为 i，那么名义利率与实际利率之间的关系有：

$$(1+i)=\left(1+\frac{r}{m}\right)^m$$

即

$$i=\left(1+\frac{r}{m}\right)^m-1$$

例 2.12

某人购买 1 000 元债券，票面利率为 12%。每季计息一次，问该债券的实际利率为多少？10 年后本息和为多少？

分析　依题意，$P=1\,000$，$r=12\%$，$m=4$，$n=10$。则：

$$i=\left(1+\frac{r}{m}\right)^m-1=\left(1+\frac{12\%}{4}\right)^4-1=12.55\%$$

$$F=P\times(1+i)^n=1\,000\times(1+12.55\%)^{10}=3\,262(\text{元})$$

因此，该债券的实际利率为 12.55%，10 年后本息和为 3 262 元。

该种方法的缺点是调整后的实际利率往往带有小数点，不利于查表。

第二种方法：不计算实际利率，而是相应调整有关指标，即利率调整为 $\frac{r}{m}$，期数相应调整为 $m\times n$。

仍以例 2.12 为例，用第二种方法计算债券本息和为：

$$F=P\times\left(1+\frac{r}{m}\right)^{m\times n}=1\,000\times\left(1+\frac{12\%}{4}\right)^{4\times 10}$$

$$=1\,000\times(F/P,3\%,40)=3\,262(\text{元})$$

第二节　风 险 分 析

引例
YINLI

邻居李明发现近来福利彩票卖得挺火，他想卖彩票一定是十分有利可图的事情。他做了一番调查，了解到卖彩票的销售利润率为 10%，认为不错。于是，他申请了福利彩票经销权，并从银行借款 10 000 元，利率 6%，期限 1 年，于是李明的小店开张了。李明的小店位于十字路口，旁边有公交车站，人来人往。开张 3 个月，李明的销售额达到 40 000 元，每月的利润有 1 000 元，看来一年下来利润会突破 10 000 元。但未曾料到，到第 4 个月时，李明接到城市规划局的一纸通知，说此处要修四环路，所有店铺一律拆迁。搬迁的新址也在路边，但比较偏僻。李明不得已搬了家。接下来的 9 个月可谓惨淡经营，销售额总共才 30 000元，利润 3 000 元。全年只赚了 4 000 元，最终无力偿还银行贷款。

以上李明的遭遇说明，正是事先无法预料的风险导致了生意失败，它广泛存在于现实生活中，是我们无法回避的。只有加强风险分析，才能将损失降到最低。

一、风　险

（一）风险的概念

风险是一个较难掌握的概念，其定义和计量也有很多争议。但是，由于风险广泛存在于各种财务活动中，并且对企业实现其财务目标有重要影响，因而人们无法回避和忽视。简单来说，如果企业的一项行动有多种可能的结果，其将来的财务后果是不肯定的，就叫做有风险。如果这项行动只有一种后果，就叫做没有风险。例如，现在将一笔款项存入银行，可以确知一年后将得到的本利和，几乎没有风险。这种情况在企业投资中是很罕见的，它的风险固然很小，甚至说没有风险，但是其报酬也很低，我们很难称之为真正意义上的投资。而在市场经济条件下，公司组织经营活动会遇到各种各样的风险，如公司筹资过程中遇到的股票发行失败风险，对外进行证券投资过程中的股价暴跌风险等。再比如说，某公司今年的生产经营情况经预计赢利的可能性为 70%，也就是说有 30%的可能性是亏损。这 30%达不到赢利的要求，所以，可以说该公司赢利的风险是 30%。因此，风险是指一定条件下和一定时期内可能发生的各种结果的变动程度。

专栏 2.2

风险是事件未来的结果，具有不确定性，风险也可以理解为出现坏结果的可能性。风险是金融的第二大基本原理。

风险是事件本身的不确定性，它具有客观性。例如，无论企业还是个人，投资于国库券，其收益的不确定性较小；如果是投资于股票，则收益的不确定性要大得多。这种风险是“一定条件下”的风险，你在什么时间、买哪一种或哪几种股票、各买多少，风险是不一样的。这些问题一旦决定下来，风险大小你就无法改变了。这就是说，特定投资的风险大小是客观的，而你是否去冒风险及冒多大风险，是可以选择的，是主观决定的。

风险的大小随着时间延续而变化，是“一定时期内”的风险。我们对一个投资项目的成本，事先的预计可能不很准确，越接近完工则预计就越准确。随着时间延续，事件的不确定性在逐步缩小，事件一旦完成，其结果也就完全肯定了。因此，风险总是“一定时期内”的风险。

前面我们所论述的资金时间价值是在没有风险和通货膨胀的条件下的价值。但是，在企业财务管理过程中，风险是时时刻刻存在着的，财务管理工作不可能不考虑风险问题。因此，根据对未来情况的掌握程度，我们可以将决策分为以下三种类型：

1. 确定性决策

决策者对未来的情况是完全确定的或已知的决策称为确定性决策。例如，企业购买 100 万元的国库券，国库券的利率为 11%，期限为 3 年。由于国家实力雄厚，事先规定的债券利息率到期一定可以实现，则可以认为该企业 3 年后可以收回本金 100 万元和利息 33 万元。这种投资决策对未来的收益情况十分确定，一般没有什么变化。

2. 风险性决策

决策者对未来情况不能完全确定，但各种情况发生的可能性——概率为已知的决策，称为风险性决策。如购买某家用电器公司的股票，已知该公司股票在经济繁荣、一般、萧条时的收益率分别为 15%、10%、5%，另根据有关资料分析，近期该行业繁荣、一般、萧条的概率分别为 30%、50%、20%，这种决策就属于风险性决策。

3. 不确定性决策

决策者对未来情况不仅不能完全确定，而且各种情况发生的可能性也不清楚的决策，称为不确定性决策。例如，投资于煤炭开发工程，如果煤矿开发顺利可获得 100%的收益率，如果找不到理想的煤层则将发生亏损，至于能否找到理想的煤层，获利与亏损的可能性各有多少，事先很难预料，这种决策就属于不确定性决策。

严格来说，风险和不确定性并非一回事。风险是指事先知道所有可能结果，以及每种结果出现的概率；而不确定性则是指事先不知道所有可能出现的结果，或者虽然知道所有可能出现的结果，但不知道其出现的概率。但是，在面对实际问题时，两者很难区分。在企业财务管理活动中，一般将不确定性规定为主观概率，而风险问题的概率往往不能准确知晓。因此在实务中，对风险和不确定性并不做严格区分，当谈到风险时，可能指风险，也可能指不确定性。

由于人们普遍具有风险厌恶心理，因而一提到风险，多数人都将其错误地理解为与损失有关的概念。其实，风险不仅能带来超出预期的损失，呈现其不利的一面，还可能带来超出预期的收益，呈现其有利的一面。

（二）风险的类别

1. 从个别理财主体的角度看，风险可分为市场风险和公司特有风险两类

市场风险是指那些影响所有公司的因素所引起的风险。如战争、自然灾害、经济衰退、通货膨胀、高利率等。这些因素由于影响到所有公司，不可能通过多角化投资来分散风险，因此市场风险又称做系统风险或不可分散风险。例如，一个人投资于股票，不论他买哪一种股票都要承担市场风险。再如，经济衰退时，市场上各种股票的价格都会不同程度的下跌。

公司特有风险是指发生于个别公司的特有事项造成的风险。如工人罢工、新产品开发失败、某项投资项目决策失误、失去销售市场、诉讼失败、没有争取到重要合同等。这类风险是随机发生的，仅影响与之相关的公司，因而可以通过多角化投资，用有利事件抵消不利事件，从而分散风险。因此这类风险又称非系统风险或可分散风险。例如，一个人投资股票时，买几种不同的股票比只买一种股票的风险要小。

2. 从公司本身来看，风险又分为经营风险和财务风险

经营风险是指生产经营的不确定性带来的风险，它是任何商业活动都有的，又叫商业风险。在产供销的诸多环节中任一环节出现问题都会带来风险，经营风险主要由市场销售因素、生产成本因素、生产技术因素等引起，经营风险使企业的报酬变得不确定。

(1)市场销售。市场需求、市场价格、企业可能生产的数量等不确定，尤其是竞争使产供销不稳定，加大了风险。

(2)生产成本。原料的供应和价格，工人和机器的生产率，工人的工资和奖金，都是不确定因素，因而产生风险。

(3)生产技术。设备事故、产品发生质量问题、新技术的出现等，无法预见，因而产生风险。

(4)其他。外部的环境变化，如天灾、经济不景气、通货膨胀、有协作关系的运输等企业没有履行合同等，这些因素企业自己不能左右，从而产生风险。

财务风险是指因借款而增加的风险，是筹资决策带来的风险，又叫筹资风险。如果不借钱，企业全部使用股东的资本，那么该企业只有经营风险，没有财务风险。只要企业借钱经营，就可能引发财务风险。举债经营是现代企业的经营理念，它可以给企业带来财务杠杆利益，但同时也加大了企业的风险。比如企业借入资金 500 万元，利率为 8%，假若经济景气，企业经营状况好，息税前资金利润率为 21%，这时，用息税前资金利润率 21%补偿借款利息后还剩余 13%，剩余部分除了交纳相应所得税外全部归投资者所有，因此可以提高自有资金利润率。借款越多，企业赢利越多，这是举债经营带来的好处。假若经济不景气，企业经营状况差，息税前资金利润率为 4%，这时，息税前资金利润率 4%不足以补偿借款利息，不足补偿的 4%利息部分(8%－4%)需要自有资金来支付，从而使自有资金利润率降低。这时，借款越多，企业损失就越大，这是举债经营带来的风险。由此可见，对财务风险的管理，关键是要保证有一个合理的资金结构，维持适当的负债水平，既要充分利用举债经营获取财务杠杆利益，又要注意防止过度举债而引发的财务风险加大，避免陷入财务困境。

二、风险报酬

(一)风险报酬的概念

上节所讲述的资金的时间价值是投资者在无风险条件下进行投资所要求的报酬率(暂不考虑通货膨胀因素)。但是，众所周知，企业财务和经营管理活动总是处于或大或小的风险之中，任何经济预测的准确性都是相对的，预测的时间越长，不确定的程度就越高。因此，为了简化决策分析工作，通常在短期财务决策中不考虑风险因素，而在长期财务决策中，则不得不考虑风险因素，需要计量风险程度。

一般而言，投资者都厌恶风险，力求回避风险。那么，为什么还有人进行风险投资呢？这是因为冒风险可以获得额外的收益。投资者因冒风险进行投资而要求获得的超过资金时间价值的那部分额外报酬，称为投资的风险报酬、风险价值或风险收益。

风险报酬通常有绝对数和相对数两种表示方法。在财务管理中，为方便不同投资额风险报酬大小的比较，通常用相对数加以计量，即风险报酬率。

如果不考虑通货膨胀的话，投资者进行风险投资所要求或期望的投资报酬率由两部分组成:资金时间价值(无风险报酬率)和风险报酬率。即:

期望投资报酬率＝资金时间价值(无风险报酬率)＋风险报酬率

其中资金时间价值(如购买国家发行的公债)到期连本带利肯定可以收回。这个无风险报酬率可以吸引公众储蓄，是最低的社会平均报酬率。而风险报酬率与风险大小有关，是风险的函数。

(二)风险与报酬的关系

人们从事风险活动的实际结果与预期结果(或期望值)会发生偏离，这种偏离可能是负的(即低于期望值)，也可能是正的(即高于期望值)，因此，风险意味着危险与机遇并存。一方面冒风险可能蒙受损失，产生不利影响；另一方面可能会取得成功，获取风险报酬，并且风险越大，失败后的损失也越大，成功后的风险报酬也越大。正因为巨大风险的背后隐藏着高额回报的可能，这就成了人们甘冒风险从事各项经济活动的一种动力。

人们对待风险的态度是有差别的。愿意回避风险的人，通常会选择风险低，报酬也低的项目，甘冒风险的人则往往会选择风险高，报酬也高的项目。一般的投资者都在回避风险，他们不愿意做只有一半成功机会的赌博。尤其是作为不分享企业利润的经营管理者，在冒风险成功时报酬大多归于股东，而冒风险失败时他们的声望下降，职业的前景受到威胁。在一般情况下，报酬率相同时，人们会选择风险相对小的项目；风险相同时，人们会选择报酬率相对高的项目。问题是，往往项目的风险大，报酬率也高，那么该如何决策呢？这就要看该项目的报酬是否高到值得去冒风险，以及投资者对待风险的态度了。

正是风险和收益的并存性，使人们愿意去从事各种风险活动。风险和报酬的关系是风险越大，要求的报酬率也越高。前已述及，各投资项目的风险大小是不同的，在投资报酬率相同的情形下，人们都会选择低风险的投资，结果竞争使其风险增加，报酬率下降。最终，高风险的项目必须有高报酬，否则就没有人投资；低报酬的项目必须风险很低，否则也没有人投资。风险和报酬的这种关系是市场竞争的结果。

三、风险的衡量

风险是客观存在的。在财务管理中，客观地估计和计量风险的大小，即风险程度，对财务决策至关重要。而风险与概率、期望值、离散程度等相关，对风险进行衡量时要着重考虑这几方面因素。

(一)概率分布

在企业财务管理过程中对未来的事物进行估计时，应该考虑到普遍存在着发生不肯定结果的可能。这种不肯定的数值，用 X 表示，叫做随机变量。比如，企业生产经营状况可能好、一般、差，在不同状况下的收益可能分别是 30 万元、20 万元、8 万元，这里的 30 万元、20 万元、8 万元就是企业生产经营的可能结果，即随机变量。随机变量的数值会随着机会的不同而变化。

概率是用百分数或小数来表示各个随机变量发生可能性的程度，用 P 来表示。比如，企业生产经营状况好的可能性为 20%，生产经营状况一般的可能性为 70%，生产经营状况差的可能性为 10%，则说明生产经营状况好的概率为 20%，生产经营状况一般的概率为 70%，生产经营状况差的概率为 10%。

概率必须符合下列两条规则：

(1)$0 \leqslant P_i \leqslant 1$。即每一随机变量出现的概率在 0 与 1 之间，最小为 0，最大为 1。

(2) $\sum_{i=1}^{n} P_i = 1$。即全部概率之和必等于 1，也就是说每一随机变量出现的各种可能性之和为 1，即 100%。

式中：P_i 为各种可能的概率，n 为可能出现的所有结果的个数。

将每一随机变量按一定的规则进行排列，同时列出各随机变量出现的相应概率，这一完整的描述称为概率分布。

例 2.13

某公司预测未来的销售状况，将销售状况分为很好、较好、一般、差四种。在此基础上预测各种销售状况出现的概率和可能出现的销售额(随机变量)，如表 2.1 所示。

表 2.1　未来销售状况及概率分布

销售状况	销售额(随机变量 X_i)万元	概率 P_i
很好	8 000	10%
较好	6 000	20%
一般	5 000	60%
差	3 000	10%

分析　表 2.1 说明该公司的销售状况有 10%的可能性是“很好”，这时能实现销售收入8 000万元；公司的销售状况有 20%的可能性是“较好”，这时能实现销售收入6 000万元；公司的销售状况有 60%的可能性是“一般”，这时能实现销售收入5 000万元；公司的销售状况有 10%的可能性是“差”，这时能实现销售收入3 000万元。由此可见，该公司的销售收入是不确定的，或者说，该公司在实现销售收入过程中有一定的风险。

(二)期望值

期望值是各随机变量以各自相应的概率为权数计算的加权平均值，即最有可能的数值。期望值通常用 $\overline{E}$ 表示，其计算公式如下：

$$\overline{E} = \sum X_i P_i$$

式中：$\overline{E}$ 为期望值，X_i 为随机变量值，即各种可能值，P_i 为各种可能的概率。

例 2.14

以例 2.13 中有关数据为依据，计算该公司的未来销售额的期望值。

分析

$$\overline{E}=8\,000\times10\%+6\,000\times20\%+5\,000\times60\%+3\,000\times10\%$$
$$=5\,300(万元)$$

即该公司未来的销售额预计为 5 300 万元。

该期望值反映了预计销售额的平均化，在各种不确定性因素影响下，它代表着公司销售额的合理预期。

(三)标准离差

标准离差和标准离差率是用来衡量风险大小的统计指标。

标准离差也叫均方差，是反映各种随机变量值和期望值的综合偏离程度的指标。标准离差越大说明各随机变量值偏离期望值的程度越大，风险也就越大；标准离差越小说明各随机变量值偏离期望值的程度越小，风险也就越小。

标准离差用 δ 表示，其计算公式如下：

$$\delta=\sqrt{\sum(X_i-\overline{E})^2P_i}$$

式中：δ 为标准离差，X_i 为随机变量值，P_i 为各种可能的概率，$\overline{E}$ 为期望值。

例 2.15

某公司有两种投资方案，各方案投资获得收益的可能性和概率情况如表 2.2所示，计算各投资方案的标准离差。

表 2.2　投资方案收益情况表

投资项目	获得收益的可能性 X_i(万元)	概率 P_i
A 方案	90	50%
	110	50%
B 方案	525	50%
	475	50%

分析

A 方案：

期望值 $\overline{E}=90\times0.5+110\times0.5=100$(万元)

$$\text{标准离差}\ \delta=\sqrt{\sum (X_i-\overline{E})^2 P_i}$$
$$=\sqrt{(90-100)^2\times 0.5+(110-100)^2\times 0.5}$$
$$=10(\text{万元})$$

B方案：

$$\text{期望值}\ \overline{E}=525\times 0.5+475\times 0.5=500(\text{万元})$$

$$\text{标准离差}\ \delta=\sqrt{\sum (X_i-\overline{E})^2 P_i}$$
$$=\sqrt{(525-500)^2\times 0.5+(475-400)^2\times 0.5}$$
$$=25(\text{万元})$$

经计算，A方案的标准离差10万元，小于B方案的标准离差25万元。

小思考 2.2

例2.15中，A方案的标准离差小于B方案的标准离差，那么，是否说明A方案的风险比B方案的风险小？

答 不能说明。因为标准离差是一个绝对数指标，只能用来比较期望值相同的项目的风险程度，而不能用来比较期望值不同的各项目的风险程度。比较期望值不同的各项目的风险程度，应该用标准离差率。例2.15中，由于A方案与B方案的期望值不同，所以不能仅凭A方案的标准离差小于B方案的标准离差，就说A方案的风险比B方案的风险小，而应进一步计算各方案的标准离差率。

（四）标准离差率

标准离差率是标准离差与期望值的比率。它是一个相对数指标，能够反映期望值不同的各项目的风险程度。标准离差率越大，说明项目的风险程度越大；标准离差率越小，说明项目的风险程度越小。

标准离差率用V表示，其计算公式如下：

$$V=\frac{\delta}{\overline{E}}\times 100\%$$

例 2.16

以例2.15中有关数据为依据，计算各投资方案的标准离差率。

分析

A 方案：

$$V_A=\frac{\delta}{E}\times100\%=\frac{10}{100}\times100\%=10\%$$

B 方案：

$$V_B=\frac{\delta}{E}\times100\%=\frac{25}{100}\times100\%=5\%$$

经计算，A 方案的标准离差率 10%大于 B 方案的标准离差率 5%，说明 A 方案的风险大于 B 方案的风险。

通过上述方法，我们可将决策方案的风险加以量化，这样，决策者便可据此做出决策。对于多方案择优，决策者的决策标准应是选择低风险、高收益的方案，即选择标准离差最低、期望收益最高的方案。然而高收益往往伴随着高风险，低收益方案其风险程度往往也较低。决策者究竟应选择何种方案，这就要权衡期望收益和风险了，并且还要依决策者对待风险的态度而定。一般说来，对风险比较厌恶的人可能会选择期望收益较低同时风险也较低的方案，喜冒风险的人则可能选择风险虽然高但同时收益也高的方案。

观念应用 2.2

对于多方案择优，决策者的决策标准应是选择低风险高收益的方案，那么，对于单个方案，决策者应如何选择呢？

分析提示　可结合风险衡量的影响因素和决策者对待风险的态度选择。

四、风险的控制

尽管高风险可能带来高报酬，但这仅仅是一种可能，因此，对企业的理财来讲，还要善于防范和控制风险。

(一)风险规避

企业在进行各项决策时，对风险大的投资方案应尽量避免采纳，尽可能选择风险小或无风险的投资方案。

(二)风险控制

采取防止风险发生的保护性措施，以减少风险损失发生的可能性，并在风险出现后，限制其造成的损失程度。比如：企业以销定产可以防止产品积压造成的经营风险；对信用不好的客户，不采用赊销的办法可以防止发生坏账损失。

（三）风险抵补

适当保留可用资财，以抵补可能发生的风险。如：提取商品跌价准备、坏账准备等风险准备金用于抵补可能发生的损失。

（四）风险转移

采用某种方式，将风险转移给他人承担。如：办理财产保险，将可能发生的风险转移给保险公司；对于投资项目的技术、设备、施工等方面可能存在的风险，可以在签订合同时，将部分风险损失转移给项目承包方承担。

（五）风险分散

通过多元化经营和筹资方式多样化来分散风险。如：证券投资采用组合投资法，企业同时生产经营多种产品，选择多种筹资方式和不同的筹资期限等。

就整个社会来说，风险是肯定存在的，问题只是由谁来承担风险及承担多少。如果每个企业都回避风险，控制风险，都不肯承担风险，高风险的投资项目就没人做，那么，就会造成社会生产力发展迟缓，给每个企业的发展也会带来不利的影响。市场经济之所以需要完善的金融市场体系，就是因为它可以吸收社会资金投资于需要资金的企业，通过它来达到分散风险的目的。

本章小结

◇本章介绍了现代财务管理的两个基本观念——资金时间价值和投资风险收益。资金的时间价值是资金随时间的推移而形成的，是资金在周转使用中由于时间因素而形成的增值。资金时间价值的大小取决于资金的使用时间、资金数量的大小等因素。资金时间价值的计算有单利、复利两种方法。资金时间价值的指标主要有：一次性收付款项的单利终值和现值；一次性收付款项的复利终值和现值；年金终值和现值。年金是指一定时期内每期相等金额的收付款项。年金按收款付款方式不同分为普通年金（即后付年金）、先付年金（或称为即付年金）、递延年金、永续年金等。年金终值和现值的计算是以普通年金为基础，先付年金终值和现值是在普通年金终值和现值基础上乘以$(1+i)$。递延年金的现值计算有减法和乘法两种方法，递延年金的终值大小与递延期无关，其计算类似于普通年金的终值计算。永续年金只能计算现值而不能计算终值，其现值计算可以通过普通年金现值的计算公式导出。

◇风险是指一定条件下和一定时期内可能发生的各种结果的变动程度。风险和不确定性是两个不同的概念。投资风险收益是指投资者由于冒风险进行投资而获得的超过资金时间价值以上的额外收益。风险与报酬的关系是:高风险,高报酬;低风险,低报酬。风险的大小可用概率分布、期望值、标准离差等来衡量。风险和收益是相互依存的,风险的控制策略有风险规避、风险控制、风险抵补、风险转移和风险分散等。

关键概念

资金时间价值　终值　现值　年金　名义利率　实际利率　风险　风险报酬

综合练习题

知识题

一、单项选择题

1. 从第一期起、在一定时期内每期期初等额收付的系列款项是(　　)。

A. 先付年金　　B. 后付年金　　C. 递延年金　　D. 普通年金

2. 下列事件中(　　)可以通过多角化投资来分散。

A. 罢工　　B. 战争　　C. 通货膨胀　　D. 自然灾害

3. 大华公司于2011年初向银行存入5万元资金,年利率为8%,每半年复利一次,则第十年末大华公司可得到的本利和为(　　)万元。

A. 10　　B. 8.96　　C. 9　　D. 10.96

4. x方案的标准离差是1.5,y方案的标准离差是1.4,如x,y两方案的期望值相同,则两方案的风险关系为(　　)。

A. $x>y$　　B. $x<y$　　C. 无法确定　　D. $x=y$

5. 某校准备设立永久性奖学金,每年计划颁发36 000元奖金,若年复利率为12%,该校现在应向银行存入(　　)元本金。

A. 450 000　　B. 300 000　　C. 350 000　　D. 360 000

6. 资金时间价值的实质是(　　)。

A. 利息率　　B. 资金周转使用后的增值额

C. 利润率　　D. 差额价值

7. 为比较期望报酬率不同的两个或两个以上的方案的风险程度,应采用的标准是(　　)。

A. 标准离差　　　　　　　　　　B. 标准离差率

C. 概率　　　　　　　　　　　　D. 风险报酬率

8. 投资者甘愿冒着风险进行投资，是因为(　　)。

A. 进行风险投资可使企业获得报酬

B. 进行风险投资可使企业获得等同于资金时间价值的报酬

C. 进行风险投资可使企业获得超过资金时间价值以上的报酬

D. 进行风险投资可使企业获得利润

9. 以下关于经营风险的论述正确的是(　　)。

A. 只与企业的内部因素有关，与外部因素无关

B. 是因借款而带来的风险

C. 通过企业经营者的努力，可以完全避免

D. 是生产经营上的不确定性带来的收益不确定性

10. 在10%利率下，一至四年期的复利现值系数为0.909 1，0.826 4，0.751 3，0.683 0，则四年期的年金现值系数为(　　)。

A. 2.599 8　　　B. 3.169 8　　　C. 5.229 8　　　D. 4.169 4

二、多项选择题

1. 下列哪些指标可以衡量企业的风险？(　　)

A. 期望值　　　　　　　　　　B. 概率分布

C. 标准离差率　　　　　　　　D. 标准离差

2. 下列选项中，既有现值又有终值的是(　　)。

A. 复利　　　B. 普通年金　　　C. 先付年金　　　D. 永续年金

3. 一般而言，影响市场利率的因素有(　　)。

A. 时间价值　　　B. 风险价值　　　C. 通货膨胀　　　D. 流动性

4. 某公司计划购置一台设备，付款条件是从第二年开始，每年年末支付5万元，连续支付10年，则相当于该公司现在一次性支付(　　)万元。(资金成本率为10%)

A. $5[(P/A,10\%,11)-(P/A,10\%,1)]$

B. $5[(P/A,10\%,13)-(P/A,10\%,3)]$

C. $5[(P/A,10\%,10)(P/F,10\%,1)]$

D. $5[(P/A,10\%,13)(P/F,10\%,2)]$

5. 下列表述中正确的是(　　)。

A. 年金现值系数与年金终值系数互为倒数

B. 偿债基金系数是年金终值系数的倒数

C. 偿债基金系数是年金现值系数的倒数

D. 资本回收系数是年金现值系数的倒数

6. 货币的时间价值是指(　　)。

A. 货币随着时间自行增值的特征

B. 货币经过一段时间的投资和再投资所增加的价值

C. 现在的 1 元钱与几年后的 1 元钱的经济效用不同

D. 没有通货膨胀条件下的社会平均资金利润率

7. 下列哪种情况引起的风险属于不可分散风险?(　　)

A. 通货膨胀　　B. 战争

C. 消费者对其产品偏好的改变　　D. 经济衰退

8. 企业的财务风险主要来自(　　)。

A. 市场销售带来的风险

B. 生产成本因素产生的风险

C. 筹资决策带来的风险

D. 借款筹资带来的风险

9. 关于投资者要求的投资报酬率,说法正确的有(　　)。

A. 风险程度越高,要求的报酬率越低

B. 无风险报酬率越高,要求的报酬率越高

C. 无风险报酬率越高,要求的报酬率越低

D. 风险程度、无风险报酬率越高,要求的报酬率越高

10. 在不考虑通货膨胀的情况下,投资收益率包括(　　)。

A. 通货膨胀补偿率　　B. 无风险收益率

C. 资金成本率　　D. 风险收益率

三、判断题

1. 在企业的资金全部自有的情况下,企业只有经营风险而无财务风险;在企业存在借入资金的情况下只有财务风险而无经营风险。(　　)

2. 在现值和利率一定的情况下,计息期越多,则复利终值越小。(　　)

3. 即付年金与普通年金的区别仅在于计息时间的不同。(　　)

4. 根据风险与收益对等的原理,高风险投资项目必然会获得高收益。(　　)

5. 距今若干期后发生的每期期末收款或付款的年金称为后付年金。(　　)

6. 一般来说,资金时间价值是指没有通货膨胀条件下的投资报酬率。(　　)

7. 对于多个投资方案而言,无论各方案的期望值是否相同,标准离差率最大的方案一定是风险最小的方案。(　　)

8. 年金是指每年年初金额相等的一系列现金流入或流出量。(　　)

9. 在利息不断资本化的条件下,资金时间价值的计算基础应采用年金的形

式。( )

四、简答题

1. 什么是普通年金、即付年金、递延年金和永续年金？如何计算其终值或现值？

2. 什么是资金时间价值？举例说明资金时间价值在企业财务管理中的运用。

3. 年偿债基金计算和年资本回收额计算有何异同点？

4. 什么是风险？风险按其形成原因如何分类？

5. 什么是经营风险和财务风险？各自形成原因有哪些？

6. 如何衡量企业的财务风险？

7. 如何计算期望值、标准离差和标准离差率？这些指标的含义是什么？

8. 考虑投资风险价值，如何对多个投资方案进行选择？

技能题

1. 登云公司拟购置一台设备，目前有甲、乙两种设备可供选择。甲设备的价格比乙设备高30 000元，但每年可节约维修保养费等费用6 000元。假设甲设备的经济寿命为6年，利率为8%，该公司在甲、乙两种设备中应选择哪一种设备？

2. 博程公司2011年年初对A设备投资50 000元，该项目2013年年初完工投产，2013至2015年各年年末预期收益分别为10 000元、15 000元、25 000元，银行存款复利率为10%。要求：

(1)按复利计算2013年年初投资额的终值；

(2)按复利计算2013年年初各年预期收益的现值之和。

3. 某项目共耗资50万元，期初一次性投资，经营10年，资本成本10%。假设每年的净现金流量相等，期终设备无残值，每年至少回收多少投资才能确保该项目可行？

4. 大名公司2011年、2012年年初对乙设备投资分别为60 000元，该项目于2013年年初完工投产；2013年、2014年、2015年年末预期收益分别为50 000元；银行借款复利率为8%。要求：

(1)按年金计算2013年年初投资额的终值；

(2)按年金计算各年预期收益折算成2013年年初的现值。

5. 某公司拟购置一处房产，房主提出两种付款方案：

(1)从现在起，每年年初支付200 000元，连续支付10次，共2 000 000元；

(2)从第五年开始，每年年初支付250 000元，连续支付10次，共2 500 000元。

问：假设该公司的资金成本率(即最低报酬率)为10%，你认为该公司应选择哪个方案？

6. 小李最近准备结婚，欲购买佳乐房地产开发公司的房屋。该房地产开发公司房屋销售协议规定:100 平方米 A 户型的现房,如果购买方于购买时一次性付清房款,需要支付房款 28 万元;如果采用 5 年分期付款方式,则每年需要支付房款 7 万元;如果采用 10 年分期付款方式,则每年需要支付房款 4.4 万元。假定银行利率为 8%,复利计息。

思考分析:

(1)如果允许在每年年末支付款项,请帮小李分析应采用哪一种付款方式较好?

(2)如果规定必须在每年年初支付房款,小李又应采用哪一种付款方式为好?

7. 华海股份有限公司打算投资筹建一个电子管厂,现有 A、B、C 三个投资方案,根据市场预测,预计该项投资的资产利润率以及概率估计情况如下:

可能出现的情况	概率	A 方案资产利润率	B 方案资产利润率	C 方案资产利润率
经济状况好	0.4	10%	15%	12%
经济状况一般	0.3	5%	7%	4%
经济状况差	0.3	−5%	−8%	−2%

假定公司无负债,并且所得税税率为 30%。

思考分析:

(1)计算各投资方案资产利润率的期望值;

(2)计算各投资方案资产利润率的标准离差以及各投资方案税后资产利润率的标准离差;

(3)计算各投资方案资产利润率的标准离差率;

(4)根据以上计算结果,请帮华海股份有限公司分析 A、B、C 三个投资方案哪一个方案为最佳方案。

(计算结果百分数中,保留到两位小数,两位后四舍五入。)

第三章

企业筹资方式

学习目标

通过本章学习，认识企业资金运动的起点是筹资，了解企业筹资的目的与原则、渠道与方式，掌握权益资金筹集与负债资金筹集方式的种类、内容和优缺点。

引例
YINLI

王辉看好欣欣向荣的 IT 产业，打算开发计算机语音识别系统。他计算了一下，从研制、开发直到形成产品约需一年时间，一年后可以有产品销售和收入。这一年的研制费用大约需要 60 万元。于是，筹资成了王辉实现创业理想的第一步。在策划筹资的方案时，王辉想到了银行和创业投资基金。前者只允诺 12 个月的期限，后者可以考虑 3 年。但后者要求进行股本投资。王辉面临选择：向银行借款 60 万元，利息 10%，期限 12 个月。这种来源尽管有还债压力，但利率不高，且不影响股权的集中性。从创业投资基金处筹资虽然无还债压力，但注定要分让一部分甚至大部分股权，甚至期间自己可能丧失管理权。思前想后，王辉选择了向银行借款。

由于设计思路问题，王辉一年后未能拿出成功的研制成果。这时，市场上已经出现数种同类型产品。银行不同意贷款展期，创业投资基金也不愿意对王辉的企业投资了。王辉的公司不得不破产。

从引例中可以看出，王辉公司的破产与其最初的筹资管理不当不无关系。可见，筹资决策是公司理财的一项重要内容，筹资决策的正确与否将影响公司的资本成本甚至生存。

那么，公司在筹措资金时，都有哪些资金来源的渠道？怎样才能取得最合适且最便宜的资金，提高筹资效益？对这些问题，我们将在本章逐一回答。

第一节　企业筹资概述

企业筹资是指企业在国家宏观控制下，通过不同的渠道，采用各种方式从企业外部和内部筹措生产经营活动所需资金的财务活动。筹资管理是现代企业财务管理的一项重要内容。

专栏 3.1

资金是企业运营中不可或缺的“血液”，企业资金运动的起点是筹资。一个企业先期的筹资能力和水平如何，决定着企业有一个什么样的开端。在后续经营中，筹资活动直接影响到企业的资本结构。

一、企业筹资的目的

企业筹资的基本目的是为了自身的维持和发展，而具体目的则是多种多样的，归纳起来主要有三类：扩张目的、偿债目的和混合目的。企业的筹资总是受一定动机的驱使，而不同的筹资动机其产生的筹资行为和结果也有所不同。

(一)扩张性筹资目的

扩张性筹资目的是企业因扩大生产规模或追加对外投资而需要资金所促成的目的。凡是具有良好的发展前景、处于成长期的企业通常会产生这种筹资动机。扩张性筹资目的所产生的直接后果是企业的资产、负债规模都有所扩大，从而给企业既带来收益增长的机会，同时也带来了更大的风险。

(二)偿债性筹资目的

偿债性筹资目的是企业为了偿还某些债务而筹资所形成的目的，即所谓“借新债还旧债”。偿债筹资主要分为两种情况：一是调整性偿债筹资，即企业虽有足够的能力支付到期的旧债，但为了调整原有的资本结构，仍然举债以使资本结构更加合理，这是主动的筹资策略；二是恶化性偿债筹资，即企业现有的支付能力已不足以偿还到期旧债，被迫举债偿还，这种情况说明财务状况已有恶化。这种偿债筹资的直接后果是并没有扩大企业的资产、负债总额，而是改变了企业的负债结构。

(三)混合性目的

企业因同时需要长期资金和现金而形成的筹资目的称为混合性目的。通过混合性筹资,企业既扩大了资金规模,又偿还了部分旧债,即在这种筹资中混合了扩张性筹资和偿债性筹资两种目的。

观念应用 3.1

某企业向银行借入的 5 年期贷款中有 350 万元即将到期,应付某公司货款 250 万元即将到期。企业决定向银行借入 6 个月期限的借款 600 万元以清偿到期债务。请问,该企业的筹资目的是上述哪一种?会产生什么后果?

分析提示 可根据三种筹资动机的特点和后果判断。

二、企业筹资的原则

(一)目标原则

所谓目标原则就是把满足企业对资金的最低必需资金作为资金筹集的数量标准。筹资过少,不能满足企业正常经营所需资金;筹资过多,则可能使资金闲置、浪费,增加资金成本。所以,要根据投资要求,在充分挖掘企业内部资金潜力的基础上,做好资金需要量的预测,适度筹集资金。

(二)经济原则

企业筹集资金的来源多样,方式各异。但不论从何种渠道、以何种方式筹资,企业都必须付出一定的代价,即资金成本。不同资金来源,其资金成本各不相同,且取得资金的难易程度也不一样。因此,企业在筹资过程中应合理选择资金来源,力求使企业总的资金成本达到最低。

(三)时效性原则

企业筹集资金是为了投资的需要,资金占用时间延长,其资金成本也相应地提高。因此,企业不仅要掌握好筹资数量,还应当善于发现,把握良好的投资机会,及时筹资,合理控制资金的投放时间,节约使用资金,提高资金的使用效率。

(四)科学性原则

科学性原则就是要科学地确定企业资金来源的结构,实现筹资方式的最佳组合。它包括两个方面的内容：一是合理安排自有资金和借入资金的比例，以确定运用负债经营的策略；二是合理安排长期资金与短期资金的比例。

(五)合法性原则

我国法律规定，企业发行股票和债券必须符合《股票发行与交易管理暂行条例》及《公司法》中的有关规定。企业筹集资金必须遵守国家法律、财经法规，维护各方经济权益。

三、企业筹资的渠道与方式

企业筹资活动需通过一定的渠道并采用一定的方式来完成。企业筹集资金的来源、方式多样，不同的筹资渠道和筹资方式对企业的资金来源成本等有一定的影响。

(一)企业筹资的渠道

企业的资金来源渠道，简称筹资渠道，是指企业取得资金的来源方向与通道。企业理财人员应该掌握不同筹资的不同情况，了解多种资金来源渠道。

1. 国家财政资金

国家财政资金是为了整个国家的经济事业的发展，是以前的全民所有制企业的主要资金来源。现有国有企业，其资金来源大部分是由国家原来的拨款方式投资形成的。尽管今后国家财政资金仍然是国有企业重要的筹资渠道，只是方式由无偿拨款改为有偿贷款，但从国家财政支出中可以看出，企业从国家财政资金渠道取得资金将越来越少。因此，企业应了解国家投资政策，结合企业的实际情况申请资金来源。总之，今后企业从国家财政资金渠道取得资金是比较困难的。

2. 银行信贷资金

银行信贷资金是指通过银行信用形式筹集资金，它是各类企业筹资的重要渠道。尤其是在金融市场不很发达的国家，通过银行信用形式筹集资金，能够充分发挥银行信贷资金雄厚、方式灵活的特点，促使企业讲求经济效益。我国银行一般分为中央银行(即中国人民银行)、商业银行、政策性银行。商业银行主要是为各类企业提供商业性贷款；政策性银行主要为特定的企业提供政策性贷款，如进出口信贷银行等。

3. 非银行金融机构资金

非银行金融机构资金也是企业资金特别是长期资金的重要来源。非银行金融机构主要包括以下五类：

(1)保险公司。保险公司主要投资于政府公债,风险小的股票、债券,有时也提供中长期贷款。

(2)租赁公司。租赁公司的经营租赁等于向企业提供了短期资金,其融资租赁又等于向企业提供中长期资金。

(3)养老基金。通常由企业或专门的金融机构投资于风险小、收益高的有价证券。这样,一方面它成为其他企业的资金来源,一方面也可保证职工退休后获取足额的养老金。

(4)共同基金。这种公司不从事直接的生产经营,而是用筹集到的资金投资于多种有价证券,通过证券组合分散风险。

(5)信用合作社。其资金来自社员的股金,除对社员进行个人贷款外,此类机构还运用部分资金投资于不动产和政府公债。

4. 其他法人单位资金

其他法人单位资金是指企业法人和社会法人单位以其可支配的资产或闲置资金与企业进行资金融通等形成的资金。

5. 民间资金

民间资金是指企业职工和城乡居民手中暂时闲置的资金。西方大部分家庭都拥有公司的股票或债券,所以民间资金也是企业长、短期资金的重要来源。

6. 企业内部资金

企业内部资金主要包括企业保留盈余和提取折旧两部分。企业利用内部资金可不支付筹资费用,所以西方许多企业都广泛利用内部资金。目前内部资金已成为西方企业长期资金的重要来源。

7. 境外资金

境外资金是指境外投资者投入资金和从境外借用资金。包括:进口物资延期付款,补偿贸易,在国外发行债券等筹集的资金。

(二)企业筹资的方式

筹资方式是指企业取得资金的具体方式或形式。认识筹资方式的种类及特点有利于企业选择合适的筹资方式,有效地进行筹资组合,降低筹资成本,提高筹资效益。依据企业资金来源,可将企业筹资方式分为权益资金筹集和负债资金筹集两大方式。

1. 权益资金筹集方式

权益资金筹集是指企业筹得的资金形成投资者对企业的权益,主要有吸收直接投资、发行股票、利用留存收益三种方式。

2. 负债资金筹集方式

负债筹资指通过负债筹集资金,它是企业一项重要的资金来源,几乎没有一个企业只靠自有资金，而不运用负债就能满足资金需要。负债筹资方式主要有向银行借款、利用商业信用、发行公司债券、融资租赁四种。

小思考 3.1

企业筹资方式与筹资渠道有何关系？请举例说明。

答 企业筹资方式与筹资渠道既有联系又有区别，同一筹资渠道的资金来源往往可以采用不同的筹资方式取得，而同一筹资方式又往往可以筹措到不同筹资渠道的资金。例如：民间资金可采用吸收直接投资、发行股票、发行公司债券的筹资方式取得。而吸收直接投资又可筹措到除银行信贷资金渠道外的所有渠道的资金。所以，企业筹资管理的重要内容是针对客观存在的筹资渠道，选择合理的筹资方式进行筹资。

第二节 权益资金的筹集

专栏 3.2

金钱实际上属于使用它并使它增值的人，而不论它在实际上属于谁。企业家应该把银行的钱、他人的钱为自己所用，否则他就是不懂得理财。

一、吸收直接投资

吸收直接投资(简称吸收投资)是指企业按照“共同投资，共同经营，共担风险，共享利润”的原则直接吸收国家、法人、个人和外商投入资金的一种筹资方式。

(一)吸收投资的种类

1. 吸收国家投资

国家投资是指有权代表国家投资的政府部门或机构以国有资产投入企业，这种情况下形成的资本叫国有资本。吸收国家投资是国有企业筹集自有资金的主要方式，它一般具有以下特点：

(1)产权归属国家；

(2)资金的运用和处置受国家约束较大；

(3)在国有企业中采用较广泛。

2. 吸收法人投资

法人投资是指法人单位以其依法可支配的资产投入企业，这种情况下形成的资本叫法人资本。它一般具有以下特点：

(1)发生在法人单位之间；

(2)以参与企业利润分配为目的；

(3)出资方式灵活多样。

3. 吸收个人投资

个人投资是指社会个人或本企业内部职工以个人合法财产投入企业，这种情况下形成的资本叫个人资本。它一般具有以下特点：

(1)参加投资的人员较多；

(2)每人投资的数额相对较少；

(3)以参与企业利润分配为目的。

4. 吸收外商投资

外商投资是指外国及我国港澳台地区投资者以其依法支配的财产投入企业，这种情况下形成的资本叫外商资本。

(二)吸收投资的出资方式

1. 现金投资

吸收现金投资是企业直接从投资者处筹集到现金。它是企业最乐意接受的方式。

2. 实物资产投资

吸收实物资产投资是企业从投资者处得到固定资产、存货等实物资产。该出资方式应对实物资产进行评估，以确定资产价值。

3. 工业产权投资

吸收工业产权投资是企业从投资者处获得专有技术、商标权、专利权等无形资产。通常，企业吸收的工业产权应符合以下条件：

(1)能帮助研发并生产出适销对路的高新技术产品；

(2)能帮助改进产品质量，提高生产效率；

(3)能帮助大幅度降低各种消耗；

(4)作价较合理。我国有关法规规定，无形资产投资的数额一般不能超过企业注册资本的20%；确需超过的，如高新技术，应经过有关部门批准，最高不得超过30%。

4. 土地使用权投资

土地使用权是按有关法规、合同的规定使用土地的权利。企业吸收土地使用权投资应符合以下条件：

(1)企业科研、生产、销售活动所需要的；

(2)交通地理条件较适宜；

(3)作价公平合理。

(三)吸收投资的优缺点

1. 吸收投资的优点

(1)通过吸收投资方式筹集的资金属于企业的自有资金，能够提高企业的资信程度和借款能力。

(2)吸收投资不仅可以筹集现金，而且可以直接获得先进的设备和技术，有助于企业尽快获得生产能力。

(3)吸收投资可以根据企业的经营状况向投资者支付报酬，企业经营状况好，要向投资者多支付一些报酬；反之，就可不向投资者支付报酬或少支付报酬，比较灵活，因此财务风险较低。

2. 吸收投资的缺点

(1)资金成本较高。尤其是企业经营状况较好和赢利较强时，更是如此，因为向投资者支付的报酬是根据其出资额和企业实现利润的多寡来计算的。

(2)容易分散企业控制权。采用吸收投资方式筹资，投资者一般都要求获得与投资数量相适应的经营管理权，这是接受外来投资的代价之一。若外部投资者的投资较多，则投资者会有相当大的管理权，甚至会对企业实行完全控制。

二、发行股票

股票是股份有限公司筹集主权资本而发行的有价证券，是持股人拥有公司股份的凭证，它代表持股人在公司中拥有的所有权。股票持有人即为公司的股东，它作为出资人按其所持股份享有分享利润等权利，并以其所认购的股份为限对公司承担责任。发行股票是股份有限公司筹集主权资本的一种基本方式，包括发行普通股和优先股两种。

(一)股票的分类

股票可以从不同的角度进行分类。

1. 普通股股票和优先股股票

按股东享受权利、承担义务大小的不同，股票分为普通股股票和优先股股票。

(1)普通股股票是指每一股份对公司财产都拥有平等权益，股东享有平等权利，不加以特别限制的股票。

普通股股票的收益随公司赢利变化而变化。普通股股东在权利义务方面的特点有：

①公司管理权。例如：普通股股东有权出席或委托代理人出席股东大会，并依公司章程规定行使表决权；有资格被选举为董事和监事或被聘任为公司经理，直接参与公司的经营管理。

②分享盈余权。股份有限公司的税后净利在支付罚没金、弥补以前年度亏损、提取法定公积金和公益金、支付优先股股息，并根据需要支付任意盈余公积金之后，即可向普通股股东分配红利。

③剩余财产要求权。在股份有限公司解散时，公司财产按规定清偿债务后的剩余财产，按照股东持有的股份比例分配。

④股票转让权。普通股股东出于投资收益不理想、无法达到控制公司的目的等原因，有权根据自己的选择，将股票转让出去。

⑤优先认股权。在公司增发新股时，现有的普通股股东有按其原持有的在公司总股份中的比例优先认购增发股票的权利。

普通股股东有许多权利，但相应地也有其应承担的义务。我国《公司法》规定了股东具有遵守公司章程、缴纳股款和对公司负有以其所认购的股份为限的有限责任、不得退股等义务。

(2)优先股股票是指股份公司依法发行的具有一定优先权的股票。

这种优先权主要表现在：

①优先分配股利权。优先股通常有固定股利，且必须在支付普通股股利之前予以支付。

②优先分配剩余资产权。在企业解散、破产清算时，优先股的剩余资产求偿权虽位于债权人之后，但先于普通股。

③部分管理权。其管理权限有严格限制。通常，在公司的股东大会上，优先股股东没有表决权，仅在涉及优先股权利问题时有权参加表决。由于优先股的收益往往是固定的，不随公司赢利变化而变化，因而其事实上具有长期债券的性质。

小思考 3.2

普通股股东的优先认股权是否有利于保持现有普通股股东在公司中的股权比例？

答 是的。普通股股东的优先认股权一方面可保持现有普通股股东对公司的控制，因为不论以后发行多少新股，只要让现有普通股股东有权按其原持有的公司总股份中的比例优先认购新股，就是允许其保持在公司中原有的份额，从而保持对公司的控制权。另一方面，可防止在价值上冲淡股东对公司赢利和资产的要求权，若没有这项权利，就难以防止非现有普通股股东以低于普通股股票现行市价购入新股，从而损害现有普通股股东的利益。

2. 面值股票和无面值股票

按票面是否标明金额，股票分为面值股票和无面值股票。

(1)面值股票是在股票票面上标明金额的股票。持有这种股票的股东，对公司享有权利、承担义务的大小以其所拥有的全部股票的票面金额之和占公司发行在外股票总面额的比例大小来决定。

(2)无面值股票是在股票票面上不标明金额，只在股票上载明总股数的股票。股票的面值和股票的价值并非一回事，前者反映股票筹资数额，而后者反映股票在市场上出售的价值。我国《公司法》规定，股票应标明票面金额。

3. 记名股票和无记名股票

按是否记名，股票分为记名股票和无记名股票。

(1)记名股票是在股票票面上记载股东的姓名或名称，并记入公司的股东名册。股东只有同时具备股票和附发的股权手册，才能领取股利。其转让、继承必须办理过户手续。

(2)无记名股票是在股票票面上不记载股东的姓名或名称，也不记入公司的股东名册，只记载股票数量、编号及发行日期，谁持有股票谁就拥有股票所代表的权利。无记名股票的转让、继承无需办理过户手续，只需要买卖双方认可，即实现股权的转移。《中华人民共和国公司法》规定：公司向发起人、国家授权投资的机构、法人发行的股票，应当为记名股票；对社会公众发行的股票，可以为记名股票，也可以为无记名股票。

4. 国家股、法人股、个人股和外资股

按投资主体的不同，股票分为国家股、法人股、个人股和外资股。

(1)国家股是有权代表国家投资的部门或机构以国有资产向公司投入而形成的股份。国家股由国务院授权的部门或机构持有，并向公司委派股权代表。

(2)法人股是指企业法人依法以其可以支配的资产向公司投资而形成的股份，或是具有法人资格的事业单位和社会团体以国家允许用于经营的资产向公司投资而形成的股份。

(3)个人股是社会个人或本公司职工以个人合法财产向公司投资而形成的股份。

(4)外资股是指外国和我国港、澳、台地区投资者购买的人民币特种股票。

5. A 股、B 股、H 股和 N 股

按发行对象和上市地区不同，股票分为 A 股、B 股、H 股和 N 股。

(1)A 股是供我国境内个人或法人买卖的以人民币标明票面价值并以人民币认购和交易的股票。

(2)B 股、H 股、N 股是专供外国和我国港、澳、台地区投资者买卖的,以人民币标明面值,以外币认购和交易的股票。(自 2001 年 2 月 19 日起,B 股开始对境内居民开放。)其中,B 股在深圳、上海上市,H 股在香港上市,N 股在美国纽约上市。

(二)普通股股票的发行

1. 股票发行的目的

公司发行股票,总的来说是为了筹集资金,但具体来说有不同原因,主要有:

(1)筹集资本。股份有限公司在设立或扩大经营规模时,可通过发行股票来筹集资本。

(2)调整资本结构。股份有限公司成立后,其资本结构会不断发生变化。若公司产权资本比率过低,筹资风险过大,资金实力不强,会影响公司的信用及偿债能力,举债筹资就会困难。为此,可通过发行股票来提高主权资本比率,从而改善资本结构。

(3)股票股利和无偿配股。为节约现金支出,公司根据需要经股东大会决议可分配股票股利。此外,公司经股东大会决议可将法定盈余公积金和资本公积金转为股本,按股东原有股份比例发给新股或增加每股面值,进行无偿配股。这种增股虽然未实际增加公司主权资本总额,但改变了主权资本的内部结构,有利于增加股票吸引力,提高公司地位。

2. 股票发行的方式

股票发行的方式是指公司通过何种途径发行股票,常见的有如下两类:

(1)公开间接发行。公开间接发行是指股份有限公司通过中介机构公开向社会公众发行股票。我国股份有限公司采用募集设立方式向社会公开发行新股时,应由证券经营机构承销的做法就属于股票的公开间接发行。公开间接发行的发行范围广,发行对象多,易于足额募集资本;股票的变现性强,流动性好;有助于提高发行公司的知名度和扩大影响力。这种发行方式的不足主要在于手续繁杂,发行成本高。

(2)不公开直接发行。不公开直接发行是指股份有限公司不公开对外发行股票,只向少数特定的对象直接发行,因而也不需经中介机构承销。我国股份有限公司采用发起设立方式和以不向社会公开募集的方式发行新股的做法就属于股票的不公开直接发行。这种发行方式的发行成本较低,资金结构的弹性较大,手续简单,但发行范围小,发行风险较大,股票的变现性差。

3. 股票发行的价格

股票发行价格是指发行公司将股票出售给投资人时的价格。发行价格越高,公司的发行收入就越高,发行成本也相应降低。但发行价格定得太高,可能会使投资人望而生畏,导致发行失败;而发行价格过低将无法满足发行人的资金需求,并损害原有股东的利益。因此,设法确定一个合理的发行价格,是保证发行成功的关键。

确定股票发行价格需要考虑以下因素:

(1)法律规定。按照我国公司法的规定,股票不得以低于票面金额的价格发行。由此形成两种发行价格:面值发行与溢价发行。发行价格是否溢价,取决于社会对公司投资价值的承认程度。一般来说,绩效好的公司,股票发行往往可以取得较高的溢价。

(2)公司赢利状况及增长潜力。有较高赢利能力和增长潜力的公司可以取得较高的发行价格。

(3)股票二级市场状况。当股市处于牛市时,发行价格可以定得高一些;当股市处于熊市时,发行价格需定得低一些。因此选择合适的上市时机十分重要。

(三)普通股筹资的优缺点

1. 普通股筹资的优点

(1)普通股没有到期日,是公司的一种永久性资金,不必考虑偿还本金。

(2)普通股没有固定的股利负担。公司每年分配给普通股股东股利的多少,取决于公司当年的赢利水平和采取的股利分配政策,而不像债券筹资,无论是否赢利都要支付固定的债息,这就减轻了公司的支付负担。

(3)普通股是公司举债的基础。在股份公司的资本结构中,以普通股为代表的主权资本是公司筹措借入资金的基础。债权人在投入资金前,首先要考察的就是公司有多少主权资本作为债务的偿还保证。任何债权人都不愿意把资金投放到毫无偿还保障的企业。

(4)普通股筹资有利于增强公司信誉,为今后的经营活动奠定良好的基础。

2. 普通股筹资的缺点

(1)资金成本较高。通常普通股的筹资成本要高于债务资金,原因是股利要从净利润中支付,而债务资金的利息可在税前扣除。另外,普通股筹资要支付较高的发行费用。

(2)增发普通股有可能使原股东的利益受损。公司增发新股会改变公司原有股权比例,使原股东的控制权削弱,同时新股东出现,也就取得了对公司积累盈余的分配权,这就降低了普通股的每股净收益,严重的会导致普通股市价下跌。

(3)加大了公司被收购的风险。上市公司的经营状况会被公众关注,当公司经营出现困难时,极易成为竞争对手的收购对象。

观念应用 3.2

如前所述,普通股筹资的资金成本高于债务资金,那么,它与优先股相比呢?普通股、优先股、债务资金三者的筹资成本的大小关系如何?

分析提示 可从普通股和优先股的概念、股东的权利义务差别以及股票的性质入手分析。

第三节 负债资金的筹集

负债资金筹集是指企业向金融机构或其他企业和个人借入资金的行为。负债是企业的一项主要资金来源,绝大多数企业都运用负债来筹集资金,以满足生产经营的需要。

负债筹资按其使用时期的长短,一般可分为短期负债筹资和长期负债筹资。短期负债筹资指筹措资金的可使用时间较短,一般不超过1年的资金筹措。它具有筹资速度快、筹资弹性高、资金成本较低、借款人的风险高的特点。短期负债的筹资方式主要有短期借款、商业信用、短期融资券等。

长期负债是指偿还期在1年或超过1年的一个营业周期以上的债务。企业利用长期负债方式筹集资金可以降低财务风险,保证生产经营资金的需要。长期负债的筹资方式主要有长期借款、长期债券、融资租赁等。

专栏 3.3

在资金、设备等方面,都必须备有"贮水池",只有这样,才能使自己的经营保持稳定。你必须要有一个资金方面的准备,当然,你也可以把自己的"贮水池"设在别人家里。

一、短期借款筹资

(一)短期借款筹资

短期借款是企业向银行或其他非银行金融机构借入的期限在1年以内的

借款，包括信用借款、担保借款和票据贴现等。它可以随企业的需要安排，使用灵活，弹性较好，取得也较简便，但成本较高。

短期借款的信用条件主要有：

1. 信贷额度

信贷额度是银行对借款人规定的无担保贷款的最高额。信贷额度的有效期限通常为1年，但根据情况也可展期1年。

2. 周转信贷协定

周转信贷协定是银行具有法律义务地承诺提供不超过某一最高限额的贷款协定。在协定的有效期内，只要企业的借款总额未超过最高限额，银行必须满足企业任何时候提出的借款要求。企业享用周转信贷协定，通常要对贷款限额的未使用部分付给银行一笔承诺费。

3. 补偿性余额

补偿性余额是银行要求借款企业在银行中保持按贷款限额或实际借用额一定百分比(一般为10%～20%)计算的最低存款余额。从银行的角度讲，补偿性余额可降低贷款风险，补偿遭受的贷款损失。对于借款企业来讲，它则提高了借款的实际利率。

小思考 3.3

某企业按年利率8%向银行借款100万元，银行要求维持贷款限额15%的补偿性余额。请问：企业实际可用的借款有多少？该项借款的实际利率又是多少？

答　因借款限额为100万元，而补偿性余额为15%，则：

$$企业实际可用借款=100\times(1-15\%)=85(万元)$$

由此可知

$$该项借款的实际利率=\frac{100\times 8\%}{85}=9.4\%$$

4. 借款抵押

银行向财务风险较大的企业或对其信誉不是很有把握的企业发放贷款，有时需要有抵押品担保，以减少自己蒙受损失的风险。银行根据抵押品的面值决定贷款金额，一般为抵押品面值的30%至90%。

5. 偿还条件

贷款的偿还有到期一次偿还和定期(每月、季)等额偿还两种方式。一般来说，企业不希望采用后种偿还方式，因为这会提高借款的实际利率。而银行不希望采用前种偿还方式，因为这会加重企业的财力负担，增加企业的拒付风险，同时会降低实际贷款利率。

6. 其他承诺

银行有时还要求企业为取得借款而做出其他承诺，如保持适当的资产流动性等。若企业违背承诺，银行可要求企业立即偿还全部贷款。

(二)商业信用筹资

商业信用是一种自然筹资行为，它是在企业之间正常的业务往来中相互提供信用而形成的一种资金来源，如应付账款、预收账款等。

1. 商业信用的形式

商业信用主要有赊购商品、预收货款两种形式。前者是买卖双方发生商品交易，买方收到商品后不立即支付现金，可延期到一定时期后付款。后者是卖方先向买方收取货款，但要延期到一定时期后交货。预收货款等于卖方向买方先借一笔资金，适用于紧俏的、生产周期长的、售价高的商品，如轮船、飞机等。

2. 商业信用条件

信用条件是指销货人对付款时间和现金折扣所做的具体规定。例如，"2/10，*n*/30"便属于一种信用条件。它主要有三种形式：预付货款；延期付款，但不提供现金折扣；延期付款，但早付款可享受现金折扣。其中第二种形式是指卖方允许买方在交易发生后一定时期内按发票面额支付货款，例如，"net 45"，是指在45天内按发票金额付款。在这种情况下，买方可因延期付款而取得资金来源。第三种形式是指买方若提前付款，卖方可给予一定的现金折扣；如买方不享受现金折扣，则必须在一定时期内付清账款。例如，"3/10，*n*/30"表示买方若在10天内付款，可享受3%的现金折扣；若不享受现金折扣，应在30天内付清货款。买方若在折扣期内付款，则可获得短期的资金来源，并能得到现金折扣；若放弃现金折扣，则可在稍长时间内占用卖方的资金。如果销货单位提供现金折扣，购买单位应尽量争取获得此项折扣，因为丧失现金折扣的机会成本(或资金成本)很高。

3. 商业信用筹资的优缺点

商业信用筹资与商品买卖同时进行，属于一种自然性融资，不用作非常正规的安排，故而筹资便利，同时它具有资金成本低、筹资限制少的优点。但商业信用的时间一般较短，若企业取得现金折扣则时间会更短，若放弃现金折扣，则要付出较高的资金成本。此外，滥用商业信用会影响公司的信誉。

(三)短期融资券筹资

短期融资券是一种短期债券，它是由大型工商企业所发行的短期无担保票据，又称商业票据，其期限较短，面值很高，利率较低。短期融资券是否是一个有效的短期筹资工具取决于其所处市场的流动性。美国有一个很发达的商业票据市场，而该市场在我国处于起步阶段。不过，相信在我国该市场的发展及商业票据发行规模的扩大将是一个必然的趋势。

二、长期借款筹资

长期借款是指企业向银行或非银行金融机构借入的，偿还期限在1年以上的各种借款。它主要用于购建固定资产和满足长期流动资产资金占用的需要，是企业长期负债筹资的主要方式之一。

（一）长期借款的种类

1. 按提供贷款的机构可分为政策性借款、商业银行借款和保险公司借款

(1)政策性借款。它是企业从执行国家政策性贷款业务的银行，如国家开发银行、进出口信贷银行等取得的借款。例如，我国的进出口信贷银行为大型设备的进出口提供买方、卖方信贷。在美国，小企业管理局也时常借款给小型企业。政策性借款期限很长，利率较低。

(2)商业银行借款。它是企业从商业银行取得的借款。这类借款主要是满足企业发展的资金需要。

(3)保险公司借款。它是企业从保险公司取得的借款。其借款期限一般在1年以上，但利率较高，对借款企业的要求也较高。

另外，企业还可以向信托投资公司、证券公司等非银行金融机构申请得到借款。

2. 按借款是否需要担保可分为信用借款和抵押借款

(1)信用借款。它是企业仅凭自身信用或其担保人的信用，而无需抵押品作为担保从银行等金融机构取得的长期借款。只有信誉很好的企业或有信用很好的企业做担保时才能取得信用借款，其利率一般较高。

(2)抵押借款。它是企业以特定的抵押品作为担保从银行取得的借款。资信较差的企业或创办不久其资信未经考验的企业向银行申请借款时，银行会要求其提供抵押品。长期借款的抵押品常常是房屋、建筑物、机器设备等不动产。

（二）长期借款的程序

1. 提出借款申请

借款申请中主要包括借款金额、借款用途、偿还能力及还款方式等。

2. 银行审批申请

银行对企业提出的申请先行审核，主要审核申请借款企业的财务状况、信用状况、赢利的稳定性、借款投资项目的可行性等。审核通过后，银行就要依据审批权限，核准企业申请的借款金额、用款计划。

3. 签订借款合同

借款合同主要包括借款的数额、期限、利率、用途、归还方式和资金来源、保护性条款、违约责任等。

4. 企业取得借款

借款合同生效后，银行在核准的借款数额范围内，根据合同规定的用款计划和实际需要，将款项划入借款企业在银行的结算户，企业便可使用借款资金。

5. 企业还本付息

企业应按借款合同的规定按时足额归还借款本息。若企业不能按期归还，应在借款到期前，向银行申请贷款展期。

（三）长期借款筹资的优缺点

1. 长期借款筹资的优点

（1）筹资速度快。与发行证券相比，长期借款免去了证券发行过程中不可缺少的报批、宣传、发行等环节，程序比证券筹资简单，能较快取得资金。

（2）筹资成本较低。长期借款利息可在所得税前支付，这就使借款成本低于股票成本；与长期债券相比，长期借款不需经过证券机构，减少了筹资费用，故其筹资成本低于债券成本。

（3）借款弹性好。企业在借入款项时，可与银行商定借款的数额、期限、利率等，借款后如企业财务状况发生变化，也可与银行协商变更借款条件等。而证券筹资，对象是社会广大投资者，协商改变融资条件不现实。

（4）可发挥财务杠杆作用。企业借入款项后，如能使投资收益率大于长期借款的利息率，企业便可获得财务杠杆利益。

2. 长期借款筹资的缺点

（1）筹资风险较高。借款通常有固定的利息负担和偿付期限。在企业经营不佳时可能产生不能偿付的风险，甚至会导致破产。

（2）限制条件较多。贷款银行为保护自身利益，在与企业签订的贷款协议中通常附加许多限制性条款，它会限制企业的经营活动，降低借款的使用效果。

（3）筹资数量有限。长期借款难以取得证券筹资形式所能取得的资金数额。

三、债券筹资

债券是债务人依照法定程序发行的，约定在一定期限内向债权人还本付息的有价证券。发行债券是企业筹集负债资金的一种重要方式。

(一)债券的种类

债券可以从各种不同角度进行分类。

1. 按债券票面上是否记名,可将债券分成记名债券和无记名债券

这种分类类似于记名股票和无记名股票的划分。在公司债券上记载持券人的姓名或名称的为记名公司债券,反之为无记名公司债券。两种在转让上的差别也与记名股票和无记名股票相似。

2. 按有无抵押担保,可将债券分成信用债券、抵押债券和担保债券

信用债券又称无抵押担保债券,是仅凭债券发行者的信用发行的、没有抵押品作抵押或担保人作担保的债券。抵押债券是指以一定抵押品作抵押而发行的债券。它按抵押物品的不同,又可分为不动产抵押债券、设备抵押债券和证券信托抵押债券。担保债券是指由一定保证人作担保而发行的债券。当企业没有足够的资金偿还债券时,债权人可要求保证人偿还。

3. 债券的其他分类

(1)可转换债券。可转换债券是指债券持有人在一定时期内,可以按某一固定的价格或一定的比例将所持债券转换为一定股数普通股的债券。

(2)浮动利率债券。浮动利率债券是指利率水平按某一标准(如政府公债利率、银行储蓄存款利率等)的变化而同方向调整的债券。

(3)收益债券。收益债券是指在企业不赢利时,可暂时不支付利息,而到获利时支付累积利息的债券。

(4)上市债券。上市债券是在证券交易所挂牌交易的债券。其信用度高,变现速度快,故较吸引投资者,但上市条件严格,且要承担较高的上市费用。

此外,债券还可按用途分为直接用途债券和一般用途债券;按偿还方式分为可提前偿还债券和不可提前偿还债券,分期还本债券和一次到期债券等。

(二)债券的发行

1. 债券发行的资格和条件

《中华人民共和国公司法》规定,股份有限公司、国有独资公司、两个以上的国有企业或者其他两个以上的国有投资主体投资设立的有限责任公司,有资格发行公司债券。

《中华人民共和国公司法》规定,发行债券必须符合下列条件:股份有限公司的净资产额不低于3 000万元,有限责任公司的净资产额不低于6 000万元;累计发行债券总额不超过公司净资产总额的40%;最近3年平均可分配利润足以支付公司债券1年的利息;筹集资金的投向符合国家产业政策;债券的利率不得超过国务院限定的水平；国务院规定的其他条件。发行可转换债券的，还应符合股票发行的条件，并报请国务院证券管理部门批准。

2. 债券的发行价格

债券的发行价格是债券发行时使用的价格，也是投资者购买债券时实际支付的价格。发行价格的高低，取决于以下四个因素：

(1)债券面值。债券面值是指债券票面上注明的价值，也是债券到期时偿还本金的数额。一般而言，债券面值越大，发行价格就越高。

(2)债券票面利率。票面利率也称名义利率，是债券发行时票面上注明的利率。通常，债券的票面利率越高，发行价格就越高。

(3)市场利率。市场利率指债券有效期限内资金市场的平均利息率。通常，市场利率越高，债券的发行价格越低。

(4)债券期限。债券期限指债券自发行日至偿还全部本金所需要的时间。同银行借款一样，债券的期限越长，债券持有人的风险越大，要求的债券投资收益率就越高，债券的发行价格就可能较低；反之，则可能较高。

债券的发行价格是由债券本金和债券年利息支出，按债券期限内的市场利率折现后的现值之和决定的。用公式表示就是：

$$\begin{aligned}\text{债券发行价格} &= \sum_{t=1}^{n} \frac{\text{年利息支出}}{(1+\text{市场利率})^t} + \frac{\text{面值}}{(1+\text{市场利率})^n} \\ &= \text{年利息支出} \times (P/A,i,n) + \text{面值} \times (P/F,i,n)\end{aligned}$$

式中：i 为市场利率，n 为债券期限。

债券发行价格通常有三种情况，即溢价、等价、折价。溢价是指债券以高出面值的价格发行；等价是指债券以面值发行；折价是指债券以低于面值的价格发行。债券以何种价格发行，取决于债券票面利率与市场利率的关系。

例 3.1

银河公司发行面值为1 000元，利息率为10%，期限为10年，每年年末付息的债券。在公司决定发行债券时，认为10%的利率是合理的。若到债券发行时，市场利率发生变化，那么就要调整债券的发行价格。平均市场利率分别为10%、15%和5%，债券发行价格各是多少？

分析　现按如下三种情况分别讨论：

(1)资金市场利率保持不变，仍为10%，银河公司的债券利率为10%是合理的，则可采用等价发行。发行价格为：

$$\begin{aligned}&1\,000 \times 10\% \times (P/A,10\%,10) + 1\,000 \times (P/F,10\%,10) \\ &= 100 \times 6.144\,6 + 1\,000 \times 0.385\,5 \approx 1\,000(\text{元})\end{aligned}$$

(2)资金市场利率有较大幅度上涨，达到15%，则应采用折价发行。发行价格为：

$$1\,000\times10\%\times(P/A,15\%,10)+1\,000\times(P/F,15\%,10)$$
$$=100\times5.018\,8+1\,000\times0.247\,2=749.08(\text{元})$$

这就是说，只有按749.08元的价格出售，投资者才会购买此债券，并获得15%的报酬。

(3)资金市场利率有较大幅度下降，达到5%，则可采用溢价发行。发行价格为：

$$1\,000\times10\%\times(P/A,5\%,10)+1\,000\times(P/F,5\%,10)$$
$$=100\times7.721\,7+1\,000\times0.613\,9=1\,386.07(\text{元})$$

这就是说，投资者把1386.07元的资金投资于银河公司面值为1 000元的债券，便可获得5%的报酬。

观念应用3.3

若企业发行到期一次还本付息的债券，则债券的发行价格应是多少呢？

分析提示 可结合上一章资金时间价值的知识，分析一次还本付息属于何种类型的资金时间价值来计算。

（三）债券筹资的优缺点

1. 债券筹资的优点

(1)资金成本较低。与股票相比较而言，债券的发行成本较少，债券利息在税前支付，有一部分利息由国家负担了。

(2)保证控制权。债券持有人无权参与发行企业的管理决策，发行债券筹资，企业的股东不会丧失其对企业的控制权。

(3)可发挥财务杠杆作用。无论企业的赢利多少，债券持有人只收取固定的有限收入，而更多的收益可用于分配给所有者或用作留存扩大企业经营。

2. 债券筹资的缺点

(1)财务风险高。发行债券要承担按期还本付息的义务。在企业营业不景气时，无异于釜底抽薪，会给企业带来更大的财务困难，甚至导致破产。

(2)限制条件多。发行债券的限制条件比短期借款、优先股都要多且严格，从而影响企业的资金使用和以后的筹资能力。

(3)筹资数额有限。根据国家有关规定，企业发行债券的总面额不得大于该企业的自有资产净值。

四、融资租赁

(一)租赁的种类

租赁是承租人向出租人交付租金,出租人在合同规定的期限内将资产的使用权让渡给承租人的一种经济行为。

1. 按租赁目的划分,租赁可分为经营租赁和融资租赁两种基本类型

(1)经营租赁是承租人为取得资产使用权而向出租人租用租赁物,出租人提供与租赁有关的服务的租赁。

(2)融资租赁是由租赁公司(出租人)按承租人的要求出资购买设备,在较长的合同期内提供承租人使用的信用业务。它是以融通资金为目的的租赁,是融资与融物相结合的、带有商品销售性质的借贷活动,是企业筹集资金的一种方式。

2. 经营租赁与融资租赁的区别

(1)涉及当事人不同。经营租赁的当事人一般包括出租人和承租人,融资租赁的当事人一般包括出租人、承租人、供货商。

(2)程序不同。在经营租赁中,承租人可随时向出租人提出租赁资产要求;而在融资租赁中,则由承租人向出租人正式提出申请,由出租人融通资金引进承租人所需设备,然后再租给承租人使用。

(3)租赁期限不同。经营租赁的租期通常小于租赁设备的寿命期,融资租赁的租期一般为租赁设备寿命的一半以上。

(4)涉及费用不同。在经营租赁方式下,租赁资产的维修费、保养费、折旧费等一般由出租人承担;在融资租赁方式下,这些费用一般由承租人承担。

(5)合同约束不同。经营租赁的租赁合同灵活,在合理限制条件范围内,可以解除租赁契约;融资租赁的租赁合同稳定,在租期内,承租人必须连续支付租金,非经双方同意,中途不得退租。

(6)期满资产处置不同。经营租赁在租赁期满时,承租人要将租赁物退还出租人;而融资租赁租赁期满,承租人对租赁物可选择留购、续租或退还。

(二)融资租赁的形式

1. 售后租回

售后租回是承租人将某资产卖给出租人,再将其租回使用的租赁。采用这种租赁方式,承租人既可以通过出售资产获得现金,以改善其财务状况,又可以通过“回租”而保留了该项资产的使用权。这比简单的变卖资产以应付现金需要有利得多。

2. 直接租赁

直接租赁是承租人直接向出租人租入所需资产，并付出租金。它是融资租赁的典型形式。直接租赁的出租人主要有制造厂商、租赁公司等。除制造厂商外，其他出租人都是向制造厂商或销售商买进租赁物租给承租人。

3. 杠杆租赁

前述直接租赁或售后租回方式主要涉及出租人和承租人两方，而杠杆租赁要涉及三方——出租人、承租人、贷款人。杠杆租赁是出租人以出租的资产作为担保，向贷款人借入一笔长期借款(一般是租赁物价值的60%～80%)，然后再以融资租赁的方式租赁给承租人。从承租人角度来看，这种租赁与其他租赁形式并无区别。杠杆租赁对于价值很大的设备的销售、租赁来说，不失为一种很好的方式。

(三)融资租赁租金的计算

1. 租金的构成

(1)租赁物的购置成本。租赁物的购置成本，包括租赁物的买价、运杂费及途中保险费等。

(2)利息。即出租人为购置租赁物所筹资金的成本。

(3)租赁手续费。包括出租人承办租赁物的营业费用及出租人的利润。

2. 租金的支付方式

(1)按支付时期的长短，分为年付、半年付、季付、月付。

(2)按每期支付的时间，分为后付租金和即付租金。

(3)按每期支付数额，分为等额交付和不等额交付。

3. 租金的计算

在我国的融资租赁实务中，计算租金大多采用平均分摊法和等额年金法。

(1)平均分摊法。

$$每次应付租金=\frac{租赁物成本+利息+手续费}{租金支付次数}$$

例 3.2

某公司以融资租赁方式取得一台设备，租期5年，设备买价、利息、手续费合计2 500万元，每年年末等额支付一次，计算该公司每年应付租金。

分析

$$每年应付租金=2\,500/5=500(万元)$$

(2)等额年金法。

$$每次应付租金=\frac{租赁物成本+利息+手续费}{1元年金现值系数}$$

（注:1 元年金现值系数指期数为双方约定的租金支付次数，折现率为租赁公司要求的利息率的年金现值系数。）

例 3.3

仍以例 3.2 资料为例，假定租金按复利计算，租赁公司要求的折现率为年利率 12%，计算每年应付租金。

分析

$$
\begin{aligned}
\text{每年应付租金} &= 2\,500/1\text{ 元年金现值系数}\\
&= 2\,500/(P/A,12\%,5)\\
&= 2\,500/3.604\,8 \approx 693.52(\text{万元})
\end{aligned}
$$

（四）融资租赁筹资的优缺点

1. 融资租赁的优点

（1）筹资速度快。融资租赁是一种融资与融物相结合的筹资方式，因此，企业在筹到资本的同时，即可获得长期资产的使用权。

（2）增加筹资灵活性。融资租赁可以避免长期借款筹资附加的各种限制性条款，从而为企业经营活动提供了更大的弹性空间。

（3）转嫁所有权风险。科技进步导致的原购买资产所发生的陈旧过时的无形损耗的增加，要由所有权人承担。而若采用融资租赁方式取得资产，承租人就转嫁了所有权风险。

（4）财务风险小。许多借款都在到期日一次偿还本金，这会给财务基础较弱的公司造成相当大的困难，有时会造成不能偿还的风险。而融资租赁则把这种风险在整个租期内分摊，可适当减少不能偿还的风险。

（5）税收负担轻。租金可在税前支付，从而减轻企业的税收负担。

2. 融资租赁的缺点

融资租赁筹资最突出的缺点就是资金成本较高。出租人是通过租金获取报酬的，因此，租金总额比租赁物价值要高。而且，通常融资租赁的利率较债券或借款的利率都要高得多。此外该筹资方式还有当事人违约风险，利率、税率变动风险。

本章小结

◇企业筹集资金是企业为了生产经营而筹集所需要的资金的财务活动，是企业理财的起点。企业筹集资金总的要求是针对客观存在的筹资渠道，选择合理的筹资方式进行筹资。筹集资金的渠道是企业取得资金的来源。筹集资金的方式是企业取得资金的具体形式。目前,我国筹集资金的渠道有国家财政资金、银行信贷资金等七种,筹集资金的方式有吸收直接投资、发行股票等七种形式。

◇权益资金和负债资金的筹集是本章的主要内容。权益资金筹集方式主要有吸收直接投资、发行股票和留存收益等;负债资金筹集方式主要有银行借款、发行债券、融资租赁等。

关键概念

筹资渠道　筹资方式　权益资金　负债资金　债券的发行价格　融资租赁　应付租金

综合练习题

知识题

一、单项选择题

1. 某债券面值为500元,票面年利率为8%,期限3年,每半年支付一次利息。若市场利率为8%,则其发行时的价值(　　)。

A. 大于500元　　B. 小于500元

C. 等于500元　　D. 无法计算

2. 我国《公司法》规定,股票不能(　　)发行。

A. 折价　B. 溢价　C. 平价　D. 按票面金额

3. 资金成本高,而财务风险一般的筹资方式是(　　)。

A. 发行债券　B. 发行股票　C. 长期借款　D. 融资租赁

4. 吸收直接投资的缺点是(　　)。

A. 不能接受实物投资　　B. 资金成本较高

C. 企业借款能力下降　　D. 无法避免财务风险

5. 某企业以融资租赁方式租用生产设备一套,租期8年,租金总额500万元,每两年支付一次租金,市场利率为年利率8%。如按复利计算,每次应付租金额为(　　)。

A. 167.72万元　　B. 158.36万元

C. 178.70万元　　D. 180.26万元

二、多项选择题

1. 公司债券筹资与普通股筹资相比较(　　)。

A. 普通股筹资的风险相对较低

B. 公司债券筹资的资金成本相对较高

C. 公司债券利息可以于税前列支,而普通股股利必须于税后支付

D. 公司债券可利用财务杠杆作用

2. 长期借款筹资的特点有(　　)。

A. 筹资风险较高

B. 与发行股票、债券相比,融资速度快

C. 借款弹性较大

D. 限制条件较多,筹资数量有限

3. 股票上市的不利之处是(　　)。

A. 信息公开可能暴露公司的商业秘密

B. 公开上市需要很高的费用

C. 限制经理人员的自由操作

D. 可以改善公司的财务状况

4. 融资租赁的当事人一般包括(　　)。

A. 供货商　　B. 出租人　　C. 承租人　　D. 担保方

三、简答题

1. 什么是筹资渠道及筹资方式?目前我国有哪些筹资渠道及筹资方式?

2. 简述七种筹资方式各自的优缺点。

3. 如何确定债券发行价格?

4. 利用商业信用筹资有哪些方式?

5. 如何判断一项租赁交易是融资租赁还是经营租赁?

技能题

1. 正泰公司拟发行 5 年期公司债券,每份债券面值 8 000 元,票面利率 10%,每半年付息一次。若此时市场利率为 8%,其发行价格应为多少?

2. 国美公司采用融资租赁方式于 2010 年年初租入一台设备,价款为 100 000元,租期 4 年,租期年利率为 8%。已知:$(P/A,8\%,3)=2.577\,1$,$(P/A,8\%,4)=3.312\,13$。要求:

(1)计算每年年末应支付的租金;

(2)计算每年年初应支付的租金。

第四章 资本成本和资本结构

学习目标

通过本章学习，理解资本成本的含义，熟练掌握个别资本成本和综合资本成本的计算公式，理解融资风险的含义；理解营业杠杆、财务杠杆和复合杠杆的含义，掌握各有关系数的计算方法及分析；理解资本结构的含义及影响因素；最佳资本结构的确定标准，熟练掌握确定最佳资本结构和选择最优追加筹资方案的方法。

引例 YINLI

透视“大宇神话”

1999年11月1日，韩国第二大企业集团大宇集团向新闻界正式宣布，集团董事长金宇中以及14名下属公司的总经理辞职，以表示“对大宇的债务危机负责，并为推行结构调整创造条件”。韩国媒体认为，这意味着“大宇集团解体进程已经完成”，“大宇集团已经消失”。

大宇集团于1967年奠基立厂，其创办人金宇中当时是一名纺织品推销员。经过30年的发展，通过政府的政策支持、银行的信贷支持和在海内外的大力购并，大宇成为直逼韩国最大企业——现代集团的庞大商业帝国。1998年底，集团总资产高达640亿美元，营业额占韩国GDP的5%。业务涉及贸易、汽车、电子、通用设备、重型机械、化纤、造船等众多行业，国内所属企业多达41家，海外公司数量创下过600家的记录，海外雇员多达几十万，大宇成为国际知名品牌。大宇是“章鱼足式”扩张模式的积极推行者，认为企业规模越大，就越能立于不败之地，即所谓的“大马不死”。据报道，1993年金宇中提出“世界化经营”战略时，大宇在海外的企业只有15家，而到1998年底已增至600多家，相当于每3

天增加一个企业。更让韩国人为大宇着迷的是,在韩国陷入金融危机的1997年,大宇不仅没有被危机击倒,反而在国内的集团排名中由第4位上升到第2位,金宇中本人也被美国《幸福》杂志评为亚洲风云人物。

1998年初,韩国政府提出"五大企业集团进行自律结构调整"方针后,其他集团把结构调整的重点放在改善财务结构方面,努力减轻债务负担。大宇却认为,只要提高开工率,增加销售额和出口就能躲过这场危机。因此,它继续大量发行债券,进行"借贷式经营"。1998年大宇发行的公司债券约58.33亿美元,当年第4季度,大宇的债务危机已初露端倪,在各方援助下才避过债务灾难。此后,在严峻的债务压力下,大梦方醒的大宇虽作出了种种努力,但为时已晚。1999年7月中旬,大宇向韩国政府发出求救信号;7月27日,大宇因"延迟重组",被韩国4家债权银行接管;8月11日,大宇在压力下屈服,割价出售两家财务出现问题的公司;8月16日,大宇与债权人达成协议,在1999年底前,出售赢利最佳的大宇证券公司,以及大宇电器、大宇造船、大宇建筑公司等……

大宇集团为什么会倒下?在其轰然坍塌的背后,存在的问题固然是多方面的,但不可否认有财务杠杆的消极作用在作怪。大宇集团在政府政策和银行信贷的支持下,走上了一条"举债经营"之路,试图通过大规模举债,达到大规模扩张的目的,最后实现"市场占有率至上"的目标。1997年亚洲金融危机爆发后,大宇集团已经显现出经营上的困难,其销售额和利润均不能达到预期目的,而与此同时,债权金融机构又开始收回短期贷款,政府也无力再给它更多支持。在韩国政府提出"五大企业集团进行自律结构调整"方针后,大宇仍继续大量发行债券,进行"借贷式经营"。正由于经营上的不善,加上资金周转上的困难,韩国政府于7月26日下令债权银行接手对大宇集团进行结构调整,以加快这个负债累累的集团的解散速度。由此可见,大宇集团的举债经营所产生的财务杠杆效应是消极的,不仅难于提高企业的赢利能力,反而因巨大的偿付压力使企业陷于难于自拔的财务困境。从根本上说,大宇集团的解散,是其财务杠杆消极作用影响的结果。

资料来源:http://www.cg.org.cn/

思考 举债经营会对企业可能产生哪些影响?举债经营与财务杠杆之间有何关系?

企业的筹资管理,不仅要合理选择筹资方式,而且要科学安排资本结构。资本结构优化是企业筹资管理的基本目标,也会对企业的生产经营安排产生制约性的影响。资本成本是资本结构优化的标准,不同性质的资本所具有的资本成本特性,带来了杠杆效应。

第一节　资　本　成　本

资本成本是衡量资本结构优化程度的标准，也是对投资获得经济效益的最低要求。企业筹得的资本付诸使用以后，只有投资报酬率高于资本成本，才能表明所筹集的资本取得了较好的经济效益。

一、资本成本及其作用

（一）资本成本的概念和基本形式

资本成本是指企业为筹集资本和使用资本所付出的代价，也称资金成本，包括资本筹集费用和资本占用费用。资本成本是资本所有权与资本使用权分离的结果。对出资者而言，由于让渡了资本使用权，必须要求取得一定的补偿，资本成本表现为让渡资本使用权所带来的投资报酬。对筹资者而言，由于取得了资本使用权，必须支付一定代价，资本成本表现为取得资本使用权所付出的代价。

资本成本包括资本的筹集费用和占用费用。其中，筹集费用是指企业在资本筹措过程中为获得资本而付出的代价，如向银行支付的借款手续费，因发行股票、公司债券而支付的发行费等。筹资费用通常在资本筹集时一次性发生，在资本使用过程中不再发生，因此，视为筹资数额的一项扣除。资本的占用费用（或称用资费用）是指企业在资本使用过程中因占用资本而付出的代价，如债券的利息、股票的股利等。资本占用费用的多少不仅与筹资总额有关，也与使用资本的时间有关。需要强调的是资本的占用费用不仅要考虑实际支付的用资费用，还要考虑机会成本。机会成本是企业作出某种投资决策时，由于放弃某种机会而可能付出的代价或可能失去的收益。机会成本是一种观念上的成本而不是实际发生的成本，如计算留存收益的成本即是计算其机会成本。因此，资本占用费不仅仅是指账面成本。

资金成本可以用绝对数表示，也可以用相对数表示，但在财务管理中，一般用相对数即资本成本率表示，即表示为用资费用与实际筹得资金（即筹资数额扣除筹资费用后的差额）的比率。其通用计算公式为：

$$\begin{aligned}\text{资本成本} &= \frac{\text{资本使用(占用)费}}{\text{筹资总额}-\text{筹资费用}}\times 100\% \\ &= \frac{\text{资本使用(占用)费}}{\text{筹资总额}(1-\text{筹资费用率})}\times 100\% \qquad (4\text{-}1)\end{aligned}$$

企业进行筹资决策，必须计算资本成本。资本成本有不同的表现形式，在比较各种筹资方式时，需要使用个别资本成本。在进行资本结构决策时，需要使用综合资本成本；在追加筹资决策中，还需要使用边际资本成本。

小思考 4.1

企业保留盈余有资本成本吗？

(二)资本成本的作用

资本成本是企业财务管理中重要的财务概念，它的作用主要表现在以下几个方面：

1. 资本成本是企业比较筹资方式、选择筹资方案的重要依据

企业从不同的渠道以不同的方式筹集资本都必须付出相应的代价，但不同筹资方式的资本成本是不相同的。企业在选择筹资方式时，一般会考虑的因素包括对企业控制权的影响、对投资者吸引力的大小、融资的难易和风险、资本成本的高低等，而资本成本是其中的重要因素。在其他条件相同时，企业筹资应选择资本成本最低的方式。

2. 资本成本是企业评价投资项目，确定投资方案的尺度

企业进行投资决策，决定项目的取舍时，一个重要的标准是投资项目的预期报酬率必须高于资本成本率，因此，资本成本率又被称为进行投资决策的最低报酬率或称为取舍率。一般来讲，只有预期报酬率高于资本成本率的投资项目，才是企业考虑可以选择的投资项目；反之，对于投资报酬率低于资本成本率的项目，企业是不予考虑的。

由于将资本成本率作为投资项目取舍的最低报酬率，在评价投资方案时，常常将资本成本率作为贴现率，计算投资项目的净现值和现值指数，用以评价和比较不同投资方案的优劣。

3. 资本成本是衡量企业经营业绩的重要标准

衡量企业经营业绩的一个重要指标是投资收益率，投资收益率只有在高于资本成本率时，企业经营才能真正获利。如果投资收益率低于资本成本率，实际上意味着企业在经营中发生了损失。企业必须进一步改进经营管理，提高投资收益率，进而提升企业整体的业绩。

二、个别资本成本

个别资本成本是指各种筹资方式的成本。主要包括：长期借款成本、债券成本、优先股成本、普通股成本和留存收益成本。前两者可统称为负债资本成本，后三者统称为权益资本成本。不同的筹资方式所支付的筹资费用和资金占用费用各不相同，因此，计算方法也不尽相同。

（一）债务资本成本的计算

企业的负债筹资方式主要包括长期债券、长期借款和融资租赁等，下面介绍长期借款和长期债券资本成本的计算方法。由于债务资本的利息费用一般在税前支付，可以起到抵税作用，而权益资本的资金使用费一般税后支付，为保证债务资本成本与权益资本成本具有可比性，一般将债务资本折算为税后资本成本率。

1. 长期借款资本成本的计算

长期借款成本主要包括借款利息和筹资费用。长期借款利息可以计入企业的税前成本，因而具有节税的功能。

$$节约的所得税=借款利息\times所得税率$$

从而

$$企业实际负担的资金使用费=借款利息\times(1-所得税率)$$

所以，长期借款资金成本的计算公式为：

$$长期借款资本成本=\frac{长期借款年利息\times(1-所得税率)}{长期借款筹资总额\times(1-筹资费用率)}\times100\%$$

即

$$K_L=\frac{I(1-T)}{L(1-f)}=\frac{L\cdot i\cdot(1-T)}{L\cdot(1-f)}=\frac{i\cdot(1-T)}{(1-f)} \tag{4-2}$$

式中：K_L为长期借款的资本成本率，L 为长期借款总额，f 为长期借款的筹资费用率，I 为每年支付的利息，T 为所得税税率，i 为长期借款的年利息率。

实际上，长期借款的筹资费用一般比较少，在计算资本成本时可以忽略不计。因此，长期借款资本成本的计算公式又可以简化为：

$$K_L=i\cdot(1-T)$$

例 4.1

某企业取得 5 年期长期借款 600 万元，年利率 10%，到期一次还本，筹资费用率为 0.5%，所得税税率为 25%。求该项长期借款的资本成本。

分析

$$K_L=\frac{600\times10\%\times(1-25\%)}{600\times(1-0.5\%)}=7.54\%$$

需要说明的是，上述计算的债务资本成本均是税后成本。由于利息扣减所带来的债务筹资的减税利益，是以企业赚取赢利为前提的。如果企业发生亏损，尤其是连续数年发生亏损，由利息扣减所带来的减税利益实际上无法实现，这时企业负债成本将不再是税后成本，而应是税前成本。

2. 长期债券成本的计算

企业发行长期债券一般必须标明面值、到期日、付息日和利息率。长期债券的资本成本主要是利息，但债券的资本成本率往往不等于其票面利率，原因主要有三个方面：一是由于债券的票面利率和市场利率可能不一致，企业发行债券时有可能折价或溢价发行，这使发行债券实际的筹资总额可能高于或低于按面值筹资的数额；二是发行债券时会发生筹资费用，如申请发行债券的手续费、上市费以及推销费用等。这使得企业发行债券实际的筹集额小于发行债券时的筹资总额；三是债券的利息具有抵税作用，从而使债券实际承担的税后成本率大大低于票面利率。

对于一次还本、分期付息的债券，债券资本成本的计算公式为：

$$K_b = \frac{I(1-T)}{B_0(1-f)} \tag{4-3}$$

即

$$长期债券资本成本=\frac{债券年利息\times(1-所得税率)}{债券筹资总额\times(1-筹资费用率)}\times 100\%$$

需要说明的是，当债券发行价格与债券的面值一致时，公式中分子债券利息是按照债券面值和票面利率计算的，而分母债券筹资总额是按债券发行价计算的。

例 4.2

某企业发行面值为1 000元，票面利率为12%，偿还期为10年的长期债券。债券按面值102%溢价发行，筹资费率为2%，所得税税率为25%。要求计算债券的资本成本率。

分析

$$K_b=\frac{1\,000\times 12\%\times(1-25\%)}{1\,000\times 102\%\times(1-2\%)}=9\%$$

上述债券成本计算方法，简便易行，但只适用一次还本、分期付息的债券。对于其他形式的债券不能适用。如果需要将债券资本成本计算得更为准确，则应当根据货币时间价值观念，综合考虑影响债券资本成本的相关因素，债券资本成本的计算公式为：

$$B_0(1-f) = \sum_{t=1}^{n} \frac{I(1-T)}{(1+K_b)^t} + \frac{B}{(1+K_b)^n} \tag{4-4}$$

式中：K_b为债券的资本成本率，B_0 为发行债券的筹资总额，B 为债券的面值，f

为发行债券的筹资费用率，I 为每期支付的利息，n 为债券的偿还期，T 为所得税税率。

在上述公式中，债券的资本成本率 K_b，可通过查"1元年金现值系数表"，采用逐次测试法计算(具体方法将在第五章"内部收益率"中作介绍)。采用该公式计算债券的资本成本率是比较繁琐的，但这是计算债券资本成本率的基本方法。

(二)主权资本成本的计算

企业的主权资本包括优先股、普通股和留存收益等部分。主权资本的成本也包括筹资费用和用资费用。其中，用资费用主要指向股东支付的股息和红利。这些费用一般在企业的税后利润中支付，因此主权资本筹资方式都不具有节税功能，在计算资本成本时不需要考虑所得税的影响。下面分别介绍各主权资本成本的计算方法。

1. 普通股成本的计算

从理论上讲，普通股的资本成本本质上是普通股股东要求的必要报酬率。计算普通股资本成本常用的方法有：股利贴现模型法、资本资产定价模型法和债券收益加风险溢价模型法等。这里我们只介绍股利贴现模型的计算方法。

运用股利贴现模型法计算普通股资本成本的基本思路是：以企业利用普通股的筹资净额作为筹资之初的现金流入量，以未来各期预计支付的股利作为现金流出量，普通股的资本成本就是未来各期支付的股利折算为筹资净额(或股票的现在价值)的折现率。其计算公式为：

$$P_c = \sum_{t=1}^{\infty} \frac{D_t}{(1+K_c)^t} \tag{4-5}$$

式中：P_c 为普通股的筹资总额，D_t 为普通股第 t 年的股利，K_c 为普通股资本成本率。

运用股利贴现模型计算普通股的资本成本时，可根据企业不同的股利政策进行计算：

(1)如果企业采取固定的股利政策，即每年支付的现金股利为 D 元，则资本成本可按下式计算：

$$K_c = \frac{D}{P_c(1-f)} \tag{4-6}$$

即

$$\text{普通股资本成本} = \frac{\text{每年固定股利}}{\text{普通股筹资总额}(1-\text{筹资费用率})} \times 100\%$$

例 4.3

某公司拟发行一批普通股，发行价 12 元，每股发行费用 2 元，预计每年分派现金股利每股 1.2 元。其资本成本为：

$$K_c=\frac{1.2}{12-2}\times100\%=12\%$$

（2）如果企业采取固定增长的股利政策，股利年固定增长率为 G，第一年分配的股利为 D_1，则普通股的资本成本可按下列公式计算：

$$K_c=\frac{D_1}{P_c(1-f)}+G \tag{4-7}$$

即

$$普通股资本成本=\frac{第一年预期股利}{普通股筹资总额(1-筹资费用率)}\times100\%+普通股年增长率$$

例 4.4

某企业准备增发普通股，股票每股的发行价格为 15 元，发行费用 3 元，预计第一年年末每股现金股利为 1.5 元，以后每年股利增长 5%。则普通股的资本成本率为：

$$K_c=\frac{1.5}{15-3}+5\%=17.5\%$$

在实际工作中，计算普通股的资本成本一般使用公式（4-7）。因为企业无限期地为普通股支付固定的股利实际上是不现实的，企业总是随着持续经营的进行而不断地发展壮大，这样，企业的股利分配额就应不断地增长。通过设定一个固定的股利增长率 G 来测算普通股的资本成本，应该是符合实际的。但是，应用这种方法的关键在于如何设定这一固定股利增长率 G。如果企业过去的净收益和股利的增长率比较稳定，投资者对该股利增长率的期望也没有改变，企业就可以根据过去的股利增长率来确定未来的股利增长率 G。如果企业过去的股利增长率不是十分稳定，那么，企业在测算未来股利增长率时，就必须通过分析影响企业未来净收益和股利的有关因素来测算未来股利的增长率 G。

2. 优先股成本的计算

企业以发行优先股的方式筹集资本，一般要发生筹资费用，并需定期支付固定的优先股股利。优先股的主要特点是：股利按固定比例支付，这一点与长期债券相同；股利支付一般在债务人之后普通股股东之前；股利在税后支付，这与普通股相同。可见，优先股既具有债务资本的性质，又具有主权资本的性质。在财务管理中通常将优先股看作是特殊的负债，即利息在税后支付的负债。

优先股资本成本的计算公式为：

$$优先股资本成本=\frac{优先股年股利}{优先股筹资总额\times(1-筹资费用率)}\times100\%$$

即

$$K_p=\frac{D}{P_c(1-f)} \tag{4-8}$$

例 4.5

某公司拟发行一批优先股股票，每股发行价格 5 元，筹资费用为 0.2 元，预计年股利 0.5 元。其资本成本为：

$$K_p=\frac{0.5}{5-0.2}\times100\%=10.42\%$$

3. 留存收益成本的计算

企业的留存收益是由企业的税后利润形成的，属于股权资本。从表面上看，公司留存收益并不花费什么资本成本。实际上，股东愿意将其留在企业而不作为股利取出投资于别处，总是要求获得与普通股等价的报酬。因此，留存收益也有资本成本，不过是一种机会资本成本。留用收益资本成本率的测算方法与普通股基本相同，只是不考虑筹资费用。

对于普通股股利增长固定的企业，其计算公式为：

$$留存收益成本=\frac{第一年预期股利}{普通股金额}\times100\%+普通股年增长率$$

即

$$K_n=\frac{D_1}{P_n}+G \tag{4-9}$$

式中：P_n为留存收益用于再投资部分。

三、综合资本成本(加权平均资本成本)

在实际中，由于受多种因素的制约，企业不可能只采用某一种筹资方式，往往需要通过多种方式筹集所需资金，这就需要计算企业的综合资本成本。综合资本成本是指一个企业全部长期资本的成本率，通常是以各种长期资本的比例为权重，对个别资本成本进行加权平均计算的，故也称加权平均资本成本。因此，影响企业综合资本成本的主要因素是各单项资本的成本和各单项资本在总资本中所占的比重。

综合资本成本的计算公式为：

$$K_w=\sum_{i=1}^{n}k_iw_i \tag{4-10}$$

式中：K_w为企业综合的资本成本，w_i为第 i 种资本在企业总资本中占的比重，k_i为第 i 种资本的个别资本成本，n 为筹集资金的种类。

例 4.6

南海公司账面反映的长期资金共10 000万元，其中长期借款2 000万元，应付长期债券1 000万元，普通股5 000万元，留存收益2 000万元，其成本分别为5.7%、8.17%、10.26%、10%。该企业的综合资本成本为：

首先，计算各种资本在总资本中的比重。

长期借款的比重＝2 000/10 000×100%＝20%

长期债券的比重＝1 000/10 000×100%＝10%

普通股本的比重＝5 000/10 000×100%＝50%

留存收益的比重＝2 000/10 000×100%＝20%

其次，计算企业的综合资本成本。

$$K_w = 5.7\% \times 20\% + 8.17\% \times 10\% + 10.26\% \times 50\% + 10\% \times 20\% = 9.087\%$$

从上述计算可以看出，加权平均资本成本的合理确定除取决于个别资本成本以外，还取决于个别资本在全部资本中所占的比重。个别资本在全部资本中所占比重的确定方法有三种：账面价值权数、市场价值权数和目标价值权数。

按账面价值确定各单项资本在总资本中的比重，资料容易取得。但当资本的账面价值与市场价值差别较大时，如股票、债券的市场价值发生较大变动，计算结果会与实际有较大差距，从而贻误筹资决策。

市场价值权数是为了弥补账面价值权数的不足，以股票、债券当前的市场价格为权数。这样计算的综合资本成本能反映企业目前的实际情况。同时，为减少证券市场价格变动频繁导致的不便，也可选用平均价格。

目标价值权数是指以企业股票、债券的目标价值为权数。这种权数能体现企业期望的资本结构，而不是像账面价值权数和市场价值权数那样只反映过去和现在的资本结构，所以按目标价值权数计算的综合资本成本适用于企业在筹措新资金、确定未来资本结构的决策。然而，企业很难客观合理地确定证券的目标价值，这给使用和推广这种计算方法带来一定的影响。

小思考 4.2

计算债务资本成本时，为什么要考察其对所得税的影响？

四、边际资本成本

(一)边际资本成本的概念

企业无法以某一固定的资本成本来筹措无限的资金,当其筹集的资金超过一定限度时,原来的资本成本就会增加。如某企业的负债在1 000万元之内,其利息率是10%,但突破1 000万元再增加负债,债权人就会要求提高利息率,从而提高负债筹资的成本。在企业追加筹资时,需要知道筹资额在什么数额上会引起资本成本发生怎样的变化。这就要用到边际资本成本的概念。

边际资本成本是指资金每增加一个单位所增加的成本。边际资本成本也是按加权平均法计算的,是追加筹资时所使用的加权平均成本。

(二)边际资本成本的计算

边际资本成本是按加权平均的方法来计算的,即计算公司新筹资额在某个数额范围内,各种筹资方式的资本成本的加权平均值,其权数应为市场价值权数而不应使用账面价值权数。

下面举例说明边际资本成本计算的步骤。

例 4.7

南海公司拥有长期资金400万元,其中长期借款60万元,资本成本3%;长期债券100万元,资本成本10%;普通股240万元,资本成本13%。平均资本成本为10.75%。由于扩大经营规模的需要,拟筹集新资金。

分析 追加筹资边际资本成本的计算步骤如下:

(1)确定公司的目标资本结构。公司的财务人员经过测算,认为公司目前的资本结构就是公司最优的资本结构,筹集新资金后仍应保持目前的资本结构,即长期借款占15%,长期债券占25%,普通股占60%。

(2)确定各种筹资方式的资本成本。公司的财务人员在分析了目前的资本市场状况和公司的筹资能力以后,认为随着公司筹资规模的扩大,各种资本的筹资成本也会逐步提高,具体的变动情况如表4.1所示。

(3)计算筹资突破点。因为花费一定的资本成本率只能筹集到一定的资金,超过这一限度,多筹集资金就要多花费资本成本,引起原资本成本的变化,于是就把在保持某资本成本的条件下可以筹集到的资金上限称为现有资本结构下的筹资突破点。在筹资突破点范围内筹资,原来的资本成本也会增加。筹资突破点的计算公式为：

$$筹资突破点=\frac{可用某一特定成本筹集到的某种资金额}{该种资金在资本结构中所占的比重} \tag{4-11}$$

表 4.1　南海公司追加筹资资料

筹资方式	目标资金结构	新筹资额(元)	个别资本成本(%)
长期借款	15%	45 000 以内 45 000～90 000 90 000 以上	3 5 7
长期债券	25%	200 000 以内 200 000～400 000 400 000 以上	10 11 12
普通股	60%	300 000 以内 300 000～600 000 600 000 以上	13 14 15

例如，在花费 3%的资本成本时，企业取得的长期借款筹资限额为 45 000 元，则其筹资突破点为：45 000/15%=300 000 元。这意味着当企业筹资总额在 300 000 元以内而且保持目标资本结构的时候，企业可以以 3%的资本成本筹集到长期借款。但当筹资总额突破 300 000 元时，长期借款的成本就将上升到 5%。

以此类推，南海公司筹资突破点的计算结果如表 4.2 所示。

表 4.2　南海公司筹资突破点的计算表

筹资方式	资本结构(%)	资本成本(%)	新筹资额(元)	筹资突破点(元)	筹资总额范围(元)
长期借款	15	3 5 7	0～45 000 45 000～90 000 90 000 以上	45 000÷15%=300 000 90 000÷15%=600 000	0～300 000 300 000～600 000 600 000 以上
长期债券	25	10 11 12	0～200 000 200 000～400 000 400 000 以上	200000÷25%=800 000 400 000÷25%=1 600 000	0～800 000 800 000～1 600 000 1 600 000 以上
普通股	60	13 14 15	0～300 000 300 000～600 000 600 000 以上	300 000÷60%=500 000 600 000÷60%=1 000 000	0～500 000 500 000～1 000 000 1 000 000 以上

(4)计算边际资本成本。根据计算的筹资突破点，可得到七组筹资总额范围：①0～30 万元；②30～50 万元；③50～60 万元；④60～80 万元；⑤80～100 万

元;⑥100～160 万元;⑦160 万元以上。

对上述七个新的筹资范围分别计算加权平均的资本成本,即可得到各种筹资范围的边际资本成本。其计算过程和计算结果如表 4.3 所示。

表 4.3　南海公司边际资本成本计算表

序号	筹资总额范围(元)	筹资方式	个别资本成本(%)	资本结构(%)	边际资本成本(%)
第一范围	0～300 000	长期借款	3	15	0.45
		长期债券	10	25	2.50
		普通股	13	60	7.80
		合　计	—	—	10.75
第二范围	300 000～500 000	长期借款	5	15	0.75
		长期债券	10	25	2.50
		普通股	13	60	7.80
		合　计	—	—	11.05
第三范围	500 000～600 000	长期借款	5	15	0.75
		长期债券	10	25	2.50
		普通股	14	60	8.40
		合　计	—	—	11.65
第四范围	600 000～800 000	长期借款	7	15	1.05
		长期债券	10	25	2.50
		普通股	14	60	8.40
		合　计	—	—	11.95
第五范围	800 000～1 000 000	长期借款	7	15	1.05
		长期债券	11	25	2.75
		普通股	14	60	8.4
		合　计	—	—	12.2
第六范围	1 000 000～1 600 000	长期借款	7	15	1.05
		长期债券	11	25	2.75
		普通股	15	60	9
		合　计	—	—	12.8
第七范围	1 600 000 以上	长期借款	7	15	1.05
		长期债券	12	25	3
		普通股	15	60	9
		合　计	—	—	13.05

第二节　杠杆效应

一、杠杆效应的含义

自然界中的杠杆效应，是指人们利用杠杆，可以用较小的力量移动较重物体的现象。财务管理中也存在着类似的杠杆效应，即由于特定固定支出或费用的存在，使得当业务量发生比较小的变化时，利润会产生比较大的变化。财务管理中的杠杆效应，包括经营杠杆、财务杠杆和复合杠杆三种效应形式。杠杆效应既可以产生杠杆利益，也可能带来杠杆风险。

二、经营杠杆效应

（一）经营杠杆

经营杠杆，是指由于固定性经营成本的存在，使得企业销售收入较小的变化导致息税前利润（$EBIT$）较大的变化。经营杠杆反映了资产报酬的波动性，用以评价企业的经营风险。用息税前利润（$EBIT$）表示资产总报酬，则：

$$EBIT=S-V-F=(P-VC)Q-F=M-F$$

式中：$EBIT$ 为息税前利润，S 为销售额，V 为变动性经营成本，F 为固定性经营成本，Q 为产销业务量，P 为销售单价，VC 为单位变动成本，M 为边际贡献。

上式中，影响 $EBIT$ 的因素包括产品售价、产品需求、产品成本等因素。当产品成本中存在固定成本时，如果其他条件不变，产销业务量的增加虽然不会改变固定成本总额，但会降低单位产品分摊的固定成本，从而提高单位产品利润，使息税前利润的增长率大于产销业务量的增长率，进而产生经营杠杆效应。任何企业在经营中都存在有固定成本。只要有固定成本存在，在其他条件不变的情况下，息税前利润就不可能与销售收入（或销售量）同步增减。这种由于固定成本存在而导致企业息税前利润变动率大于销售收入（销售量）变动率的杠杆效应称为经营杠杆。

（二）经营杠杆系数

只要企业存在固定成本，就必然存在经营杠杆效应的作用。但不同企业经营杠杆的作用大小是不同的，需要对经营杠杆进行计量。测算经营杠杆效应程度，常用指标为经营杠杆系数。经营杠杆系数是指息税前利润变动率相当于销售收入(或销售量)变动率的倍数，简记为 DOL。其计算公式为：

$$经营杠杆系数=\frac{息税前利润变动率}{产销量变动率}=\frac{息税前利润变动率}{销售收入变动率}$$

$$DOL=\frac{\Delta EBIT/EBIT}{\Delta Q/Q}=\frac{\Delta EBIT/EBIT}{\Delta S/S} \tag{4-12}$$

式中：DOL 为经营杠杆系数，$\Delta EBIT$ 为息税前利润变动额，$EBIT$ 为基期(变动前)息税前利润，Q 为基期销售量或业务量，ΔQ 为业务量或销售量变动量，S 为基期(变动前)销售收入，ΔS 为销售收入变动额。

例 4.8

泰华公司产销某种服装，固定成本 500 万元，变动成本率 70%。年产销额 5 000 万元时，变动成本 3 500 万元，固定成本 500 万元，息税前利润1 000万元；年产销额 7 000 万元时，变动成本为 4 900 万元，固定成本仍为 500 万元，息税前利润为 1 600 万元。可以看出，该公司产销量增长了 40%，息税前利润增长了 60%，产生了 1.5 倍的经营杠杆效应。

分析

$$DOL=\frac{\Delta EBIT/EBIT}{\Delta Q/Q}=\frac{600/1\,000}{2\,000/5\,000}=1.5$$

企业计算经营杠杆系数主要是为了预测经营风险，进行财务决策。为便于预测，该系数应在预测期前计算。上述关于经营杠杆系数的计算公式是根据变动前和变动后的资料计算的，实际上满足不了企业财务预测的需要。为便于根据当前的资料计算经营杠杆系数，可对上述经营杠杆系数的计算公式进行推导变换如下。

因为：

$$EBIT=S-V-F=(P-VC)Q-F=M-F$$

$$\Delta EBIT=\Delta Q(P-VC)$$

所以

$$\begin{aligned}DOL&=\frac{\Delta EBIT/EBIT}{\Delta Q/Q}\\&=\frac{\Delta Q(P-VC)/[Q(P-VC)-F]}{\Delta Q/Q}\\&=\frac{Q(P-VC)}{Q(P-VC)-F}=\frac{S-V}{S-V-F}\end{aligned} \tag{4-13}$$

即

$$经营杠杆系数=\frac{基期边际贡献}{基期息税前利润}=\frac{基期边际贡献}{基期边际贡献-基期固定成本}$$

在实际计算经营杠杆系数时，一般采用公式(4-13)。将本例的资料代入公式(4-13)，则经营杠杆系数可计算如下：

$$DOL=\frac{50\,000-3\,500}{50\,000-3\,500-500}=1.5$$

(三)经营杠杆与经营风险

1. 经营风险

经营风险是指企业由于生产经营上的原因而导致的资产报酬波动的风险。引起企业经营风险的主要原因是市场需求、产品售价和生产成本等因素的不确定性。经营杠杆本身并不是企业息税前利润不稳定的主要根源，但它可加剧销售收入和成本变化对息税前利润的影响程度。即经营杠杆放大了市场和生产等因素变化对利润波动的影响。

2. 经营杠杆与经营风险的关系

从经营杠杆系数的计算公式可知，影响经营杠杆的因素包括：企业成本结构中的固定成本比重；产品销售数量；销售价格；成本水平(单位变动成本和固定成本总额)。固定成本比重越高、成本水平越高、产品销售数量和销售价格水平越低，经营杠杆效应越大，经营杠杆系数越高。经营杠杆系数越高，表明资产报酬等利润波动程度越大，经营风险也就越大。

例 4.9

某企业生产 A 产品，固定成本 100 万元，变动成本率 60%，当销售额分别为 1 000 万元，500 万元时，经营杠杆系数分别为：

$$DOL=\frac{1\,000-1\,000\times60\%}{1\,000-1\,000\times60\%-100}=1.33$$

$$DOL=\frac{500-500\times60\%}{500-500\times60\%-100}=2$$

上例计算结果表明：在其他因素不变的情况下，销售额越小，经营杠杆系数越大，经营风险也就越大，反之销售额越大，经营杠杆系数越小，经营风险越小。如销售额为 1 000 万元时，DOL 为 1.33，销售额为 500 万元时，DOL 为 2，显然后者的不稳定性大于前者，经营风险也大于前者。

三、财务风险与财务杠杆

(一)财务杠杆

财务杠杆是指由于固定性资本成本的存在，而使得企业的普通股收益(或每股收益)变动率大于息税前利润变动率的现象。其基本原理是:在由主权资本和债务资本组成的企业长期资本总额中,由于从企业息税前利润中支付的债务成本是固定的,当企业息税前利润增大或减少时,每 1 元息税前利润所负担的债务成本就会相应地减少或增大,从而给企业的主权资本带来额外的收益或损失,这就是债务的财务杠杆作用。

(二)财务杠杆系数

衡量企业财务杠杆的作用程度一般采用财务杠杆系数。财务杠杆系数是指企业税后利润(或每股收益)的变动率相当于息税前利润变动率的倍数,简称 *DFL*。其计算公式为:

$$\text{财务杠杆系数} = \frac{\text{每股收益变动率}}{\text{息税前利润变动率}}$$

$$DFL = \frac{\Delta EPS/EPS}{\Delta EBIT/EBIT} \tag{4-14}$$

式中:DFL 为财务杠杆系数,ΔEPS 为每股收益变动额,EPS 为基期的每股收益,$\Delta EBIT$ 为息税前利润变动额,$EBIT$ 为基期息税前利润。

为了便于计算,财务杠杆系数的计算公式可以进一步推导变换如下:

假设:I 代表债务资本的利息,T 代表公司所得税税率,N 代表流通在外的普通股股数。

$$EPS = \frac{(EBIT - I)(I - T)}{N}$$

$$\Delta EPS = \frac{\Delta EBIT(I - T)}{N}$$

$$\begin{aligned} DFL &= \frac{\Delta EPS/EPS}{\Delta EBIT/EBIT} \\ &= \frac{[\Delta EBIT(1 - T)/N]/[(EBIT - I)(1 - T)/N]}{\Delta EBIT/EBIT} \\ &= \frac{EBIT}{EBIT - I} \end{aligned} \tag{4-15}$$

即

$$\text{财务杠杆系数} = \frac{\text{基期息税前利润}}{\text{基期息税前利润} - \text{基期利息}}$$

公式(4-15)说明的是财务杠杆计算的基本原理,且总资本的构成中只包括普通股本和长期债务,没有考虑优先股。如果把优先股因素考虑进来,那么,财务杠杆系数可用下面的公式计算:

$$DFL = \frac{EBIT}{EBIT - I - \dfrac{D}{1 - T}} \tag{4-16}$$

式中:D 为优先股的股利。即

$$财务杠杆系数=\frac{基期息税前利润}{基期息税前利润-基期利息(租金)-\frac{优先股股利}{1-所得税税率}}$$

下面举例说明财务杠杆系数的计算。

例 4.10

假设大华公司的长期资本总额为 1 000 000 元,其中,普通股股本为 800 000 元,长期债务为 200 000 元,长期债务的利率为 10%。当企业销售收入为 500 000元时,息税前利润为 100 000 元。则财务杠杆系数计算如下:

$$DFL=\frac{EBIT}{EBIT-I}=\frac{100\ 000}{100\ 000-200\ 000\times 10\%}=1.25$$

计算结果表明,当企业息税前利润增长 1 倍时,普通股收益则以 1.25 倍的幅度增长;同样,当息税前利润下降 1 倍时,主权资本的收益则以 1.25 倍的幅度下降。这说明财务杠杆系数的大小对企业普通股的收益有很大的影响。

(三)财务杠杆与财务风险

1. 财务风险

财务风险又称筹资风险,是指全部资本中债务资本比例的变化带来的风险。当债务资本比例较高时,投资者将负担较多的债务资本,并经受较多的负债作用所引起的收益变动的冲击,从而加大财务风险;反之,当债务资本比例较低时,财务风险较小。

2. 财务杠杆与财务风险的关系

财务杠杆的高低决定了企业财务风险的大小。在其他因素不变的情况下,财务杠杆系数越大,企业的财务风险也越大;反之,财务风险越小。

根据财务杠杆系数的基本计算公式(4-15)可知,财务杠杆系数主要受两个因素的影响,即债务资本的利息(I)和息税前利润($EBIT$)。这两个因素实质上又决定了企业财务风险的大小。由于债务资本的利息取决于债务资本的大小和债务利息率的高低,因此,在其他条件不变的情况下,债务资本在总资本中的比重越大,债务资本的利息越高,财务杠杆系数越大,企业的财务风险也越大。息税前利润也是影响财务杠杆系数的一个主要因素,而且息税前利润越大,财务杠杆系数越小,企业的财务风险也就越小。可见,扩大销售,增加息税前利润,不仅可以提高主权资本的收益,而且也可降低企业的财务风险。

另外,根据财务杠杆系数的计算过程也可以看出,当企业负债为零时,财务杠杆系数为 1。在这种情况下,企业既没有财务杠杆利益,也不存在财务风险,普通股的收益与息税前利润将以同样的幅度变化。

四、复合杠杆效应

(一)复合杠杆

复合杠杆又称总杠杆,它是企业经营杠杆和财务杠杆的综合。根据前述,由于固定成本的存在所产生的经营杠杆作用,使息税前利润的变动率总是大于销售收入的变动率;由于固定的财务费用(负债利息)的存在所产生的财务杠杆作用,使企业税后利润的变动率大于息税前利润的变动率。如果这两种杠杆共同起作用,那么或销售量稍有变动就会使每股收益产生更大的变动,最终影响的是企业税后利润。企业在经营中,往往是既利用经营杠杆,也利用财务杠杆。这种由于固定成本和固定财务费用的共同影响而导致的每股利润率大于销售量变动率的杠杆效应,称为复合杠杆。

(二)复合杠杆系数

衡量复合杠杆作用的程度一般采用复合杠杆系数。复合杠杆系数实质上是企业税后利润变动率相当于销售量(或销售收入)变动率的倍数,简称 DCL。其计算公式为:

$$DCL=\frac{\text{每股收益变动率}}{\text{产销量变动率}} \quad \text{或} \quad DCL=\frac{\text{每股收益变动率}}{\text{销售收入变动率}}$$

即

$$DCL=\frac{\Delta EPS/EPS}{\Delta Q/Q} \quad \text{或} \quad DCL=\frac{\Delta EPS/EPS}{\Delta S/S} \tag{4-17}$$

复合杠杆与经营杠杆以及财务杠杆的关系可由下列推导得出:

$$\begin{aligned}DCL&=\frac{\Delta EPS/EPS}{\Delta Q/Q}=\frac{[\Delta EPS/EPS]\times[\Delta EBIT/EBIT]}{[\Delta Q/Q]\times[\Delta EBIT/EBIT]}\\&=\frac{\Delta EBIT/EBIT}{\Delta Q/Q}\times\frac{\Delta EPS/EPS}{\Delta EBIT/EBIT}=DOL\times DFL\end{aligned} \tag{4-18}$$

即

复合杠杆系数=经营杠杆系数×财务杠杆系数

根据例 4.10 的资料,大华公司的财务杠杆系数为 1.25,假设其经营杠杆系数为 2,则复合杠杆系数可计算如下:

$$DCL=2\times1.25=2.5$$

复合杠杆系数既揭示了经营杠杆系数与财务杠杆系数的关系,又可以用来估计销售收入变动对企业税后利润的影响程度。上例中，复合杠杆系数为2.5表明：当销售收入增长1倍时，企业的税后利润将以2.5倍的幅度增长；反之，当销售收入下降1倍时，企业的税后利润将以2.5倍的幅度下降。

（三）复合杠杆与公司风险

公司风险包括企业的经营风险和财务风险。复合杠杆系数反映了经营杠杆和财务杠杆之间的关系，用以评价企业的整体风险水平。在复合杠杆系数一定的情况下，经营杠杆系数与财务杠杆系数此消彼长。复合杠杆效应的意义在于：第一，能够说明产销业务量变动对普通股收益的影响，据以预测未来的每股收益水平；第二，揭示了财务管理的风险管理策略，即要保持一定的风险状况水平，需要维持一定的复合杠杆系数，经营杠杆和财务杠杆可以有不同的组合。

一般来说，固定资产比较重大的资本密集型企业，经营杠杆系数高，经营风险大，企业筹资主要依靠权益资本，以保持较小的财务杠杆系数和财务风险；变动成本比重较大的劳动密集型企业，经营杠杆系数低，经营风险小，企业筹资主要依靠债务资本，以保持较大的财务杠杆系数和财务风险。

一般来说，在企业初创阶段，产品市场占有率低，产销业务量小，经营杠杆系数大，此时企业筹资主要依靠权益资本，在较低程度上使用财务杠杆；在企业扩张成熟期，产品市场占有率高，产销业务量大，经营杠杆系数小，此时企业资本结构中可扩大债务资本，在较高程度上使用财务杠杆。

小思考4.3

风险就是危险和损失吗？

第三节　资本结构

资本结构及其管理是企业筹资管理的核心问题，企业进行筹资管理最终是为了确定最优的资本结构。企业应综合考虑有关影响因素，运用适当的方法来确定最佳资本结构，提升企业价值。如果企业现有资本结构不合理，应通过筹资活动优化调整资本结构，使其趋于科学合理。

一、资本结构的含义

资本结构是指企业资本总额中各种资本的构成及其比例关系。筹资管理中，资本结构有广义和狭义之分。广义的资本结构包括全部债务与股东权益资本的构成比率；狭义的资本结构则指长期负债与股东权益资本的构成比率。狭义资本结构下，短期债务作为营运资金来管理。本书所指的资本结构通常仅是狭义的资本结构，也就是债务资本在企业全部资本中所占的比重。

二、影响企业资本结构决策的因素

影响企业资本结构的因素很多，而且不同因素在不同经济环境下对资本结构的影响程度也不同。为了进行正确的资本结构决策，必须对影响资本结构的因素进行分析。

(一)行业因素

企业的负债比率在很大程度上与其所处的行业有关。一般来讲，公用事业、运输公司以及一些成熟的资本密集型制造业，长期负债比率都比较高；服务行业、矿业公司以及大多数成长迅速的高新技术企业，长期负债比率相对比较低。不同行业负债比率的差别，主要是由于其承担风险的能力不同。公用事业等行业由于其经营收人比较稳定，承担风险的能力较强，可以利用较高的负债；高成长性的高新技术企业因其经营风险较大，企业只有通过降低负债比率以降低财务风险，从而使企业的总风险降低。

(二)股东的投资动机

股东的投资动机对资本结构产生重要影响。虽然绝大多数股东进行投资的目的是为了获利，但拥有控制权的股东与不拥有控制权的股东，对公司的资本结构有不同的影响。一般来讲，拥有控制权的股东往往很重视控制权问题，通常情况下，为了防止控制权的旁落，尽量避免通过发行新股筹资，而更多地采用优先股或发行债券的方式筹资。而对于那些不拥有控制权的股东，更重视的是公司的市场价值，这些股东接受所有的能提升公司价值的筹资方式。

(三)企业的信用等级与债权人的态度

企业的信用等级直接影响债权人对企业的投资选择。债权人一般不愿将资金投向信用等级比较低的企业，换言之，信用等级比较高的企业，则容易利用负债筹资。而企业负债比率的高低又影响企业的信用等级。在其他条件相同的情况下，负债比率越高，企业的信用等级越低；负债比率越低，企业的信用等级越高。如果企业在总资本中已经有较高比率的负债，是难以进一步利用负债融资的；反之，债权人更愿意将资金投向负债比率较低的企业。

（四）经营者的态度

经营者受股东的委托对企业进行日常的经营管理，虽然公司的重大决策由股东决定，但作为代理人的经营者则拥有日常经营的决策权。公司的资本结构在一定程度上取决于经营者的态度。如果经营者敢于承担风险，那么会较多地利用负债融资；如果经营者追求稳健经营，则会较多地利用股权融资。

（五）企业的财务状况和成长能力

企业财务状况良好、赢利能力强、未来有较强的成长能力，一般容易利用债务融资，特别是对于发展迅速的企业也需要较多地利用债务融资。而对于那些财务状况较差、赢利水平低、发展潜力不大的公司，则不容易利用债务融资。就这些企业本身来讲，也不宜进一步利用债务融资，因为财务风险的增大有可能导致企业陷入财务困境。当然，对于那些赢利能力特别强的企业，也可能会通过留用利润更多地利用内部融资。

（六）税收政策

企业利用负债融资可以获得减税利益，而且所得税税率越高，负债的减税利益越大；反之，减税利益则越小。在其他因素一定的情况下，所得税税率越高，为了获得更多的减税利益，企业越倾向于负债融资。可见，国家的税收政策也是影响企业资本结构的一个重要因素。

除上述因素外，不同国家经济的发展状况、资本市场的发展水平、利率等因素，也会对企业的资本结构产生一定的影响。

三、资本结构决策方法

不同的资本结构会给企业带来不同的结果。企业利用债务资本进行举债经营具有双重作用，既可以发挥财务杠杆效应，也可能带来财务风险。因此企业必须权衡财务风险和资本成本的关系，确定最佳的资本结构。

从理论上讲，最佳资本结构是存在的，但由于企业内部条件和外部环境的经常性变化，动态地保持最佳资本结构十分困难。因此在实践中，目标资本结构通常是企业结合自身实际进行适度负债经营所确立的资本结构。

资本结构决策的目标就是要确定最优的资本结构，所谓最优资本结构是指在一定条件下使能使企业综合资本成本最低，企业价值最大的资本结构。资本结构决策的方法有许多种，下面介绍几种常见的确定最优资本结构的方法。

（一）比较资本成本法

企业选择最优的资本结构，虽然要考虑多种因素的影响，但是最基本的方法就是比较不同资本结构方案的综合资本成本。一般情况下，综合资本成本最低的资本结构就是企业最优的资本结构。

采用比较资本成本法确定企业资本结构，可分为企业初始筹资和追加筹资两种情况。

1. 初始筹资时最优资本结构的确定

企业在初始筹资时，一般根据需要筹集的资本总额，选择采用多种筹资方式。不同筹资方式的资本成本不同，通过确定不同的资本构成比例，可比较计算不同资本结构下的综合资本成本，综合资本成本最低的资本结构即为最优的资本结构。

下面举例说明初始筹资时最优资本结构的确定。

例 4.11

假定大华公司现有的经营规模需要长期资本 1 000 万元，企业准备采用普通股、优先股、长期债券三种方式筹资。现有三种资本结构方案可供选择。

方案一：普通股占 60%，优先股占 20%，长期债券占 20%。

方案二：普通被占 50%，优先股占 10%，长期债券占 40%。

方案三：普通股占 40%，优先股占 30%，长期债券占 30%。

假定在上述三种筹资方案所涉及的负债范围内，普通股、优先股和长期债券的资本成本分别为 15%、13%和 8%。

分析

为确定最优的资本结构，可分别计算三种筹资方案的综合资本成本如下：

方案一的综合资本成本＝60%×15%＋20%×13%＋20%×8%＝13.2%

方案二的综合资本成本＝50%×15%＋10%×13%＋40%×8%＝12%

方案三的综合资本成本＝40%×15%＋30%×13%＋30%×8%＝12.3%

计算结果表明，在三种筹资方案中，方案二的综合资本成本最低，企业应该选择方案二作为最优的资本结构。在总资本中，长期债券、优先股和普通股的资本额分别为 400 万元、100 万元和 500 万元。

2. 追加筹资时最优资本结构的确定

企业在持续经营中总是不断地发展和壮大，随着企业经营规模的扩大，企业的资本需要量也不断增加，为此就需要追加筹资。追加筹资不仅引起企业资本总量的变化，相应地各种筹资方式的资本成本也可能发生变化，尤其是在增大负债筹资时，由于财务风险的增大，投资者要求的投资报酬率也随之提高，这必然引起各种筹资方式资本成本的上升。原来的最优资本结构在扩大的经营规模下可能不再是最优，这就需要在追加筹资时重新确定企业最优的资本结构。

追加筹资的资本成本是企业的边际资本成本，通过比较不同的追加筹资方案的边际资本成本，可确定追加筹资时的最优资本结构。

例 4.12

大华公司拟追加筹资 500 万元，可采用普通股、优先股、长期债券三种方式筹资。现有两个追加筹资方案可供选择。有关资料如表 4.5 所示。

表 4.5　大华公司两种追加筹资方案的资本结构及资本成本

金额单位：万元

筹资方式	方案一			方案二		
	追加筹资额	比重（%）	资本成本（%）	追加筹资额	比重（%）	资本成本（%）
长期债券	200	40	9	300	60	10
优先股	50	10	13	50	10	13
普通股	250	50	15	150	30	16
合　计	500	100	—	500	100	—

根据表 4.5 的资料，分别计算两种追加筹资方案的边际资本成本。

分析

$$\begin{aligned}\text{方案一的边际资本成本} &= 9\%\times200/500+13\%\times50/500+15\%\times250/500\\ &= 9\%\times40\%+13\%\times10\%+15\%\times50\%\\ &= 12.4\%\end{aligned}$$

$$\begin{aligned}\text{方案二的边际资本成本} &= 10\%\times300/500+13\%\times50/500+16\%\times150/500\\ &= 10\%\times60\%+13\%\times10\%+16\%\times30\%\\ &= 12.1\%\end{aligned}$$

比较两个追加筹资方案的边际资本成本，显然，方案二的边际资本成本低于方案一的边际资本成本，应选择方案二作为追加筹资时的最优资本结构。

追加筹资后，企业的资本总额发生了变化，各种筹资方式的数额及比重也发生相应的变化。大华公司原有总资本 1 000 万元，按追加筹资方案二追加 500 万元长期资本后，总资本为 1 500 万元，各种筹资方式的资本额及比重也发生了相应的变化，长期债券、优先股和普通股的资本额分别为 700 万元、150 万元和 650 万元，比重分别为 46.67%、10%和 43.33%，这就是企业追加筹资后的最优资本结构。

(二)筹资无差别点分析法(每股利润分析法)

企业进行资本结构决策的目标是实现企业价值最大化,但企业价值最大化是一个抽象的概念。在实际工作中,要实现企业价值最大化目标,首先必须追求企业净利润的增加或股东财富的增加。因此,用每股利润这一财务指标的变化基本上可以反映企业财务管理目标的实现情况。

根据前面的分析,企业每股利润(EPS)主要受息税前利润($EBIT$)和负债比率的影响。在息税前利润一定的情况下,负债比率的大小对每股利润起决定性的作用。尤其是当企业总资产的息税前利润率大于负债利息率时,负债比率越高,每股利润越大;反之,每股利润越小。因此,通过对每股利润变化的分析,可以确定企业的最优资本结构。

根据每股利润与息税前利润和负债比率之间的关系,通过计算每股利润无差别点时的息税前利润来确定企业是应该利用负债融资还是应该利用股权融资的方法,这就是确定企业最优资本结构的筹资无差别点分析法。这种方法又称每股利润分析法,也称 $EBIT$-EPS 分析法。每股利润无差别点的计算公式为:

$$\frac{(EBIT-I_1)(1-T)-D_1}{N_1}=\frac{(EBIT-I_2)(1-T)-D_2}{N_2} \qquad (4\text{-}19)$$

式中:$EBIT$ 为每股利润无差别点处的息税前利润,I_1、I_2 为两种增资方式下的长期债务年利息,D_1、D_2 为两种增资方式下的优先股年股利,N_1、N_2 为两种增资方式下的普通股股数,T 为公司的所得税税率。

例 4.13

假定大华公司现有总资本 2 500 万元,其中负债资本 1 000 万元,占总资本的 40%,负债的年利率为 8%;普通股股本 1 500 万元(流通在外的普通股 150 万股,每股 10 元),占总资本的 60%。公司适用的所得税税率为 25%。该公司现在准备增资 500 万元,有两种融资方式可供选择:

(1)发行长期债券筹资 500 万元,年利率为 10%;

(2)按每股面值 10 元增发普通股 50 万股,可筹资 500 万元。

分析 将以上资料代入公式(4-19)得:

$$\frac{(EBIT-1000\times 8\%-500\times 10\%)(1-25\%)}{150}$$
$$=\frac{(EBIT-1000\times 8\%)(1-25\%)}{150+50}$$

得

$$EBIT = 280(\text{万元})$$

此时,不论是发行普通股筹资,还是发行债券筹资,企业的每股利润是相等的,具体可计算如下:

发行普通股筹资的每股利润$=(280-80)\times(1-25\%)/200=0.75$(元)

发行债券筹资的每股利润$=(280-130)\times(1-25\%)/150=0.75$(元)

这说明,当 *EBIT* 为 280 万元时,两种筹资方式下的 *EPS* 均为 0.75 元,这是一种 *EBIT-EPS*(280,0.75)无差别点的对应关系。如果 *EBIT* 大于或小于 280 万元,两种筹资方式下的每股利润则不会相等。而且,当 *EBIT* 大于 280 万元时,利用债券筹资的每股利润大于利用股票筹资的每股利润;当 *EBIT* 小于 280 万元时,利用股票筹资的每股利润大于利用债券筹资的每股利润。

为了进一步分析 *EBIT-EPS* 之间的关系,现假设 *EPS* 均为 0 时两种筹资方式下的 *EBIT*。

假设利用股票筹资时的 *EPS* 等于 0,此时的 *EBIT* 可计算如下:

$$(EBIT-80)\times(1-25\%)/200=0 \qquad EBIT=80(\text{元})$$

假设利用债券筹资时的 *EPS* 等于 0,此时的 *EBIT* 可计算如下:

$$(EBIT-130)\times(1-25\%)/150=0 \qquad EBIT=130(\text{元})$$

由此又形成了两组 *EBIT-EPS* 之间的对应关系,即股票筹资时的(80,0)和债券筹资时的(130,0)。这说明在 *EPS* 等于零时,利用股票筹资时要求的 *EBIT* 要小于利用债券筹资时要求的 *EBIT*,这是由于这两点的 *EBIT* 都低于无差别点时的 280 万元,而且 *EPS* 为 0 也低于无差别点时的 0.75 元。

上述关于每股收益无差别点的分析,可通过股票筹资和债券筹资 *EBIT-EPS* 的三组对应关系,即(280,0.75)、(80,0)和(130,0),用图 4.1 表示如下。

从图 4.1 可以看出,每股利润无差别点的息税前利润 280 万元,实际上是企业选择负债融资和股票融资的分界点。如果企业预计的息税前利润大于 280 万元,运用负债融资能获得较高的每股利润,应选择负债融资;如果企业预计的息税前利润小于 280 万元,运用股票融资能获得较高的每股利润,应选择股票融资。

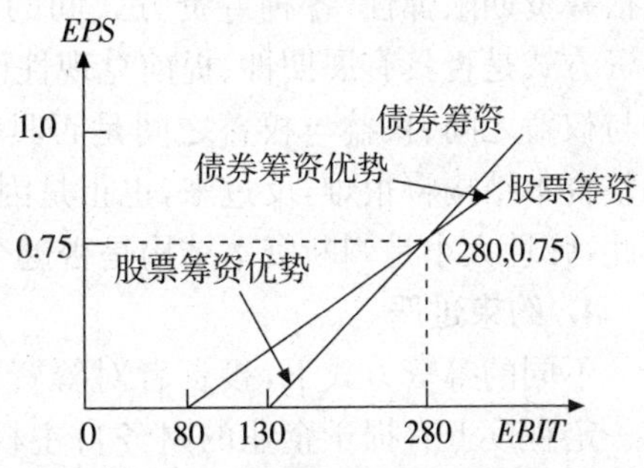

图 4.1　筹资无差别点分析图

运用每股利润分析法进行资本结构决策,计算过程比较简单,计算原理也容易理解。但是,这种方法只考虑了资本结构对每股利润的影响,并假定每股利润越大,企业的价值也越大,是有一定局限性的;而且这种方法只考虑了负债对公司的好处，尤其是在企业息税前利润足够大时，按照这种方法的思路是企业负债越高会使每股利润越大，完全忽视了负债的财务风险。事实上，企业负债的增大会导致财务风险的增大，从而降低公司的价值。该方法没有考虑负债的财务风险问题是其在应用中的主要缺陷。

四、资本结构的调整

资本结构是一种动态组合。现有的、合理的资本结构会因各种主客观条件的变化而演变为不合理的结构。财务管理的基本任务之一就是要通过筹资管理来调整不合理的资本结构，使之趋向于收益与风险相匹配的、新的资本结构。

（一）资本结构调整的原因

如前所述，影响资本结构变动的因素很多，既有主观的，也有客观的。但就某一具体企业而言，影响其资本结构变动或调整的直接原因主要有：

1. 成本过高

即原有资本结构的加权平均资本成本过高，从而导致企业收益和利润下降，这是引发资本结构调整的主要原因之一。

2. 风险过大

虽然负债筹资可以降低资本成本，增加普通股每股收益，但风险较大。如果筹资风险过大，以至于企业无法承担，则财务拮据成本和代理成本将直接抵减因负债而带来的杠杆利益。此时，企业也需进行资本结构调整。

3. 弹性不足

所谓弹性，是指企业在进行资本结构调整时原有资本结构应有的灵活性，包括筹资期限弹性、各种筹资方式间的转换弹性等。其中，期限弹性针对负债筹资方式是否具有展期性、提前兑现性而言，转换弹性针对负债与负债之间、负债与权益之间、权益与权益之间是否具有可转换性而言。弹性不足时，企业要调整资本结构将很难，反过来，也正是因为弹性不足才需要进行资本结构调整。因此，弹性大小是判断资本结构是否健全的标志之一。

4. 约束过严

不同的筹资方式下，投资者对筹资方的使用约束是不同的。约束过严，会在一定程度上有损于企业的财务自主权，有损于企业的资金灵活调度与使用。正因为如此，企业有时会宁愿承担较高的代价而选择那些使用约束相对较宽的筹资方式。

（二）资本结构调整的时机

进行资本结构的调整，需要把握有利的时机。根据资本活动规律，能满足下列条件之一的企业，均可按照目标资本结构对现有结构进行调整：

(1)在现有资本结构弹性较好时；

(2)在增加投资或减少投资时；

(3)在企业赢利较多时；

(4)在债务重组时；

(5)在企业进行资产剥离和资产重组时。

(三)资本结构调整的方法

资本结构的调整，一般包括存量调整、增量调整和减量调整三种情况。

1. 存量调整

存量调整是指在不改变现有资产规模的基础上，根据目标资本结构即企业确定的最佳资本结构的要求，对现存资本结构进行必要的调整。具体方式有：

(1)在债务资本过高时，利用可转换证券进行调整，即在不增加股本的条件下，将企业可转换债券、优先股等转换为普通股，从而减少负债，降低负债比率；

(2)在债务资本过高时，将长期债务提前收兑或提前偿还，而筹集相应的权益资本额；

(3)在权益资本过高时，通过减资并增加相应的负债额来调整资本结构。不过，这种方式很少被采用。

2. 增量调整

增量调整是指通过追加筹资数量，从而增加总资本的方式来调整资本结构，实现原有筹资结构的重新合理。具体方式有：

(1)在债务资本过高时，通过追加权益资本投资来改善资本结构，如直接增发新股，或将公积金转化为资本，从而增加自有资金；

(2)在债务资本过低时，通过追加负债筹资规模来提高负债筹资比重，充分发挥负债财务杠杆效应；

(3)在权益资本过低时，可通过筹措权益资本来扩大投资，提高权益资本比重。

3. 减量调整

减量调整是指通过减少资本总额的方式来调整资本结构。具体方式有：

(1)在权益资本过高时，通过直接减资或回购并注销在市场流通的股票等来降低其比重；

(2)在债务资本过高时，利用税后留存归还债务，用以减少总资本，并相应降低债务比重。

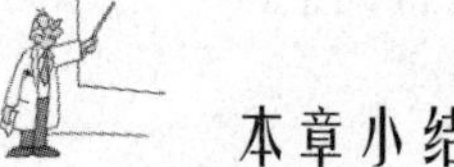

本章小结

◇资金成本是指企业为筹措和使用资金而付出的代价，资本成本包括资本筹集费和资本占用费两部分。资本筹集费是指在资本筹集过程中支付的各项费用，资本占用费是指使用资本所支付的费用。资本成本通常以相对数即资本成本率表示，资本成本率是企业使用资本所支付的费用与筹集资本的净额的比率。资本成本的计算，包括个别资本成本的计算、综合资本成本的计算，在企业追加筹资时，必须考虑筹资的边际资本成本，计算其出筹资分界点(或称筹资突破点)。通过计算综合资本成本和边际成本可以进行筹资方案的科学决策。

◇融资风险是指筹资活动中由于筹资的变化而引起的收益变动的风险。融资风险要受到经营风险和财务风险的双重影响。经营风险是指企业因经营上的原因而导致利润变动的风险。经营风险的大小可用经营杠杆来衡量。财务风险是指全部资本中债务资本比率的变化带来的风险。财务风险和财务杠杆利益的大小通常用财务杠杆系数来衡量，财务杠杆系数是指每股税后利润的变动率相当于息税前利润变动率的倍数。营业杠杆是通过扩大销售影响息税前利润，财务杠杆则通过增加息税前利润影响每股利润，两者最终都影响到普通股的收益。如果企业同时利用营业杠杆和财务杠杆，就会产生复合杠杆利益。营业杠杆与财务杠杆综合的结果，称为复合杠杆系数。复合杠杆系数是每股利润变动率相当于销售额(或销售量)变功率的倍数，反映综合风险的大小。复合杠杆系数的作用在于：它能用来估计销售额(销售量)的变动对每股利润的影响，它能显示经营杠杆和财务杠杆的相互关系。

◇资本结构是企业资本总额中各种资本来源的构成比例，最基本的资本结构是借入资本和自有资本的比例。合理、科学地安排债务资本的比例是企业筹资管理的一个核心问题，对企业具有重要的意义。最优资本结构是指从不同来源筹集长期资金的最佳比例关系。最优资本结构是指融资的综合成本和融资风险最低的资金来源构成。现代资本结构理论认为：当企业资本成本最低，同时企业价值最大、资本富有弹性的资本结构为最优资本结构。在确定最优资本结构时要考虑影响资本结构的各种因素，最优资本结构的确定方法可采用每股利润分析法和资本成本比较法等。

关键概念

资本成本　综合资本成本　边际资本成本　息税前利润　经营杠杆　财务杠杆　财务风险　复合杠杆　最佳资金结构　比较资金成本法　每股利润无差别点

复习思考题

1. 简述资本成本涵义及其作用。

2. 长期负债筹资和主权筹资在计算资本成本上有何区别？

3. 普通股和优先股的特点各有哪些？它们在计算资本成本上有何区别？

4. 简述加权平均资本成本的计算步骤。

5. 什么是边际资本成本？其计算步骤是什么？与加权资本成本有何区别？

6. 什么叫经营风险？影响经营风险的因素有哪些？

7. 简述经营杠杆、财务杠杆和复合杠杆的基本原理。

8. 什么叫财务风险？影响财务风险的因素有哪些？

9. 什么叫最优资本结构？影响资本结构的主要因素有哪些？最优资本结构的确定方法有哪些？

10. 解释 *EBIT-EPS* 无差别点的含义。

11. 简述运用比较成本法确定最优资本结构的基本步骤。

12. 资本结构调整的直接原因有哪些？如何把握资本结构调整的时机？

13. 资本结构调整的主要方法有哪些？如何调整？

综合练习题

知识题

一、单项选择题

1. 可以作为比较各种筹资方式优劣尺度成本是(　　)。

A. 个别资本成本　B. 边际资本成本　C. 综合资本成本　D. 资本总成本

2. 可以作为比较追加筹资方案重要依据的成本是(　　)。

A. 个别资本成本　B. 综合资本成本　C. 边际资本成本　D. 资本总成本

3. 下列筹资方式中，资本成本最高的是(　　)。

A. 发行普通股　B. 发行债券　C. 发行优先股　D. 长期借款

4. 普通股价格 10.50 元，筹资费用每股 0.50 元，第一年支付的股利是每股 1.50 元，股利增长率为 5%，则该普通股的成本最接近于(　　)。

A. 10.5%　B. 15%　C. 19%　D. 20%

5. 企业在经营决策时对经营成本中固定成本的利用称为(　　)。

A. 财务杠杆　B. 总杠杆　C. 复合杠杆　D. 经营杠杆

6. 企业在制定资本结构决策时对债权筹资的利用称为(　　)。

A. 经营杠杆　B. 总杠杆　C. 复合杠杆　D. 融资杠杆

7. 息税前利润变动率相当于销售额变动率的倍数表示的是(　　)。

A. 边际资本成本　　B. 财务杠杆系数

C. 经营杠杆系数　　D. 复合杠杆系数

8. 普通股每股税后利润变动率相当于息税前利润变动率的倍数表示的是(　　)。

A. 经营杠杆系数　　B. 财务杠杆系数

C. 复合杠杆系数　　D. 边际资本成本

9. 当经营杠杆系数和财务杠杆系数都是1.5时,复合杠杆系数应为(　　)。

A. 3　　B. 2.25　　C. 1.5　　D. 1

10. 要使资本结构达到最佳,应使(　　)达到最低。

A. 综合资本成本　　B. 边际资本成本

C. 债务资本成本　　D. 自有资本成本

二、多项选择题

1. 能够在所得税前列支的费用包括(　　)。

A. 长期借款的利息　　B. 债券利息　　C. 债券筹资费用

D. 优先股股利　　E. 普通股股利

2. 综合资本成本的权数,可有三种选择,即(　　)。

A. 票面价值　　B. 账面价值　　C. 市场价值

D. 清算价值　　E. 目标价值

3. 当企业在进行资本结构比较、筹资方式比较和追加筹资方案比较的决策时,应该依据的成本有(　　)。

A. 债权成本　　B. 股权成本　　C. 个别资本成本

D. 综合资本成本　　E. 边际资本成本

4. 企业在经营决策时对经营成本中固定成本的利用称为(　　)。

A. 经营杠杆　　B. 金融杠杆　　C. 财务杠杆

D. 复合杠杆　　E. 营运杠杆

5. 企业在制定资本结构决策时将债务筹资的利用称为(　　)。

A. 经营杠杆　　B. 财务杠杆　　C. 总杠杆

D. 融资杠杆　　E. 复合杠杆

6. 影响经营风险的主要因素有(　　)。

A. 产品需求的变动　　B. 产品售价的变动　　C. 经营杠杆

D. 利率水平的变动　　E. 单位产品变动成本的变化

7. 影响财务风险的因素主要有(　　)。

A. 产品售价的变化　　B. 利率的变化　　C. 获利能力的变化

D. 资本结构的变化　　E. 资本供求的变化

8. 影响企业资本结构的因素有(　　)。

A. 企业偿债能力　　B. 企业获利能力　　C. 企业增长率

D. 税收政策　　E. 管理人员态度

9. 公司资本结构最佳时，应该(　　)。

A. 资本成本最低　　B. 财务风险最小　　C. 经营杠杆系数最大

D. 债务资本最多　　E. 公司价值最大

10. 在资本结构决策中，确定最佳资本结构，可以运用(　　)。

A. 比较资本成本法　　B. 比较总成本法　　C. 总利润比较法

D. 企业价值比较法　　E. 每股利润无差别点法

三、判断题

1. 资本成本通常用相对数表示，即用资费用加上筹资费用之和除以筹资额的商。(　　)

2. 用资费用属于变动性费用，筹资费用属于固定性费用。(　　)

3. 国际上通常将资本成本作为投资项目的"最低收益率"，作为是否采用投资项目的"取舍率"，作为比较选择投资方案的主要标准。(　　)

4. 一般而言，债券成本要高于长期借款成本。(　　)

5. 公司的留存收益是由公司税后净利形成的，它属于普通股股东，因而公司使用留存收益并不花费什么成本。(　　)

6. 在公司的全部资本中，普通股以及留存收益的风险最大，要求报酬相应最高，因此，其资本成本也最高。(　　)

7. 综合资本成本是指企业全部长期资本成本中的各个个别资本成本率的平均数。(　　)

8. 边际资本成本是指实现目标资本结构的资本成本。(　　)

9. 经营杠杆影响息税前利润，财务杠杆影响息税后利润。(　　)

10. 由于经营杠杆的作用，当销售额下降时，息税前利润下降得更快。(　　)

11. 一般而言，经营杠杆系数越大，对经营杠杆利益的影响越强，经营风险也就越高。(　　)

12. 在资本结构一定、债务利息保持不变的条件下，随着息税前利润的增长，税后利润以更快的速度增加，从而获得经营杠杆利益。(　　)

13. 由于财务杠杆的作用，当息税前利润下降时，税后利润下降得更快，从而给企业带来财务风险。(　　)

14. 经营杠杆和财务杠杆的相互影响程度，可用复合杠杆系数来衡量。(　　)

15. 如果企业同时利用经营杠杆和财务杠杆，两者综合作用的结果会使二者

对普通股的收益影响减小，同时风险也降低。(　　)

16. 在一定的限度内合理提高债务资本的比率，可降低企业的综合资本成本，发挥财务杠杆作用，降低财务风险。(　　)

17. 由于财务杠杆的作用，当息税前利润下降时，普通股每股收益会下降更快。(　　)

18. 从资本结构的理论分析中可知，企业综合资本成本最低时的资本结构与企业价值最大时的资本结构是不一致的。(　　)

19. 如果企业债权筹资为0，则财务杠杆系数为1。(　　)

20. 当财务杠杆系数为1，经营杠杆系数为1时，则复合杠杆系数应为2。(　　)

四、计算分析题

1. 某公司发行期限为5年，票面利率为12%的债券一批，面值为240万元，公司准备按102%发行，发行费率为3.25%；该公司所得税税率规定为25%。试测算该公司债券的资本成本率。

2. 某公司拟发行优先股150万元，预定年股利率12.5%，预计筹资费用5万元。试测算该公司该优先股的资本成本率。

3. 某股份有限公司普通股现行市价为每股20元，现增发新股80 000股，预计筹资费用率6%，第一年每股发放股利2元，股利增长率5%。试测算本次增发普通股的资本成本率。

4. 某公司目前拥有资本100万元，其中长期负债20万元，优先股5万元，普通股(含留存收益)75万元。为了满足追加投资需要，公司拟筹措新资。

筹资范围及资本成本预测表

资本种类	目标资本结构	新筹资额(万元)	资本成本(%)
长期借款	20%	10 000以下	6
		10 000～40 000	7
		40 000以上	8
优先股	5%	2 500以下	10
		2 500以上	12
普通股	75%	22 500以下	14
		22 500～75 000	15
		75 000以上	16

要求：

(1)计算该企业新筹资总额的分界点；

(2)计算各筹资范围的边际资本成本。

5. 某企业年销售净额为280万元,息税前利润为80万元,固定成本为32万元,变动成本率为60%,资本总额为200万元,债权资本比例40%,债务利率12%。试分别计算该企业的经营杠杆系数、财务杠杆系数和复合杠杆系数。

6. 某公司2004年的财务杠杆系数为2,税后利润为360万元;所得税税率为40%,公司全年固定成本总额为2 400万元。要求:

(1)计算公司的息税前利润;

(2)计算该公司的经营杠杆系数。

7. 某公司2004年销售收入为500万元,当年固定成本为60万元,变动成本率为70%,企业全部资本为600万元,负债比率为40%,负债的利息率为10%。要求:计算企业的经营杠杆系数、财务杠杆系数和复合杠杆系数。

8. 某公司年销售额为100万元,变动成本率为70%,全部固定成本和费用20万元,总资产50万元,资产负债率为40%,负债平均利息率8%,所得税率40%。该公司拟改变经营计划,追加投资40万元,会使年固定成本增加5万元,销售额增加20%,并使变动成本率下降到60%。公司以提高权益净利率同时降低总杠杆系数作为改进经营计划的标准。试计算:

(1)若所需资本以追加实收资本取得,计算权益净利率、经营杠杆系数、财务杠杆系数、复合杠杆系数,并判断是否应改变经营计划;

(2)所需资本以10%的利率借入,计算权益净利率、经营杠杆系数、财务杠杆系数、复合杠杆系数,并判断是否应改变经营计划。

9. 某公司原有资本1 000万元,原资本结构见下表,现拟追加筹资400万元,有A、B两个方案可供选择。

某公司原资本结构表 金额单位:万元

筹资方式	原资本结构		追加筹资方案A		追加筹资方案B	
	筹资额	资本成本	筹资额	资本成本	筹资额	资本成本
长期借款	300	12%	200	13%	100	12%
长期债券	150	14%	50	16%	100	15%
普通股	500	18%	150	20%	200	19%
留存收益	50	18%	—	—	—	—
合　　计	1 000	—	400	—	400	—

要求:

(1)计算公司在原资本结构下的综合资本成本;

(2)选择最优追加筹资方案。

10. 某企业目前拥有资本 1 000 万元，其资本结构为：债务资本 20%（年利息为 20 万元），普通股股本 80%（发行普通股 10 万股，每股面值为 80 元）。现准备追加筹资 400 万元，有两种筹资方案可供选择：

(1)全部发行普通股，增发 5 万股，每股面值 80 元；

(2)全部筹措长期债务，利率为 10%，利息 1 年为 40 万元。

企业追加筹资后，息税前盈余预计为 160 万元，所得税税率为 25%，要求：计算该企业每股收益无差别点及无差别点的每股盈余额。

(3)若该公司 2005 年的预计销售收入为 2 400 万元，计算两种筹资方式下的利息保障倍数和每股收益，确定公司应选择的筹资方式。

11. 某公司目前发行在外普通股 100 万股（每股面值 1 元），并发行利率为 10%的债券 400 万元。公司计划为一个新的投资项目融资 500 万元，预计新项目投产后每年的息税前利润将增加到 200 万元。现有两个方案可供选择：方案 A，按 12%的利率发行公司债券 500 万元；方案 B，按每股 20 元的价格发行新股。假设公司适用所得税率为 40%。要求：

(1)计算两个方案的每股利润；

(2)计算两个方案每股利润无差别点的息税前利润；

(3)计算两个方案的财务杠杆系数；

(4)试判断两个方案的优劣。

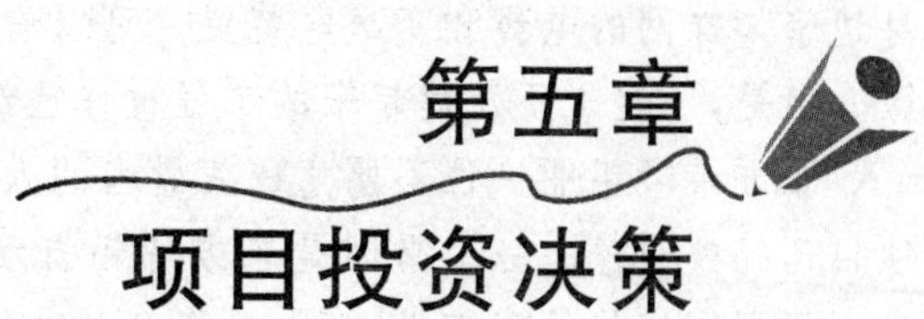

第五章 项目投资决策

学习目标

通过本章学习，了解项目投资的有关概念、特点和决策程序；理解项目计算期的构成及各计算期内现金流量的内容和估算方法；掌握各种贴现评价指标和非贴现评价指标的计算、应用条件及优缺点；在此基础上，掌握项目投资决策评价指标的应用方法和技巧。

引例 YINLI

从东方希望集团造铝之路受阻看企业投资风险

2004年，政府实施的宏观调控政策收紧了电解铝行业的银根，加上无法突破中国铝业对氧化铝的垄断，刘永行的造铝之路走得异常艰难，投资150亿元的“巨无霸”工程碰到了障碍。在一期工程于2003年10月正式投产后，东方希望集团包头稀土铝业有限公司（以下简称东方稀铝）的大多数项目却因为资金链的收紧而暂时停止运作。曾被《福布斯》评为中国首富的集团董事长刘永行，仅仅用了两年半时间，就把电解铝行业树立为东方希望集团的“第二主业”，但现在他被迫减缓了他在这个领域内急速前进的脚步。

原定于2003年底点火投产的一期25万吨电解铝工程1＃、2＃电解车间东段电解槽尚未完全安装，原定于2004年4月投产的二期工程更是像一个空壳，除厂房盖好了之外，作为电解铝生产线心脏部分的电解槽却仍然没有到位。除此之外，由于电解铝行业耗电量极大，东方稀铝曾计划建设自备电厂。但是原定于2003年底点火发电的自备火电厂的建设周期也一拖再拖，到2004年都没有如期发电。

在东方希望包头稀土铝业工业园区里，众多施工队伍尚未搬出，施工工人居住的临时建筑随处可见。四间长达800米、南北走向的巨型车间并列排开，一座大型火电厂处于电解车间西边几百米外，两座巨型烟囱刚刚封顶，俯瞰着身边密如蛛网的电线和变送电装置。可以看出来，这是一个尚在建设之中的园区。但是，一些来不及建起来的工程也许已经失去了建起来的机会。

东方希望铝业一位不愿意透露姓名的人士向记者透露，东方稀铝的后三期项目已经被叫停。一个原因是东方稀铝自动工以来尚未拿到国家发改委的批文。根据国家的投资审批体制，投资3 000万元以上的项目需要国家审批，东方稀铝项目截至2003年底就已经投进去20亿元，远远超过了这个数字。另一个原因是东方稀铝项目很难再获得贷款。东方希望集团在东方稀铝项目上的第一期投资就达到37亿元之多，东方希望集团自筹20亿元，银行原本要贷款17亿元。但“铁本案”和“建龙案”相继案发之后，国家对贸然上马的民营资本投资重工业项目普遍紧缩银根，银行的17亿元贷款很难获得，这在相当大程度上导致了东方希望集团的融资进程受阻。

东方希望集团的自我调整将在所难免，对待东方稀铝，东方希望集团要么暂时收敛宏图，保存实力，要么重新安排融资方式。

资料来源：http://www.dzwww.com

思考 影响企业项目投资行为的因素可能包括那些方面？

第一节 项目投资概述

一、投资的涵义和种类

在市场经济环境下，投资是一种普遍存在的经济现象。投资就是特定经济主体（包括国家、企业和个人）为了在未来可预见的时期内获得收益或使资金增值，在一定时期向一定领域的标的物投放足够数量的资金或实物等货币等价物的经济行为。从特定企业角度看，投资就是企业为获得收益而向一定对象投放资金的经济行为。

投资按不同标志可分为以下类型：

（1）按照投资行为的介入程度，分为直接投资和间接投资。直接投资，是指由投资人直接介入投资行为，即将货币资金直接投入投资项目，形成实物资产或者购买现有企业资产的一种投资。其特点是投资行为可以直接将投资者与投资对象联系在一起。间接投资，是指投资者以其资本购买公债、公司债券、金融债券或公司股票等，以期获取一定收益的投资，也称为证券投资。

（2）按照投资方向的不同，分为对内投资和对外投资。从企业角度来看，对内投资就是项目投资，是指企业将资金投放于为取得供企业生产经营使用的固定资产、无形资产、其他资产和垫支流动资金而形成的一种投资。对外投资是指投资人将资金投放于其他企业或购买各类金融资产。对外投资主要是间接投资，也可能是直接投资。随着企业横向经济联合的开展，对外投资越来越重要。

通常情况下，广义的投资既包括企业的对内投资，也包括对外投资。狭义的投资仅指对外投资。

(3)按照投资回收时间的长短，分为长期投资和短期投资。短期投资是指可以在一年或一个营业周期内收回的投资，主要指对现金、应收票据、应收账款、存货和短期内到期的有价证券等的投资。短期投资又称为流动资产投资，具有时间短、变现能力强、周转快、流动性大等特点。长期投资是指在一年以上或不能在一个营业周期收回的投资，主要指对厂房、机器设备等固定资产的投资及对长期金融资产的投资等等。一般来说，长期投资具有发生次数少、投资所需金额大、回收时间长、变现能力差、风险大、对企业影响时间长的特点。

(4)按照投资事项之间的相互关系，分为独立投资和互斥投资。独立投资也称为非相关性投资，它是指如果采纳或放弃某一投资项目，不会显著影响其他投资事项的决策。一般来说，独立投资的风险和收益是自身的。互斥投资也称为相关性投资，它是指如果采纳或放弃了某一投资项目，就会显著地影响其他投资事项的决策。一般地，互斥投资的风险和收益会受到相关投资项目的影响。

二、项目投资的概念及特点

(一)项目投资的概念

项目投资是一种以特定项目为对象，直接与新建项目或更新改造项目有关的长期投资行为。从性质上看，它是企业直接的、生产性的对内投资，通常包括固定资产投资、无形资产投资、开办费投资等。

(二)项目投资的特点

与其他形式的投资相比，项目投资具有以下主要特点：

(1)投资资金大。项目投资特别是扩大生产能力投资一般都需要大量资金，其投资额往往是企业及投资人多年的资金积累，在企业资金总资产中占有相当大的比例。

(2)影响时间长。项目投资的投资期及发挥作用的时间都较长，对企业未来的生产经营活动和长期经营活动将产生重大影响。

(3)变现能力差。项目投资一般不准备在一年或一个营业周期内变现，而且即使在短期内变现，其变现能力也较差。因为项目投资一旦完成，要想重新改变非常困难。

(4)投资风险大。影响项目投资未来收益的因素很多，再加上投资额大、影响的时间长和变现能力差，必然造成其投资风险比其他投资大，对企业未来的命运产生决定性影响。

三、项目投资决策及其影响因素

项目投资决策是指特定投资主体根据其经营战略和方针，由相关管理人员作出的有关投资目标、拟投资方向或投资领域的确定和投资实施方案的选择的过程。

一般而言，项目投资决策主要考虑以下因素：

(一)需求因素

需求情况可以通过考察投资项目建成投产后预计产品的各年营业收入(即预计销售单价与预计销量的乘积)的水平来反映。如果项目的产品不适销对路，或质量不符合要求，或产能不足，都会直接影响其未来的市场销路和价格水平。其中，产品是否符合市场需求、质量应达到什么标准，取决于对未来市场的需求分析和工艺技术所达到水平的分析。而产能情况则直接取决于工厂布局是否合理，原材料供应是否有保证，以及对生产能力和运输能力的分析。

(二)时期和时间价值因素

(1)时期因素是由项目计算期的构成情况决定的。项目计算期是指投资项目从投资建设开始到最终清理结束整个过程的全部时间，包括建设期和运营期。其中建设期是指项目资金正式投入开始到项目建成投产为止所需要的时间，建设期第一年的年初称为建设起点，建设期最后一年的年末称为投产日。在实践中，通常应参照项目建设的合理工期或项目的建设进度计划合理确定建设期。项目计算期最后一年的年末称为终结点，假定项目最终报废或清理均发生在终结点(但更新改造除外)。从投产日到终结点之间的时间间隔称为运营期，又包括试产期和达产期(完全达到设计生产能力期)两个阶段。试产期是指项目投入生产，但生产能力尚未完全达到设计能力时的过渡阶段。达产期是指生产运营达到设计预期水平后的时间。运营期一般应根据项目主要设备的经济使用寿命期确定。

项目计算期、建设期和运营期之间的有以下关系成立：

$$项目计算期 = 项目建设期 + 运营期$$

即

$$n = s + p \quad (5\text{-}1)$$

项目投资计算期对项目评价结果将产生重大影响，因此必须力求准确。

例 5.1

A企业拟投资新建一个项目，在建设起点开始投资，历经两年后投产，试产期为1年，主要固定资产的预计使用寿命为10年。根据上述资料，估算该项目各项指标。

分析 建设期为2年，运营期为10年

达产期＝10－1＝9(年)

项目计算期＝2＋10＝12(年)

(2)考虑时间价值因素，是指根据项目计算期不同时点上价值数据的特征，按照一定的折现率对其进行折算，从而计算出相关的动态项目评价指标。因此，科学地选择适当的折现率，对于正确开展投资决策至关重要。

(三)项目投资资金的确定

项目投资资金的确定包括投入和产出两个阶段。

1. 投入阶段资金的确定

投入阶段的资金由建设期和运营期初期所发生的原始投资所决定的。从项目投资的角度看，原始投资等于企业为使项目完全达到设计生产能力、开展正常经营而投入的全部现实资金，它反映项目所需现实资金的价值指标，包括建设投资和流动资金投资两部分。

建设投资，是指在建设期内按一定生产经营规模和建设内容进行的投资，具体包括固定资产投资、无形资产投资和其他资产投资等内容。

固定资产投资是用于购置或安装固定资产应当发生的投资。固定资产原值与固定资产投资之间的关系为：

固定资产原值＝固定资产投资＋建设期资本化利息

无形资产投资是指项目用于取得无形资产而发生的投资。

其他资产投资，是指建设投资中除固定资产投资和无形资产投资以外的投资。包括生产准备和开办费投资。开办费投资是指为组织项目投资的企业在其筹建期内发生的不能计入固定资产和无形资产价值的那部分投资。

流动资金投资是指项目投产前后分次或一次投放于流动资产项目的投资增加额，又称为流动资金的垫支或营运资金投资。

投资总额是反映项目总体规模的价值指标。它等于原始总投资与建设期资本化利息之和。其中，建设期资本化利息是指在建设期发生的与购建项目所

需的固定资产、无形资产等长期资产有关的借款利息。

为了搞清上述项目投资额的有关概念，下面举例进行计算分析。

例 5.2

某企业拟新建一条生产线项目，建设期为 2 年，运营期为 20 年。全部建设投资分别安排在建设起点、建设期第二年年初和建设期末分三次投入，投资额分别为 100 万元、300 万元和 68 万元；全部流动资金投资安排在投产后第一年和第二年年末分两次投入，投资额分别为 15 万元和 5 万元。根据项目筹资方案的安排，建设期资本化借款利息为 22 万元。根据上述资料，可估算该项目各项指标。

分析

建设投资合计＝100＋300＋68＝468(万元)

流动资金投资合计＝15＋5＝20(万元)

原始投资＝468＋20＝488(万元)

项目总投资＝488＋22＝510(万元)

2. 产出阶段资金的确定

产出阶段资金是由运营期发生的经营成本、营业税金及附加和企业所得税三个因素所决定的。经营成本又称付现的营运成本(或简称付现成本)，是指在运营期内为满足正常生产经营而动用货币资金支付的成本费用。从企业投资者的角度看，营业税金及附加和企业所得税都属于成本费用的范畴，因此，在投资决策中需要考虑这些因素。

四、项目投资资金的投入方式

从时间特征上看，原始投资的投入方式包括一次投入和分次投入两种形式。一次投入方式是指投资行为集中一次发生在项目计算期第一个年度的年初或年末。如果投资行为涉及两个或两个以上年度或虽然只涉及一个年度但在该年的年初和年末均发生，则属于分次投入方式。当建设期为零时，则一般为一次投资方式。

五、项目投资的决策程序

由于项目投资的投资规模较大、风险较大、回收期限较长，对企业未来发展的影响也较大，所以必须遵循一定的决策程序。企业项目投资的决策程序一般包括以下几个步骤：

1. 投资项目的提出

一般而言，新增生产能力的投资项目由企业的高层管理者提出，而更新改造的投资项目可以由企业中层或基层管理者提出。

2. 投资项目的可行性分析

当投资项目提出以后，就必须从多个方面进行可行性分析，写出投资项目可行性分析报告。投资项目的可行性分析一般应包括以下几个方面：

(1)国民经济可行性分析，即从国民经济的现状和发展的角度，宏观地分析该项目是否可行，是否有发展前景，其中尤其应该考虑是否满足环保的要求；

(2)财务可行性分析，即从经济效益的角度，分析该项目是否能够赢利；

(3)技术可行性分析，即从技术的角度，分析本企业的技术水平能否达到该项目的要求。

3. 投资项目的决策

在写出投资项目可行性分析报告的基础上，企业应作出最后的决策。对于投资额特别大的项目应由董事会或股东大会投票表决，对于投资额较小的项目，则可以由企业的经理层作出决策。

4. 投资项目的实施与控制

在投资项目的实施过程中，必须加强对建设进度、建设质量、建设成本等方面的管理，使投资项目保质保量地完成。但是，在投资项目实施过程中，如果发现国家政策、市场环境、企业内部环境等方面发生了某些重大变化，使原来可行的投资项目变得不可行，则必须尽早果断停止投资项目的建设，或采取其他补救措施，力求减少损失。

第二节　项目投资的现金流量分析

一、现金流量的涵义

在项目投资决策中，现金流量是指该投资项目所引起的现金流入量和现金流出量的统称。它可以动态反映该投资项目的投入和产出的相对关系。这里的现金是一个广义的现金概念，不仅包括各种货币资金，还包括项目需要投入的、企业拥有的非货币资源的变现价值。如一个项目需要使用原有的厂房、设备和材料等，则相关的现金流量是指它们的变现价值，而不是其账面成本。必须注意的是这里的现金流量，与财务会计中编制现金流量表所使用的现金流量相比，无论是具体内容还是计算口径都可能存在较大差异，两者不能混为一谈。

现金流量是评价长期投资项目可行性的主要依据。估计投资项目的预期现金流量是投资决策的首要环节，也是分析投资方案时的最重要步骤。为方便项目投资现金流量的估计，首先作出以下假设：

1. 财务可行性分析假设

即假设项目投资决策从企业投资者的立场出发，只考虑该项目投资是否具有财务可行性，而不讨论该项目是否具有国民经济可行性和技术可行性。

2. 全投资假设

即假设在确定投资项目的现金流量时，只考虑全部投资的运动情况，而不具体考虑和区分哪些是自有资金，哪些是借入资金，即使是借入资金也将其视为自由资金处理。

3. 建设期间投入全部资金假设

即假设项目投资的资金都是在建设期投入的，在生产经营期没有投资。

4. 经营期和折旧年限一致假设

即假设项目的主要固定资产的折旧年限或使用年限与经营期相同。

5. 时点指标假设

为了便于资金时间价值的运用，将项目投资决策所涉及的价值指标都作为时点指标处理。其中，建设投资在建设期内有关年度的年初或年末发生；流动资金投资在建设期末发生；经营期内各年的收入、成本、摊销、利润、税金等项目的确认均发生在年末；新建项目最终报废和清理所产生的现金流量均发生在终结点。

二、现金流量的构成

在进行项目投资决策分析时，通常用现金流出量、现金流入量和现金净流量来反映项目投资的现金流量。现金流出量是指由于项目投资而引起的企业现金支出的增加额；现金流入量是指由于项目投资而引起的企业现金流入的增加额；现金净流量则是一定时期内现金流入量减去现金流出量的差额。

为便于决策分析，在确定现金流量的构成时，通常将项目投资引起的现金流量按其所处的不同时间段进行划分：

1. 初始现金流量

项目的初始现金流量是指开始投资时发生的现金流量。其主要包括以下几个部分：

(1)固定资产投资。包括固定资产的购入或建造成本、运输成本和安装成本，该项投资可能是一次性支出，也可能分几次支出；

(2)流动资产投资。包括对材料、在产品、产成品和现金等流动资产的投资；

(3)其他投资费用。指与长期投资有关的职工培训费、谈判费、注册费用等。

(4)原有固定资产的变价收入。这主要是指固定资产更新或报废时原有固定资产变卖所得的现金收入。

2. 营业现金流量

营业现金流量是指投资项目投入使用后，在其寿命周期内由于生产经营所带来的现金流入和流出的数量。这种现金流量一般按年度进行计算。这里，现金流入一般是指营业现金收入，现金流出是指营业现金支出和缴纳的税金。如果一个投资项目的每年销售收入等于营业现金收入，付现成本(即营业成本减去折旧等非付现成本)等于营业现金支出，那么，每年营业现金流量(加入所得税因素)可用下列公式计算：

$$营业现金流量(NCF) = 营业收入 - 付现成本 - 所得税$$

或

$$营业现金流量(NCF) = 税后净利润 + 年折旧额 \quad (5\text{-}2)$$

3. 终结的现金流量

终结的现金流量是指投资项目完结时所发生的现金流量。主要包括：

(1)固定资产报废时的残值收入或变价收入；

(2)支付固定资产清理费用；

(3)原垫支在各种流动资产上的资金的收回。

三、现金流量的计算

现金流量的计算可以根据现金流量的构成进行，现举例说明。

例 5.3

大华公司准备购入一台设备以扩充生产能力，现有甲、乙两个方案可供选择。甲方案需投资 10 000 元，使用寿命为 5 年，采用直线法计提折旧，5 年后设备无残值；5 年中每年销售收入为 6 000 元，每年的付现成本为 2 000 元。乙方案需投资 12 000 元，采用直线法计提折旧，使用寿命也为 5 年，5 年后有残值收入 2 000 元；5 年中每年的销售收入为 8 000 元，付现成本第一年为 3 000 元，以后随着设备陈旧，逐年将增加修理费 400 元；另需垫支营运资金 3 000 元。假设所得税税率为 40%。试计算两个方案的现金流量。

为了计算项目的现金流量，必须先计算两个方案的年折旧额。

分析

$$甲方案的年折旧额 = 10\,000/5 = 2\,000(元)$$

乙方案的年折旧额 = (12 000 − 2 000)/5 = 2 000(元)

下面列表5.1、表5.2介绍投资项目的营业现金流量和全部现金流量的具体计算方法。

表5.1 大华公司投资项目的营业现金流量计算表

金额单位:元

	年度	1	2	3	4	5
方案甲	销售收入①	6 000	6 000	6 000	6 000	6 000
	付现成本②	2 000	2 000	2 000	2 000	2 000
	折旧额③	2 000	2 000	2 000	2 000	2 000
	税前利润④=①−②−③	2 000	2 000	2 000	2 000	2 000
	所得税⑤=④×40%	800	800	800	800	800
	税后净利⑥=④−⑤	1 200	1 200	1 200	1 200	1 200
	现金流量⑦=③+⑥	3 200	3 200	3 200	3200	3 200
方案乙	销售收入①	8 000	8 000	8 000	8 000	8 000
	付现成本②	3 000	3 400	3 800	4 200	4 600
	折旧额③	2 000	2 000	2 000	2 000	2 000
	税前利润④=①−②−③	3 000	2 600	2 200	1 800	1400
	所得税⑤=④×40%	1 200	1 040	880	720	560
	税后净利⑥=④−⑤	1 800	1 560	1 320	1 080	840
	现金流量⑦=③+⑥	3 800	3 560	3 320	3 080	2 840

表5.2 大华公司投资项目现金流量计算表

金额单位:元

	年度	0	1	2	3	4	5
方案甲	固定资产投资	−10 000					
	营业现金流量		3 200	3 200	3 200	3 200	3 200
	现金流量合计	−10 000	3 200	3 200	3 200	3 200	3 200
方案乙	固定资产投资	−12 000					
	营运资金垫支	−3 000					
	营业现金流量		3 800	3 560	3 320	3 080	2 840
	固定资产残值						2 000
	营运资金收回						3 000
	现金流量合计	−15 000	3 800	3 560	3 320	3 080	7 840

四、投资决策中使用现金流量的原因

财务会计按权责发生制计算企业的收入和成本，并以收入减去成本后的利润作为收益，用来评价企业的经济效益，它全面地概括了企业在增收节支等方面的成果。但是，在长期投资决策中，则不能以按这种方法计算的收入和支出作为评价项目经济效益高低的基础。因为，任何一项长期的项目投资，从筹建、设计、施工、正式投产到项目清理的整个周期内，除了发生一定数额的利润或亏损外，还会引起大量的持续不断的现金流入和流出。科学的项目投资决策应以现金流入作为项目的收入，以现金流出作为项目的支出，以净现金流量作为项目的净收益，并在此基础上评价投资项目的经济效益。投资决策之所以要以按收付实现制计算的现金流量作为评价项目经济效益的基础，主要有以下两方面原因：

1. 采用现金流量有利于科学地考虑资金时间价值因素

科学的投资决策必须考虑资金的时间价值，而利润的计算是以权责发生制为基础的，它不考虑资金收付的时间。用现金流量能很好地考虑资金时间价值的因素。利润与现金流量的差异主要表现在以下几个方面：

(1)购置固定资产付出大量现金时不计入成本；

(2)将固定资产的价值以折旧或损耗的形式逐期计入成本时影响利润，却又不需要付出现金；

(3)计算利润时不考虑垫支的流动资产的数量和回收的时间；

(4)在确认销售收入实现时，只要符合收入的确认条件，就计算为当期的销售收入，从而增加了利润。尽管其中可能会有一部分并没有于当期收到现金而形成了应收账款。

2. 采用现金流量使投资决策更符合客观实际情况

在项目投资决策中，应用现金流量能科学、客观地评价投资方案的优劣，而利润明显存在主观估计的成分，利润的主观性主要体现在：

(1)利润的计算没有一个统一的标准，在一定程度上受存货估价、费用摊配和折旧计提的不同方法的影响，因而，净利润的计算比现金流量的计算有更大的主观随意性，作为决策的主要依据不太可靠。

(2)利润反映的是某一会计期间“应计”的现金流量，而不是实际的现金流量。若以未实际收到现金的收入作为收益，具有较大风险，容易高估投资项目的经济效益，存在不科学、不合理的成分。

(3)计算利润时，没有明确地将投资项目投产后额外费用所能带来的税金节约额(如新增资产的折旧等可用以抵免应税收益，从而少纳所得税)考虑在内,而税金节约额恰恰是衡量投资项目经济效益的重要组成部分,因为它实际上减少了以税金形式表现的现金支出。以现金流量作为评价基础时,税金节约额要么被当作现金流出量的一个减项,要么被当作一项独立的现金流入。

第三节　项目投资决策的评价指标

投资决策评价指标也称财务可行性评价指标,是指用于衡量投资项目财务效益大小和评价投入产出关系是否合理,以及评价其是否具有财务可行性所依据的一系列量化指标的统称。这些指标不仅可以用于评价投资方案的财务可行性,还可以与不同的决策方法相结合,作为多方案比较与选择决策的量化标准与尺度,因此在实践中又称为财务投资决策评价指标。

投资决策评价指标很多,本书主要介绍静态投资回收期、投资收益率、净现值、现值指数和内部收益率五个指标。

上述评价指标可以按照是否考虑资金时间价值分为静态评价指标和动态评价指标。前者是指在计算过程中不考虑资金时间价值因素的指标,简称为静态指标,包括投资收益率和静态投资回收期;后者是指在计算过程中充分考虑和利用资金时间价值因素的指标。

一、非贴现现金流量指标

(一)静态投资回收期

1. 概念

静态投资回收期(Payback Period,简称 PP)是指在不考虑资金时间价值的情况下,收回全部投资所需要的时间。该指标一般以年为单位,包括两种情况:

(1)含建设期的投资回收期;

(2)不含建设期的投资回收期。

二者的关系可表述为:

含建设期的投资回收期=不含建设期的投资回收期+建设期

2. 计算公式和计算方法

投资回收期的计算,因每年的营业净现金流量是否相等而有所不同。

如果项目每年的营业净现金流量(NCF)相等,则投资回收期可按下式计算:

$$\text{静态投资回收期}(PP)=\frac{\text{原始投资额}}{\text{每年相等的净现金流量}(NCF)} \qquad (5\text{-}3)$$

如果项目每年的营业净现金流量（NCF）不相等，那么，计算投资回收期要根据每年年末尚未回收的投资额加以确定。具体计算步骤如下（可列表计算）：

例 5.4

大华公司的有关资料见例 5.3 的表 5.1 和表 5.2。分别计算甲乙两个方案的投资回收期。

甲方案每年 NCF 相等，故：

$$PP_{甲}=10\,000/3\,200=3.125(年)$$

乙方案每年 NCF 不相等，应先计算其各年尚未回收的投资额（详见表 5.3）。

表 5.3　项目投资回收期计算表

金额单位：元

年　　份	0	1	2	3	4	5
原始总投资额	15 000					
营业现金流量		3 800	3 560	3 320	3 080	2 840
现金净流量 NCF	−15 000	3 800	3 560	3 320	3 080	7 840
累计现金净流量 $\sum NCF$	−15 000	−11 200	−7 640	−4 320	−1 240	6 600

乙方案的投资回收期为：

$$PP_{乙}=4+\frac{1\,240}{7\,840}=4.16(年)$$

3. 投资回收期指标的决策方法

投资回收期越短，则该项投资收回就越快，在未来时期所冒的风险就越小，方案越有利。在进行独立方案评价时，先确定基准投资回收期。当项目投资回收期小于基准回收期时，方案可行，否则方案不可行；当进行多个方案的优选决策时，应选择投资回收期最短的方案为最优方案。

4. 投资回收期指标的优缺点

投资回收期法的优点有：

（1）能直观地反映原始投资的返本期限；

（2）计算方法简便，并且容易被决策者理解；

（3）可以直接利用回收期以前的净现金流量信息。

投资回收期的缺点是：

（1）忽视了资金时间价值；

（2）没有考虑到回收期满以后的现金流量情况，不能正确反映投资方式的不同对项目的影响。事实上，具有战略意义的投资项目往往前期收益较低，而中后期收益较高。如果采用回收期法进行项目评价，则可能导致放弃长期成功的方案。

（二）投资收益率（投资报酬率）

1. 概念

投资收益率是投资项目寿命周期内年平均的净收益与原始投资总额的比率。

2. 计算公式和计算方法

根据年平均净收益的不同，该指标有以下两种不同的计算方法：

方法一：年平均净收益按年平均净利润计算：

$$\text{投资收益率}(R)=\frac{\text{年平均净利润}}{\text{原始投资额}}\times 100\% \tag{5-4}$$

方法二：年平均净收益按年平均现金净流量计算：

$$\text{投资收益率}(R)=\frac{\text{年平均现金净流量}}{\text{原始投资额}}\times 100\% \tag{5-5}$$

例 5.5

仍以上面大华公司的数据资料为例（见例 5.3 的表 5.1、表 5.2），计算其投资收益率。

分析　若按投资收益率方法一的公式计算可得：

$$R_{\text{甲}}=\frac{1\,200}{10\,000}\times 100\%=12\%$$

$$R_{\text{乙}}=\frac{(1\,800+1\,560+1\,320+1\,080+840)/5}{15\,000}\times 100\%=8.8\%$$

若按投资收益率方法 2 的公式计算可得：

$$R_{\text{甲}}=\frac{3\,200}{10\,000}\times 100\%=32\%$$

$$R_{\text{乙}}=\frac{(3\,800+3\,560+3\,320+3\,080+7\,840)/5}{15\,000}\times 100\%=28.8\%$$

3. 投资收益率指标的决策方法

在采用投资收益率指标进行评价时，应首先确定企业项目要求达到的基准收益率或称必要报酬率。进行方案是否可行的决策时，当项目的投资收益率高于基准收益率，方案为可行方案；当进行多个方案的优选决策时，应选择投资收益率最高的方案为最优方案。

4. 投资收益率指标的优缺点

投资收益率法的优点有:简单明了,易于理解和掌握;通过计算投资收益率,将有关方案的总收益(或现金流量)同当期投资额紧密地联系起来,能较好地衡量各有关方案的投资经济效果。正因为如此,这种方法在实际中有较为广泛的应用。

投资收益率法的缺点是:没有考虑资金时间价值因素的影响,把不同时期的利润或现金流量看作具有相同的价值,有时会作出错误的决策。

二、贴现现金流量指标

贴现现金流量指标是指考虑了资金时间价值的指标。该类指标主要有:净现值、现值指数、内部收益率等。

(一)净现值

1. 净现值法的基本原理和公式

净现值(Net Present Value,简称 NPV)是指投资项目投入使用后,按资本成本或企业要求达到的报酬率将各年营业现金净流量折算为现值,减去原始投资额现值后的余额。即项目未来现金流入的现值与未来现金流出的现值之间的差额。其计算公式为:

$$NPV = \sum_{t=1}^{n} \frac{CI_t - CO_t}{(1+i_0)^t} = \sum_{t=1}^{n} \frac{CI_t}{(1+i_0)^t} - \sum_{t=1}^{n} \frac{CO_t}{(1+i_0)^t} \qquad (5\text{-}6)$$

或

净现值=各年营业现金净流量现值-原始投资额现值

式中:NPV 为净现值,CI 为现金流入量,CO 为现金流出量,i_0 为基准折现率,n 为项目寿命周期。

2. 净现值的计算过程

第一步:计算经营期每年的营业净现金流量。

第二步:计算未来报酬的总现值。这又可分成三个具体步骤:

(1)将经营期各年(不含终结年)的营业净现金流量折算成现值。如果每年的 NCF 相等,则可按年金折成现值;如果每年的 NCF 不相等,则先对每年的 NCF 进行折现,然后加以合计,即每年的 NCF 的复利现值之和。

(2)将终结年现金流量折算成现值。

(3)计算未来报酬的总现值,即上述二项之和。

第三步:计算项目净现值。

净现值=未来报酬的总现值-原始投资额现值

3. 净现值法的决策规则

在只有一个备选方案的可行性决策中，当项目方案的净现值大于零时，方案为可行方案，当净现值小于零时，方案为不可行方案。在多个互斥的可行性备选方案中进行优选决策时，应选用净现值最大的方案为最佳方案。

4. 净现值法应用举例

例 5.6

根据例 5.3 大华公司的资料，假设资本成本率为 10%，可计算甲、乙两个方案的净现值如下。

甲方案的经营期各年 NCF 相等，可按年金形式用公式计算：

$$
\begin{aligned}
\text{甲方案 } NPV &= \text{未来报酬的总现值}-\text{初始投资额} \\
&= NCF\times(P/A,10\%,5)-10\,000 \\
&= 3\,200\times3.791-10\,000 \\
&= 12\,131.2-10\,000=2\,131.2(\text{元})
\end{aligned}
$$

乙方案的 NCF 不相等，可利用复利现值系数表分别进行计算。查复利现值系数表得：

年　份	1	2	3	4	5
$(P/F,10\%,n)$	0.909	0.826	0.751	0.683	0.621

$$
\begin{aligned}
\text{乙方案 } NPV &= \text{未来报酬的总现值}-\text{原始投资额} \\
&= (3\,800\times0.909+3\,560\times0.826+3\,320\times0.751 \\
&\quad +3\,080\times0.683+7\,840\times0.621)-15\,000 \\
&= 15\,861-15\,000=861(\text{元})
\end{aligned}
$$

从上面计算中我们可以看出，两个方案的净现值均大于零，故两个方案都是可行的。但甲方案的净现值大于乙方案，故该公司应选用甲方案为最佳方案。

5. 净现值法的优缺点

净现值指标是对投资方案进行评价的最重要的指标之一，它的优点有：

(1)充分考虑了货币时间价值因素对未来不同时期现金净流量的影响；

(2)使有关方案的现金流入量与现金流出量具有可比性，可以较好地反映各该方案投资的经济效果。

净现值法的缺点是：

(1)只考虑了方案未来不同时期净现金流量在价值上的差别，而没有考虑不同方案原始投资额的差别。当各方案的原始投资额不同时，单纯看净现值的绝对量并不能作出正确的评价。

(2)净现值不能揭示各个投资方案本身可能达到的实际收益率水平。

(二)现值指数

1. 现值指数法的基本原理

现值指数又称获利指数或利润指数(Profitability Index,简称 PI),是投资项目未来报酬的总现值与原始投资额现值的比值。其计算公式为:

$$现值指数(PI)=\frac{未来报酬总现值}{原始投资额现值} \tag{5-7}$$

现值指数计算投资方案未来的现金净流量的现值对原投资额之比,可以说明每元投资未来可以获得的现金净流量的现值有多少。该指标可以使不同方案具有共同的可比基础,因而有较广泛的适用性。

现值指数和净现值之间存在着如下的数量关系:

净现值>0　　现值指数>1

净现值=0　　现值指数=1

净现值<0　　现值指数<1

2. 现值指数的计算过程

第一步:计算未来报酬的总现值,这与计算净现值所采用的方法相同。

第二步:计算现值指数,即根据未来报酬的总现值和原始投资额现值之比计算现值指数。

3. 现值指数法的决策规则

在只有一个备选方案的可行性决策中,现值指数大于或等于 1,则为可行方案,否则为不可行方案。在有多个可行的互斥方案选择决策中,应采用现值指数最大的投资方案为最佳方案。决策中,现值指数往往作为净现值的辅助指标使用,通常并不单独使用。

4. 现值指数法应用举例

例 5.7

根据例 5.3 的表 5.1 和表 5.2 的资料,计算现值指数。

分析

甲方案的现值指数=未来报酬的总现值/原始投资额现值

=12 131.2/10 000=1.213

乙方案的现值指数=未来报酬的总现值/原始投资额现值

=15 861/15 000=1.057

计算结果表明：甲、乙两个方案的现值指数都大于1，故两个方案都可进行投资，但因甲方案的现值指数更大，故应采用甲方案为最佳方案。

5. 现值指数法的优缺点

现值指数法的优点是：考虑了资金的时间价值的影响，能够真实地反映投资项目的盈亏程度；它是以有关方案投产后各期净现金流量的现值和原始投资额的比值相对数为决策依据，能反映各投资方案单位投资额所获未来净现金流量的大小，有利于在初始投资额不同的投资方案之间进行对比。

现值指数的缺点是：作为净现值的辅助指标，其概念不便于理解。另外，无法反映项目本身的实际收益率水平。

（三）内部收益率（内含报酬率）

1. 内部收益率的概念和计算公式

内部收益率又称内含报酬率（Internal Rate of Return，简称 *IRR*），是指使投资项目的净现值等于零时所对应的贴现率，反映投资项目本身应达到的实际收益率水平。

内部收益率实际上反映了投资项目的真实报酬，是投资项目评价指标中最重要的评价指标之一，目前越来越多的企业使用该项指标对投资项目进行评价。

内部收益率的经济意义可以理解为：在整个项目的寿命周期内，按 $i=IRR$ 计算，始终存在尚未收回的投资，而在寿命周期结束时，全部投资额刚好被收回。

内部收益率的计算公式。根据内部收益率的定义，可得下列方程式：

$$NPV(IRR)=\sum_{i=0}^{n}\frac{(CI-CO)_t}{(1+IRR)^t} \tag{5-8}$$

解这个方程所得的贴现率即为内部收益率。实际中解高次方程实在比较困难，因此，在实际计算中通常采用“线性内插法”计算内部收益率。

2. 内部报酬率的具体计算过程

（1）如果每年的 *NCF* 相等且初始投资一次性投入在建设期初上，则按下列步骤计算：

第一步：计算年金现值系数。

$$\text{年金现值系数}=\frac{\text{初始投资额}}{\text{每年等额现金净流量}}$$

第二步：查年金现值系数表。在相同期数内，找出与上述年金现值系数一致的系数，所对应的贴现率恰好就是所求的内部收益率；若在相同的期数内找不到上述年金现值系数，则找出与其相邻近两个年金现值系数所对应的较大和较小的两个贴现率。

第三步:用内插法计算方案的内部收益率。根据上述两个邻近的贴现率和已对应的年金现值系数,采用内插法计算出该投资方案的内部收益率。

(2)如果每年的 NCF 不相等,则需要运用"逐步测试法"按下列步骤计算内部收益率:

第一步:先预估一个贴现率,并按此贴现率计算净现值。如果计算出的净现值为正数,则表示预估的贴现率小于该项目的实际内部收益率,应提高贴现率,再进行试算;如果计算出的净现值为负数,则表明预估的贴现率大于该方案的实际内部收益率,应降低贴现率,再进行测算。经过反复试算,最后找到净现值由正到负并且非常接近于零的两个贴现率。

第二步:根据以上计算的两个邻近的贴现率再使用"线性内插法",计算出投资方案的内部收益率。

$$IRR = i_1 + \frac{NPV_{i_1}}{NPV_{i_1} - NPV_{i_2}} \cdot (i_2 - i_1) \tag{5-9}$$

式中:$NPV_{i_1} > 0$,$NPV_{i_2} < 0$,$i_2 > IRR > i_1$。

3. 内部收益率的决策方法

在只有一个备选方案的可行性决策中,如果计算出的内部收益率大于或等于基准贴现率或企业的资本成本率,项目方案为可行方案;反之,则为不可行方案。在多个互斥的可行备选方案的优选决策中,应选用内部收益率最大的投资方案为最佳方案。

4. 内部收益率法应用举例

例 5.8

根据例 5.3 大华公司的资料,计算内部收益率(IRR)。

分析 前述资料中,由于甲方案的每年 NCF 相等,因而,可采用如下方法计算内部收益率。

年金现值系数=原始投资额/每年等额的 NCF=10 000/3 200=3.125

即

$$(P/A, IRR, 5) = 3.125$$

查"年金现值系数表",在相同期数内(5 期)无法直接找到 3.125,就找出与 3.125 最相邻近的两个年金现值系数,分别为 3.127 和 2.991,它们所对应的贴现率分别是 18%和 20%,由此可知,所要求的内部收益率在 18%~20%之间。现用线性插值法计算如下:

贴现率 i	年金现值系数 $(P/A,i,5)$
18%	3.127
$IRR=?\%$	3.125
20%	2.991

$$甲方案的内部收益率\ IRR=18\%+(20\%-18\%)\times\frac{3.127-3.125}{3.127-2.991}\times100\%$$
$$=18.03\%$$

乙方案的每年 NCF 不相等，因而必须逐步进行测算。测算过程详见表 5.4。

表 5.4　逐步测试法的内部收益率计算表

年度	现金净流量 (NCF)	测试 12%		测试 10%	
		$(P/F,12\%,n)$	PV	$(P/F,10\%,n)$	PV
0	−15 000	1.0	−15 000	1.0	−15 000
1	3 800	0.893	3 393	0.909	3 454
2	3 560	0.797	2 837	0.826	2 940
3	3 320	0.712	2 364	0.751	2 493
4	3 080	0.636	1 959	0.683	2 104
5	7 840	0.567	4 445	0.621	4 869
NPV	—	—	−2	—	1 310

在表 5.4 中，首先按 12% 的贴现率进行测试，计算得净现值为 −2，小于 0；再将贴现率降低到 10%，进行第二次测试，计算得净现值为 1 310，大于 0。这说明所求的该项目的内部收益率一定在 10%～12% 之间。可以用内插法计算如下：

$$乙方案的内部收益率\ IRR=10\%+(12\%-10\%)\times\frac{0-1\,310}{-2-1\,310}\times100\%$$
$$=11.997\%$$

从以上计算结果可以看出，两个方案的内部收益率均高于资本成本率，而甲方案的内部收益率较高，故甲方案效益比乙方案更好。

5. 内部收益率法的优缺点

内部收益率法的优点：考虑了资金的时间价值；能从动态角度反映投资项目的实际收益率水平，且不受行业基准收益率高低的影响。

由于内部收益率指标反映了项目以每年的净收益归还全部投资以后，所能获得的最大收益率，也可以作为项目能够接受的资本成本率的上限，有助于筹资决策和投资决策。所以,内部收益率指标是投资效益评价的主要指标。

内部收益率的缺点是:

(1)计算过程比较复杂,特别是每年 *NCF* 不相等的投资项目,一般要经过多次测算才能求得;

(2)内部收益率隐含了再投资假设,即各年的净现金流量流入后,是假定各个项目在其全过程内是按各自的内部收益率进行再投资而形成增值,而不是所有项目按统一要求达到,并在统一的资金市场上可能达到的收益率进行再投资而形成增值,这一假定具有较大的主观性,缺乏客观的经济根据;

(3)对于非常规方案,根据上述程序进行计算,可能出现多个内部收益率,使人无法据以判别其真实的内部报酬率究竟是多少,为这一指标的实际应用带来困难。

在实际中,如果对多方案进行比较,我们会发现,内部收益率指标与净现值指标会得出不同的结论。

例 5.9

现有 A、B 两个投资方案各年的现金流量如表 5.5 所示,试进行方案最优选择。基准贴现率为 10%。

表 5.5 A、B 两方案净现金流量表

年 份	0(投资额)	1~10(每年 *NCF*)
方案 A 的净现金流量(万元)	−200	39
方案 B 的净现金流量(万元)	−100	20
差额(A−B)	−100	19

分析

(1)用 *NPV* 来比选:

$$NPV_A = -200 + 39 \times (P/A, 10\%, 10) = 39.62(\text{万元})$$

$$NPV_B = -100 + 20 \times (P/A, 10\%, 10) = 22.88(\text{万元})$$

(2)用 *IRR* 来比选:

$$-200 + 39 \times (P/A, IRR_A, 10) = 0$$

$$-100 + 20 \times (P/A, IRR_B, 10) = 0$$

$$IRR_A = 14.4\%$$

$$IRR_B = 15.1\%$$

由于 $NPV_A > NPV_B$,按净现值最大准则,A 方案优于 B 方案,应选 A 方案为最佳方案。但如果以 IRR 来选择，由于 $IRR_A < IRR_B$，按内部收益率最大准则，B 方案优于 A 方案，应选 B 方案为最佳方案。怎样解决这种矛盾呢？下面介绍差额投资内部收益率法。

三、差额投资内部收益率法

差额投资内部收益率是两个方案各年的净现金流量差额的现值之和等于零时的贴现率。其经济意义是：如果投资大的方案其增量投资额能够以满意的收益率通过增量收益得到补偿，则投资大的方案为优选方案；否则，投资小的方案为优选方案。

计算差额投资内部收益率的公式为：

$$\sum_{t=0}^{n}\frac{(\Delta CI-\Delta CO)_t}{(1+\Delta IRR)^t}=0 \tag{5-10}$$

式中：$\Delta CI = CI_A - CI_B$，$\Delta CO = CO_A - CO_B$。

差额投资内部收益率的决策准则为：

当 IRR_A，$IRR_B > i_0$（基准贴现率）时，若 $\Delta IRR > i_0$，则投资（现值）大的方案（A 方案）为最优方案；

若 $\Delta IRR < i_0$，则投资（现值）小的方案（B 方案）为最优方案。

仍以例 5.9 为资料，介绍差额投资内部收益率的计算。如下式：

$$\Delta NPV = -100 + 19\times(P/A,\Delta IRR,10) = 0$$

$$(P/A,\Delta IRR,10) = 100/19 = 5.2632$$

查“年金现值系数表”得：

$$(P/A,12\%,10) = 5.650$$
$$(P/A,15\%,10) = 5.019$$

用线性内插法得：

$$\Delta IRR = 12\% + \frac{5.263-5.650}{5.019-5.650}\times(15\%-12\%) = 13.84\%$$

因为 $\Delta IRR = 13.84\% > i_0 = 10\%$，且方案 A 的投资额大于方案 B，所以方案 A 优于方案 B。

小思考 5.2

净现值决策和内部收益率决策结果是否总是一致的？

第四节　项目投资决策指标的应用

一、项目投资的方案性质

项目投资方案可分为独立方案和互斥方案两大类，这种分类是以两个以上投资项目的相对关系而言的。所谓独立方案，是指两个以上的投资项目互不依赖，可以同时并存。例如，投资兴建一个饮料厂和一个纺织厂，它们之间并不冲突，可以同时进行，是完全独立的投资项目。所谓互斥方案，是指两个以上投资项目之间不能同时并存，必须相互代替。例如，以旧设备换取新设备进行更新，保留旧设备就不能购入新设备，购买新设备就必须出售或报废旧设备，它们是互斥的。又例如，建设火电站和建设水电站两个项目，一旦一个项目成立，另一个项目就被淘汰，一般不需同时建造。

财务管理中的项目投资决策，主要涉及互斥方案的决策。至于独立方案，采用某一项目，并不排除其他项目也被采用的可能性，因此各方案的决策也是独立的，不存在方案之间的对比比较问题，独立投资方案是否可行，可以直接计算各方案的净现值、现值指数、内部收益率等指标，只要各种方案能达到标准要求，方案都是可行的，各种长期投资决策的方法均可适用。互斥方案，由于彼此之间存在排他性，只能在若干可供选择的方案中选择一个最佳方案，因此存在着各方案间的对比比较问题。

独立方案的决策属于筛分决策，决策应解决的问题是如何确定各种可行方案的投资顺序。从尽量采用全部可行方案的要求出发，独立方案以获利程度作为决策标准。互斥方案的决策属于选择决策，决策应解决的问题是淘汰哪种方案，即选择最优方案。从选定效益最大的要求出发，互斥方案以获利数额作为决策标准。

无论是贴现评价指标还是非贴现评价指标，都有一个判断优劣取舍的问题。而判断优劣取舍按方案之间的关系分为三种决策：独立方案财务可行性的决策、互斥方案比较选择的决策、投资组合的决策。

二、独立方案财务可行性的决策

财务管理中，对于独立方案而言，选择某一方案并不排斥选择另一方案，评价其财务可行性即是对其作出最终决策的过程。在一组独立方案中的任何一个方案都存在接受与否的选择。当某一方案面临采用或拒绝的选择时，这种决策称为方案可行性的决策。很明显，只有当该方案符合某一标准时，它才会被采用，否则将被拒绝。独立方案的财务可行性决策标准为：

(1)净现值 $NPV \geqslant 0$；

(2)现值指数 $PI \geqslant l$；

(3)内部收益率 $IRR \geqslant i_0$(基准收益率)；

(4)投资利润率 $R \geqslant R_0$(基准或设定的投资利润率)；

(5)包括建设期的投资回收期 $PP \leqslant \frac{n}{2}$(即项目计算期的一半)；

(6)不包括建设期的投资回收期 $PP' \leqslant \frac{p}{2}$(即项目经营期的一半)。

只有当某方案的评价指标完全具备(即全部指标具备)或基本具备(即主要指标具备而辅助指标不具备)财务可行性，方案才会被接受，否则将被拒绝。

值得强调的是，净现值、现值指数、内部收益率一般作为主要评价指标，投资回收期、年金净流量一般作为次要评价指标，投资利润率等作为辅助评价指标。当次要和辅助指标的评价结论与主要指标的评价结论发生矛盾时，应当以主要指标的评价结论为准。

三、互斥方案比较选择的决策

当有两个或两个以上方案可供选择时，如果选择其中某一方案而舍弃其他方案，这种决策称为选择互斥的决策。互斥投资方案互相排斥，不能同时并存，决策的实质在于选择最优方案。选择最优方案的决策依据是各方案的获利数额大小。很明显，当该方案仅符合某项指标(如净现值)的基本标准时，并不意味着它会被采用；只有当该方案符合基本标准并且符合设定标准时，它才会被采用，否则将被拒绝。

这时，如果各项指标均符合设定标准的要求，则说明该方案为最优方案；但当有关指标相互矛盾时(即有的指标认为甲方案好，而有的指标则认为乙方案或其他方案好)，则不能简单地根据净现值判断优劣或根据内部收益率判断优劣。这种情况往往发生在投资额不等或项目计算期不同的多个方案的选择互斥决策中，这时应考虑采取差额投资内部收益率法和年金净流量法(亦称净年值法)进行正确的选择。

差额投资内部收益率法和年金净流量法适用于原始投资不相同的多方案比较，因此，年金流量法是最恰当的决策方法，尤其适用于项目计算期不同的多方案比较决策。

如上节所述，差额投资内部收益率法是指在原始投资额不同的两个方案的

净现金流量差额 ΔNCF 的基础上计算差额投资内部收益率 ΔIRR 并据以判断方案优劣的方法。在此方法下，当差额投资内部收益率指标大于或等于基准收益率或设定贴现率时，原始投资额大的方案较优；反之，则投资少的方案为优。

例 5.10

某企业投资，有甲、乙两个投资方案可供选择，有关资料见表 5.6。

要求就以下两种不相关情况作出方案优化决策：

(1)该企业的行业基准折现率 i_0 为 15%；

(2)该企业的行业基准折现率 i_0 为 18%。

表 5.6　甲、乙两方案现金流量表

金额单位：万元

方案＼年份	0	1	2	3	4
甲方案现金流量	−100	25	30	30	35
乙方案现金流量	−120	34	34	36	45
ΔNCF	−20	9	4	6	10

分析　由于各年的 ΔNCF 不等，因而应采用逐步测试法进行测试区间选值(见表 5.7)。

表 5.7　逐步测试法差额差额内部收益率计算表

金额单位：万元

年　份	净现金流量差额 ΔNCF	测试一（18%）		测试二（14%）	
		系　数	现　值	系　数	现　值
0	−20	1	−20	1	−20
1	9	0.848	7.632	0.877	7.893
2	4	0.718	2.872	0.769	3.076
3	6	0.609	3.654	0.675	4.050
4	10	0.516	5.160	0.592	5.920
净现值			−0.682		0.939

然后，采用插值法计算差额投资内部收益率。由于贴现率为 14%时净现值为 0.939 万元，贴现率为 18%时净现值为−0.682 万元，因此，该投资收益率必

然介于14%与18%之间。这时，可以来用插值法计算差额投资内部收益率：

$$\Delta IRR=14\%+\frac{0.939-0}{0.939-(-0.682)}\times(18\%-14\%)=16.32\%$$

在第(1)种情况下：因为 $\Delta IRR=16.32\%>i_0(15\%)$，所以，应当选择乙方案。

在第(2)种情况下：因为 $\Delta IRR=16.32\%<i_0(18\%)$，所以，应当选择甲方案。

年金净流量法(*ANCF* 或称净年值法)，是指考虑资金时间价值，将投资项目全部期间内现金净流量的净现值或净终值，按项目寿命期折算为等额年金的平均现金净流量。年金净流量是在投资额不等且项目计算期不同的情况下，根据各个投资方案的年金净流量指标的大小来选择最优方案的决策方法。

年金净流量的计算公式为：

$$年金净流量=\frac{现金流量净现值}{年金现值系数}=现金流量净现值\times投资回收系数$$

即

$$ANCF = NPV\times(A/P,i,n) \tag{5-11}$$

或

$$年金净流量=\frac{现金流量净终值}{年金终值系数}=现金流量净终值\times偿债基金系数$$

即

$$ANCF = NFV\times(A/F,i,n) \tag{5-12}$$

与净现值法一样，年金净流量的结果大于零，说明每年平均的现金流入能抵补现金流出，投资项目的净现值(或净终值)大于零，方案的投资报酬率大于资本成本率，方案可行。在两个以上寿命期不同的投资方案比较时，年金净流量越大方案越好。

例 5.11

现有甲、乙两个投资方案，甲方案需一次性投资10 000元，可用8年残值2 000元，每年取得利润3 500元；乙方案需一次性投资10 000元，可用5年，无残值，第一年获利3 000元，以后每年递增10%。如果资本成本率为10%，按直线法提折旧，应采用哪种方案？

分析 两项目使用年限不同，净现值是不可比的，应考虑它们的年金净流量。由于：

甲方案每年 $NCF_{甲}=3\,500+(10\,000-2\,000)/8=4\,500$(元)

乙方案各年 $NCF_{乙}$：

$$第一年=3\ 000+10\ 000/5=5\ 000(元)$$

$$第二年=3\ 000\times(1+10\%)+10\ 000/5=5\ 300(元)$$

$$第三年=3\ 000\times(1+10\%)^2+10\ 000/5=5\ 630(元)$$

$$第四年=3\ 000\times(1+10\%)^3+10\ 000/5=5\ 993(元)$$

$$第五年=3\ 000\times(1+10\%)^4+10\ 000/5=6\ 392.30(元)$$

甲方案净现值：

$$NPV_{甲}=4\ 500\times5.335+2\ 000\times0.467-10\ 000=14\ 941.50(元)$$

乙方案净现值：

$$\begin{aligned}NPV_{乙}&=5\ 000\times0.909+5\ 300\times0.826+5\ 630\times0.751\\&\quad+5\ 993\times0.683+6\ 392.30\times0.621-10\ 000\\&=11\ 213.77(元)\end{aligned}$$

因此，甲方案年金净流量：

$$ANCF_{甲}=14\ 941.50/(P/A,10\%,8)=14\ 941.50/5.335=2\ 801(元)$$

乙方案年金净流量：

$$ANCF_{乙}=11\ 213.77\times(P/A,10\%,5)=11\ 213.77/3.791=2\ 958(元)$$

尽管甲方案净现值大于乙方案，但它是8年内取得的。乙方案年金净流量高于甲方案，如果按8年计算，可取得15 780.93元(2 958×5.335)净现值，高于甲方案。因此，乙方案优于甲方案。

从投资报酬的角度来看，甲方案投资额10 000元，扣除残值现值934元(2 000×0.467)，按8年年金现值系数5.335计算，每年应回收1 699元(9 066/5.335)。这样，每年现金流量4 500元中，扣除投资回收1 699元，投资报酬为2 801元。所以，年金净流量的本质是各年现金流量中的投资报酬额。

年金净流量法是净现值法的转化形式，在各方案寿命期相同时，实质上就是净现值法。年金净流量法又是净现值的辅助方法，它特别适用于期限不同的投资方案决策。但同时，它也具有与净现值法同样的缺点，不便于对原始投资额不相等的独立投资方案进行决策。

四、投资组合的决策(相容选择的决策)

当有两个或两个以上方案可供选择时，如果选择其一而无需舍弃其他方案(即可以同时选择多个方案)，这种决策称为投资组合的决策(又称相容选择的决策)。

决策时需要考虑以下问题：

1. 如果企业可用资本无数量限制

可按现值指数的大小排序，顺序选择有利可图的方案进行组合决策。

2. 如果企业可用资本有数量限制

即不能投资于所有可接受的项目时,可按下列原则处理:

(1)按获利指数的大小排序,在可用资金范围内优先选择获利指数大的方案进行组合;

(2)某一组合使用资本总额不得超过可用资本的数额,否则即为无效组合;

(3)每一组合应为有效组合,如果某一组合含于另一组合内(如A,B项目组合含于ABC项目组合内),该组合(如A,B项目组合)即为无效组合;

(4)各组合的最优选择标准是组合的净现值总额最大,往往是既最大限度地利用了资金又使综合获利指数最大的组合。

例 5.12

假设某公司有六个可供选择的项目 A_1,A_2,B,C,D_1,D_2,其中 A_1 和 A_2,D_1 和 D_2 是互相斥选项目,该公司资本的最大限量是 1 000 000 元。详细资料见表 5.8。

表 5.8　组合投资项目资料表

金额单位:元

投资项目	初始投资	现值指数	净现值额
A_1	200 000	1.20	40 000
A_2	300 000	1.25	75 000
B	400 000	1.30	120 000
C	250 000	1.40	100 000
D_1	300 000	1.50	150 000
D_2	150 000	1.40	60 000

分析　按照资本限量决策的原则,首先形成以下有效组合:A_1,B,C,D_2 组合(使用资金 100 万元),A_2,B,C 组合(使用资金 95 万元),A_2,B,D_1 组合(使用资金 100 万元),A_2,B,D_2 组合(使用资金 85 万元),A_2,C,D_1 组合(使用资金 85 万元),B,C,D_1 组合(使用资金 95 万元)等六个有效组合。

其他组合(如 B,C,D_2)由于含于 A_1,B,C,D_2 组合内,因而不能作为有效组合。然后根据各有效组合内各方案的资料计算各组合的净现值总额(见表 5.9)。

表 5.9 投资组合方案计算表

金额单位:元

投资项目组合	使用资金总额	净现值总额
A_1,B,C,D_2	1 000 000	320 000
A_2,B,C	950 000	295 000
A_2,B,D_1	1 000 000	345 000
A_2,B,D_2	850 000	255 000
A_2,C,D_1	850 000	325 000
B,C,D_1	950 000	370 000

从表 5.9 可见,B,C,D_1 组合为最优组合,它使企业能够获得比其他组合更多的净现值。

本章小结

◇投资管理是企业财务管理的基本内容之一,正确的长期投资决策,对提高企业利润,降低企业风险,具有重要的意义。投资是指以将来收回更多的资金为目的而进行的现在的现金支出,或者说是为了获得可能的和不确定的未来报酬而作出的确定的现在值的牺牲。企业投资可按不同的标志进行分类,主要可分为直接投资和间接投资、对内投资与对外投资、独立投资与互斥投资、生产性投资和金融性投资等。

◇投资中的现金是一个广义的概念,包括货币资金,同时也包含了与项目相关的非货币资源的变现价值。估计投资项目的预期现金流量是投资决策的首要环节,也是分析投资方案时最重要、最困难的步骤。现金流量,在投资决策中是指一个投资项目引起的企业现金支出和现金收入增加的数量。现金流量一般分为初始现金流量、营业现金流量和终结现金流量三大部分。初始现金流量是指开始投资时发生的现金流量。营业现金流量是指投资项目投入使用后,在其寿命周期内由于生产经营所带来的现金流入和流出的数量,这种现金流量一般按年度进行计算。终结现金流量是指投资项目完结时所发生的现金流量,主要包括:固定资产的残值收入或变价收入;原有垫支在各种流动资产上的资金收回;停止使用的土地变价收入等。要熟练掌握现金流量的概念及计算方法。

◇投资决策分析评价指标一般分为两大类:一类是非贴现指标,即没有考虑时间价值因素的指标,另一类是贴现指标,即考虑了时间价值因素的指标。根据分析评价指标的类别不同,投资决策分析的方法,分为非贴现的方法和贴现的方法两种,非贴现的方法主要包括投资回收期法、投资收益率法等,贴现的方法主要包括净现值法、现值指数法(获利指数)、年金净流量法、内部收益率法等。熟练掌握各种非贴现指标和贴现指标的计算方法、优缺点及其投资决策方法。

◇在投资决策分析中,没有一个投资决策指标适用于所有的投资决策问题,应具体问题具体分析,充分考虑投资决策的复杂性以及在不同决策问题中相应指标的应用问题。投资决策指标应用分析主要包括独立投资方案可行性决策、互斥投资方案比较选择决策及相容投资(组合投资)方案决策应用问题。

关键概念

现金流量　静态投资回收期　投资利润率　净现值　现值指数　内部收益率　差额投资内部收益率法　年金净流量法(净年值法)

复习思考题

1. 生产性资产投资的主要类型?
2. 简述项目投资决策中现金流量的基本内容和构成。
3. 投资决策的指标主要包括哪些?
4. 试比较净现值法、现值指数法和内行收益率法。
5. 简述非贴现现金流量指标各自的优缺点。
6. 简述贴现现金流量指标各自的优缺点。
7. 如何进行固定资产的更新决策?
8. 折旧和所得税因素是如何影响投资决策的?

综合练习题

一、单项选择题

1. 在项目投资的现金流量表上,节约的经营成本应当列作(　　)。

A. 现金流入　B. 现金流出　C. 回收额　D. 建设投资

2. 下列各项中属于长期投资决策静态评价指标的是(　　)。

A. 投资利润率　B. 现值指数　C. 净现值　D. 内部收益率

3. 下列长期投资决策评价指标中,其计算结果不受建设期长短、资金投入方式、回收期有无以及净现金流量大小等条件影响的是(　　)。

A. 投资利润率　B. 投资回收期　C. 内部收益率　D. 净现值率

4. 下列评价指标中,其数值越小越好的是(　　)。

A. 净现值　　B. 投资回收期　　C. 内部收益率　　D. 投资收益率

5. 如果其他因素不变，一旦贴现率提高，则下列指标中其数值将会变小的是(　　)。

A. 净现值　　B. 投资收益率　　C. 内部收益率　　D. 投资回收期

6. 在一般投资项目中，项目投资方案的净现值等于零时，即表明(　　)。

A. 该方案的现值指数等于1

B. 该方案不具备财务可行性

C. 该方案的净现值率小于零

D. 方案的IRR小于设定折现率或行业基准收益率

7. 下列指标中，反映项目投资总体规模的价值指标是(　　)。

A. 原始投资总额　　B. 投资总额　　C. 投资成本　　D. 建设投资

8. 投资项目的建设起点与终结点之间的时间间隔称为(　　)。

A. 项目计算期　　B. 生产经营期　　C. 建设期　　D. 建设投资期

9. 在对原始投资额相同的互斥投资方案进行决策时，可用的方法之一是(　　)。

A. 差额损益分析法　　B. 差额投资内部收益率法

C. 净现值法　　D. 静态投资回收期法

10. 下列说法正确的是(　　)。

A. 现值指数大于1时，净现值大于零

B. 内部收益率大于1时，净现值大于零

C. 获利指数大于1时，净现值小于零

D. 投资利润率大于必要投资利润率时，净现值小于零

11. 当折现率与内部收益率相等时(　　)。

A. 净现值大于零　　B. 净现值等于零

C. 净现值小于零　　D. 净现值无法确定

12. 某投资项目于建设起点一次投入原始投资400万元，现值指数为1.35，则该项目净现值为(　　)万元。

A. 540　　B. 140　　C. 100　　D. 200

二、多项选择题

1. 以下各项中，可以构成建设投资内容的有(　　)。

A. 固定资产投资　　B. 无形资产投资

C. 流动资金投资　　D. 开办费投资

2. 当新建项目的建设期不为零时，建设期内各年的净现金流量可能(　　)。

A. 小于0　　B. 等于0　　C. 大于1　　D. 大于0

3. 在经营期内的任何一年中，该年的净现金流量等于(　　)。

A. 原始投资的负值

B. 原始投资与资本化利息之和

C. 该年现金流入量与流出量之差

D. 该年净利润、折旧、摊销额和利息之和

4. 下列指标中，属于动态指标的有(　　)。

A. 获利指数　　B. 投资回收期　　C. 内部收益率　D. 投资利润率

5. 下列说法正确的有(　　)。

A. 净现值法能反映各种投资方案的净现值收益

B. 净现值法不能反映投资方案的实际报酬

C. 投资利润率简单明了，但没有考虑资金时间价值

D. 获利指数有利于在初始投资额不同的投资方案之间进行对比

6. 当一项长期投贷方案的净现值小于零时则可说明(　　)。

A. 该方案的现值指数一定小于零

B. 该方案的获利指数大于预定的贴现率

C. 该方案折现后现金流入小于折现后现金流出

D. 该方案应该拒绝，不能投资

7. 影响内部收益率的因素有(　　)。

A. 企业最低投资收益率　　B. 初始投资金额

C. 投资项目有效年限　　D. 银行贷款利率

8. 如果某一项目的内部收益率大于设定的贴现率，则一定存在(　　)。

A. 净现值大于0　　B. 获利指数大于1

C. 净现值大于零而获利指数小于1　　D. 净现值率大于零

9. 对于单一投资项目的决策，在下列(　　)情况下，即可断定该投资项目具有财务可行性。

A. 净现值大于0　　B. 现值指数大于1

C. 内部收益率大于折现率　　D. 现值指数大于零

10. 当一项长期投资方案的净现值大于零，则说明(　　)。

A. 该方案可以投资

B. 该方案不可以投资

C. 该方案未来报酬的总现值大于初始投资的现值

D. 该方案现值指数大于1

11. 评价投资方案的投资回收期指标的主要缺点是(　　)。

A. 不能衡量企业的投资风险

B. 没有考虑资金的时间价值

C. 没有考虑回收期后的现金流量

D. 不能衡量投资方案投资报酬率的高低

12. 采用净现值法评价方案时，关键是选择贴现率，其贴现率可以是(　　)。

A. 资金成本　　B. 企业要求的最低报酬率

C. 内部收益率　　D. 企业基准收益率

三、判断题

1. 在对同一个独立投资项目进行评价时，用净现值、净现值率、获利指数和内部收益率指标会得出完全相同的决策结论，而采用静态投资回收期则有可能得出与前述结论相反的决策结论。(　　)

2. 一般情况下，使某投资方案的净现值小于零的折现率，一定高于该投资方案的内部收益率。(　　)

3. 在不考虑时间价值的情况下，投资回收期越短，投资获利能力越强。(　　)

4. 现值指数大于1，说明投资方案的收益率高于资本成本。(　　)

5. 某个投资方案，其内部收益率大于资本成本，则其净现值必然大于1。(　　)

6. 评价两个相互排斥的投资方案时应该着重比较各自的内部收益率，选取内部收益率高的那个方案。(　　)

7. 某贴现率可以使某投资方案的净现值等于零，则该贴现率可以称为该方案的内部收益率。(　　)

8. 如果某一备选方案净现值比较大，那么该方案的内部收益率也相对较高。(　　)

9. 付现成本等于销售成本与折旧的差额。(　　)

10. 若A方案的内部收益率高于B方案的内部收益率，则A方案的净现值也一定大于B方案的净现值。(　　)

四、计算分析题

1. 某公司拟进行一项完整工业项目投资，已知相关资料如下：

该项目投资的净现金流量为：$NCF_0=-800$ 万元，$NCF_1=-200$ 万元，$NCF_2=0$，$NCF_{3-11}=250$ 万元，$NCF_{12}=280$ 万元。假定运营期不发生追加投资，该公司所在行业的基准折现率为16%。要求：

(1)指出该项目的建设期、运营期、项目计算期、原始投资额；

(2)计算该项目静态投资回收期(不包括建设期)、净现值。

2. 某公司准备投资一新项目，经测算有关资料如下：

(1)该项目需固定资产投资共800 000元，第1年年初和第2年年初各投资400 000元，两年建成投产。

(2)第3年年初需垫支流动资金100 000元。

(3)固定资产可使用5年，按直线法计提折旧，期末残值为80 000元。

(4)根据市场调查和预测，该项目投产后第 1 年的产品销售收入为 200 000 元，以后 4 年每年为 850 000 元(假设均于当年收到现金)。第 1 年的付现成本为 100 000 元，以后各年为 550 000 元。

(5)企业所得税税率为 40%。

(6)流动资金于终结点一次回收。

要求：计算该项目各年净现金流量。

3. 某公司投资一大型项目，原始投资额为 60 万元，于 2007 年年初投入该项目并开始动工，2008 年年初正式投产，并垫支流动资金 20 万元，该项目自 2008 年年末就可获得收益。其中每年取得的销售收入为 45 万元，每年的付现成本为 10 万元，该项目预计持续 10 年，按直线法计提折旧，预计期末没有残值，垫支的流动资金于期满时收回。资本成本为 10%，所得税税率为 25%。

要求：计算该项目的净现值。

4. 已知某企业现有一台旧设备，尚可继续使用 5 年，5 年后残值为 3 000 元，目前变价出售可获 30 000 元。使用该设备每年获营业收入 650 000 元，经营成本 450 000 元。市场上有一新型设备，价值 100 000 元，预计 5 年后残值为 6 000 元，使用新设备不会增加收入，但可使每年经营成本降低 30 000 元，假如企业所得税率为 25%。要求：

(1)分别确定新旧设备的原始投资差额；

(2)分别计算新旧设备的每年折旧差额；

(3)分别计算新旧设备的每年净利润差额；

(4)计算新旧设备各年的净现金流量。

5. 某公司要进行一项投资，投资期为 3 年。每年年初投资 200 万元，第四年初开始投产，投产时需要垫支 50 万元营运资金，项目寿命期为 5 年，5 年中会使企业每年增加销售收入 360 万元，每年增加付现成本 120 万元，假设该企业所得税率 30%，资金成本率 10%，报废时固定资产残值忽略不计。

要求：计算该项目投资回收期、净现值及内部收益率。

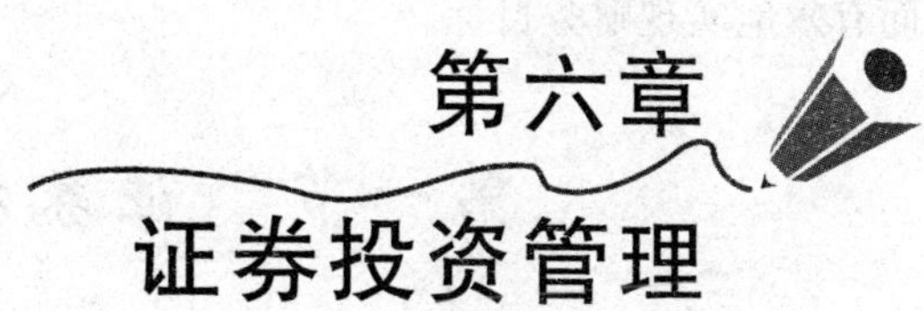

第六章 证券投资管理

学习目标

通过本章学习，掌握证券投资的概念和基本理论，理解债券投资、股票投资和基金投资的特点，学会分析比较债券投资、股票投资和基金投资的联系与区别，基本掌握债券投资、股票投资、基金投资内在价值和到期收益的计算方法。

引例

YINLI

从"黑色星期一"的教训中认识到强化证券市场管理的必要性

第一次世界大战后，美国经济发展迅速，市场繁荣，股票价格逐步上升。1927年涨势迅猛，证券信用放款超过30亿美元。投机者趁机兴风作浪，市场为一小撮投机者操纵，小户盲目跟进，投机之风遍及全国。1929年股市疯狂上涨，股份与实际价值完全脱节。当时用信用方式购买证券达百万之多，信用放款总额达70亿美元以上。共同的看涨预期使股价进一步上升。以纽约证券交易所为例，1921年股票交易仅1.7亿股，股价指数66.24点，到了1929年9月交易达到21亿股，股价指数上升到569.49点。然而，好景不长，1929年10月28日，股价疯狂下跌，这被称为证券历史上第一个"黑色星期一"，酿成了资本主义经济史上空前的经济危机。事后美国国会调查，这次证券市场大混乱，与投资者操纵市场、造谣欺骗等不良行为有关。

资料来源：沈思，郑福升，李梦琳《证券市场与投资》

在现代经济社会中，证券投资是一种高度复杂，同时又具有高度风险的投资方式。一方面，证券投资可以给投资者带来丰富的利润；另一方面，也可以给投资者带来破产的后果。因此，为了有效避免各种风险，获得较大的投资收益，投资者必须熟悉各种投资方式的选择与应用，采取各种策略与方法对所投资证券的风险进行正确分析,权衡利弊得失,以最小的风险获得尽可能高的收益,从而有效地实现财务目标。

第一节　证券投资概述

一、证券投资的涵义

所谓证券投资,是指企业通过购买股票、债券等有价证券,以获取金融资产收益或其他权利的经济行为。这里的有价证券,是指由政府或企业发行的具有一定面额的,代表一定所有权或债权,可以有偿转让的凭证。证券投资是企业投资的重要组成部分。科学地进行证券投资管理,能增加企业收益,降低风险,有利于企业财务管理目标的实现。

小思考 6.1

证券投资和项目投资是否相同?

答　不同。项目投资是购买固定资产等实物资产,直接投资于生产活动,属于直接投资;证券投资是购买金融资产,这些资金转移到企业手中后再投入生产活动,因此又叫间接投资。证券投资分析的方法是证券分析,从证券市场中选择适宜的证券并组成证券组合,作为投资方案;项目投资需要事先创造出备选方案,然后进行项目分析,研究其可行性和优劣次序,从中选择行动方案。

二、证券投资的目的

(一)短期证券投资的目的

短期证券投资是指能够随时变现,持有时间不超过1年的有价证券投资。企业为了获取更多的经济利益,把暂时闲置的资金用于购买能够随时变为现金的有价证券,以期在短期内获得高于银行存款的投资收益。当企业现金需求增加时,短期证券能够迅速变现,以满足企业生产经营需要。因此短期证券投资具有操作简便、变现能力强的特点。

(二)长期证券投资的目的

长期证券投资是指不准备随时变现,持有时间在1年以上的有价证券投资。其目的主要有两个:第一是为了获取报酬。有的企业由于本身没有赢利较高的投资计划,便把长期闲置的现金投资于证券,以便增加收益。第二是为了获取控制权。在市场经济条件下,企业要想扩充实力,扩大影响,必然在一定程度上实施某种战略。长期证券投资一般占用的资金量较大,对企业具有深远的影响。

三、证券投资的原则

为了实现投资的目的,无论是短期有价证券投资,还是长期有价证券投资,都必须遵循安全性、灵活性、赢利性的投资原则。

(一)证券投资的安全性

是指投资活动能够保全资金,保证收益,避免给投资者带来大的风险。这就要求企业进行证券投资必须选择信誉好、经营管理水平高、有发展前景、经济效益好的企业。

(二)证券投资的灵活性

是指企业要根据本身可用资金的期限长短,选择不同的证券进行投资。这种证券投资既不影响企业正常经营资金需要,又能在需要时及时变现。在进行证券投资选择时,应考虑证券投资的风险,做到证券投资多样化,使企业资金保持一定的灵活性。

(三)证券投资的赢利性

是指证券投资必须获得较高的收益。企业购买债券、股票等有价证券,目的是获得预期的报酬和收益。

专栏 6.1

一般而言,随着通货膨胀的发生,变动收益证券比固定收益证券要好。

四、证券投资的分类

证券投资按不同的标准可进行不同的分类。下面根据证券投资对象的不同,将证券投资分为债券投资、股票投资和基金投资三种类型。

(一)债券投资

债券投资是指企业将资金投向各种债券,如企业购买国库券、公司债券和短期融资券等。与股票相比，债券投资能获得稳定收益，投资风险较低。但是投资于一些期限长、信用等级低的债券，也会承担较大风险。

（二）股票投资

股票投资是指企业将资金投向其他企业所发行的股票，如企业购买优先股、普通股。企业投资于普通股股票要承担较大风险，但在通常情况下，也会取得较高收益。

（三）基金投资

投资基金是指按照共同投资、共享收益、共担风险的基本原则和股份有限公司的某些原则，运用现代信托关系的机制，以基金方式将各个投资者彼此分散的资金集中起来以实现预期投资目的的投资组织制度。基金与债券、股票相比较，在发行主体、风险与收益、存续时间上有明显的区别。

第二节　债券投资

一、债券投资的特点

债券是政府、公司、金融机构等主体为筹集资金而向债权人发行的、约期还本付息的凭证。债券反映了交易双方的债权债务关系，一般具有固定的到期日和固定的利息负担。

企业进行债券投资的特点主要有：

（一）风险较小

债券投资人可以持有债券定期按事先约定的利息率领取固定债券利息，债券人的利益受到法律保护。政府债券由国家担保，安全可靠。金融债券由于金融企业资金实力雄厚，一般也比较安全。企业债券由于作为发行人经过严格审批，资信度较高，投资风险也比较小。因此，债券本金一般都能收回。如果发行企业破产，债券持有人作为企业债权人，也比企业股东享有优先清偿的权利。

（二）收益稳定

债券的投资收益包括利息收益和资本利得收益。利息收益固定不变，发行人必须按事先约定的利息率计算确定并按期支付，而不因发行人经济状况的好坏而变动。由于债券价格一般波动较小，债券的资本收益即债券卖出价与债券买入价一般相差不大。

（三）投资者无权参与发行单位的经营管理

债券投资人与债券发行人之间是债权债务关系。作为债权人，债券投资者无权参与发行单位的经营管理，也无需对发行单位的经营好坏负责。

二、债券的主要内容

债券的主要内容有债券面值、票面利率、债券的到期日和付息日。

（一）债券面值

债券面值是债券票面标明的面额，是债券发行人承诺在将来某个特定日期偿付给持券人的本金数额。债券面值是债券记载的重要内容，是企业偿本付息的依据。

（二）债券票面利率

债券票面利率是债券票面标明的利率，是债券发行人1年内向持有人发放的利息占票面价值的比率。票面利率与市场利率的高低对比可以决定债券的投资价值，同时也是决定债券发行价格的关键。市场利率大于票面利率时，债券将折价发行；市场利率等于票面利率时，债券将等价发行；市场利率小于票面利率时，债券将溢价发行。

（三）债券的到期日和付息日

到期日是债券发行人偿还债券本金的日期，付息日是发行人按规定的利率和期限向持券人支付利息的时间。

三、债券投资的价值分析

债券投资的价值分析是根据债券规定的票面金额、利率、期限等因素分析确定债券内在价值与收益状况的过程。它是决定债券投资的关键因素，是企业决定是否投资的依据。债券投资价值分析的主要内容包括债券内在价值的确定与债券的到期收益率的计算。

（一）债券内在价值的确定

债券的内在价值是指债券投资所带来现金流入的现值。债券作为一种投资，现金流出量是其购买价格，现金流入量是利息与归还的本金之和或出售时得到的现金。只有现金流入现值大于购买价格时，才值得购买。现金流入主要有两部分组成：一部分是每期债券利息支付额，它由债券面额与票面利率决定；另一部分是本金偿还额或出售时得到的现金。债券内在价值的确定主要有三种情况：

1. 分期付息、到期一次还本债券的内在价值确定

分期付息、到期一次还本债券是最常见的一种情况，其内在价值决定于按票面利率计算的各期利息、到期还本数额与债券期限。

一般计算公式表达为：

$$P=\frac{F}{(1+k)^n}+\sum_{t=1}^{n}\frac{i\times F}{(1+k)^t}=\frac{F}{(1+k)^n}+\sum_{t=1}^{n}\frac{I}{(1+k)^t}$$
$$=F\times(P/F,k,n)+I\times(P/A,k,n)$$

式中：P 为债券价格，I 为债券每期支付利息，F 为债券票面价值，i 为债券票面利率，k 为市场利率或投资人投资要求的必要收益率，n 为付息总期数，t 为某次付息的期数。

例 6.1

四联公司发行票面价值为 1 000 元，票面利率为 10%，期限为 6 年的公司债券，市场利率为 12%。问：若海通公司欲投资于该债券，其投资价格应不高于多少？

分析 根据上述公式得：

$$P=1\,000\times(P/F,12\%,6)+1\,000\times10\%\times(P/A,12\%,6)$$
$$=1\,000\times0.507+100\times4.111$$
$$=918.1(\text{元})$$

该债券的市场价值为 918.1 元，所以海通公司的投资价格不应高于 918.1 元。

如此例中市场利率为 8%，则其价值为：

$$P=1\,000\times(P/F,8\%,6)+1\,000\times10\%\times(P/A,8\%,6)$$
$$=1\,000\times0.630+100\times4.623$$
$$=1\,092.3(\text{元})$$

海通公司的投资价格不应高于 1 092.3 元。

例 6.2

ABC 公司发行 10 年期公司债券，票面价值为 1 000 元，每年付息一次，票面利率为10%，市场价格为880元，刘先生的期望收益率为12%。问：该项投资是否适合刘先生？

分析 根据上述公式得：

$$
\begin{aligned}
P &= 1\,000\times(P/F,12\%,10)+1\,000\times10\%\times(P/A,12\%,10)\\
&= 1\,000\times0.322+100\times5.650\\
&= 887(\text{元})
\end{aligned}
$$

该债券按刘先生的期望收益率计算内在价值为887元，而其市场价为880元，可见刘先生可以选择该项投资。

2. 一次性还本付息的债券内在价值的确定

一次性还本付息的债券是指债券到期日，债券发行企业一次性向债权人支付本金和利息。这种债券的利息，一般按单利计算。

其计算公式为：

$$P=(F+F\times i\times n)\times(P/F,k,n)$$

例 6.3

某企业欲购买另一家企业发行的利随本清的企业债券，该债券面值为500元，期限为5年，票面利率为10%，现行市场利率为8%，该企业债券的发行价格为多少时，企业方可购买？

分析 根据上述公式得：

$$P=(500+500\times10\%\times5)\times(P/F,8\%,5)=510.45(\text{元})$$

则该债券发行价格不高于510.45元，企业才可购买。

3. 折现发行时债券内在价值的确定

有些债券以折现方式发行，没有票面利率，到期按面值偿还。其计算公式为：

$$P=F\times(P/F,k,n)$$

例 6.4

某公司发行债券，其面值为1 000元，期限为10年，期内不计利息，到期按面值偿还，当时市场利率为6%，则其发行价格为多少时，才可购买？

分析 由上述公式得：

$$
\begin{aligned}
P &= 1\,000\times(P/F,6\%,10)\\
&= 1\,000\times0.558
\end{aligned}
$$

$$=558(元)$$

则该债券发行价格低于558元时才可购买。

(二)债券的到期收益率的计算

债券的到期收益率是指从购买债券至到期日期间内获得的收益率。该收益率是按复利计算的收益率,它是能使债券投资的未来现金流入现值和现金流出现值相等的收益率,即债券投资的内在报酬率。

用公式表示为:

$$现金流出=现金流入$$

即

$$购买价格=每年利息\times年金现值系数+面值\times复利现值系数$$

或

$$P=I\times(P/A,i,n)+M\times(P/F,i,n)$$

式中:P为债券的价格,I为每年的利息,i为贴现率,n为付息总期限,M为面值。

例 6.5

大发公司2010年2月1日平价购买一张票面面值为1 000元的债券,其票面利率为8%,每年2月1日支付一次利息,并于5年后的1月31日到期。该公司持有该债券直至到期日,求其到期收益率。

分析 可用试误法求该债券的到期收益率。

(1)先以$i=8\%$试算:

$$\begin{aligned}&1\,000\times8\%\times(P/A,8\%,5)+1\,000\times(P/F,8\%,5)\\&=80\times3.993+1\,000\times0.681\\&=1\,000.44(元)\end{aligned}$$

通过计算可见,平价发行每年付息的债券,到期收益率等于票面利率。

如果债券的价格高于面值,则情况会发生变化。

如此例中债券买入价格为1 100元,则

$$1\,000\times8\%\times(P/A,i,5)+1\,000\times(P/F,i,5)=1\,100(元)$$

前面通过试算已知,$i=8\%$时,等式右边为1 000元。小于1 100元,可判断收益率低于8%,降低贴现率进一步试算。

(2)用$i=6\%$试算:

$$1\,000\times8\%\times(P/A,6\%,5)+1\,000\times(P/F,6\%,5)=1\,084.292(元)$$

由于贴现结果仍小于1 100元,还应进一步降低贴现率。

(3)再用 $i=4\%$ 试算：

$$1\,000\times8\%\times(P/A,4\%,5)+1\,000\times(P/F,4\%,5)=1\,178.044(\text{元})$$

贴现结果高于 1 100 元，可以判断收益高于 4%，低于 6%，用插值法计算：

$$\begin{aligned}\text{现有到期收益率}&=4\%+\frac{1\,178.044-1\,100}{1\,178.044-1\,084.992}\times(6\%-4\%)\\&=5.66\%\end{aligned}$$

通过计算可见，价格为 1 100 元时，其到期收益为 5.66%。

由于试误法较为繁琐，我们可以用简便公式求得近似的结果。其公式如下：

$$R=\frac{I+(M-P)/N}{(M+P)/2}\times100\%$$

式中：R 为到期收益率，I 为每年利息，M 为到期归还的本金，P 为买价，N 为年数。

式中分母是平均的资金占用，分子是每年平均收益，可将例 6.5 代入简便公式得：

$$R=\frac{1\,000\times8\%+(1\,000-1\,100)/5}{(1\,000+1\,100)/2}\times100\%=5.71\%$$

由此可以看出，若债券市场价格与面值不等，则其收益率与票面利率也不相同。债券的到期收益率是指导选购债券的标准，它可以反映债券投资按复利计算的真实收益率。投资人可以参照自己所要求的收益率决定是否买入。如果债券到期收益率高于投资人要求的报酬率，则应买进该债券，否则就放弃。其结果与计算债券的内在价值得出的结果相同。

四、债券投资的信誉评级

债券的信誉评级是指评级机构根据债券的风险和利息率的高低，对债券质量做出的一种评价，它反映了债券偿债能力的高低和违约风险的大小。进行债券评价有助于保障投资者的利益，并督促发行公司积极改进经营管理并健全财务结构。

债券的信誉等级一般分为 AAA，AA，A，BBB，BB，B，CCC，CC，C 九级，其质量由前到后依次降低。一般来说，前四个等级信誉较高，被称为“投资等级”；后四个等级信誉较低，被称为“投机等级”。

债券的信誉评级对企业和投资者来说，都具有十分重要的意义。一方面，通过债券风险评级，可以有效降低投资者的风险，给投资者进行风险回避提供有力依据；另一方面，通过信誉评级，可以促使企业积极提高管理水平，提高其在证券市场上的形象，为进一步进行负债融资提供一定的支持。

五、债券投资的优缺点

(一)债券投资的优点

1. 本金安全性高

与股票相比,债券投资风险比较小。政府发行的债券由于有国家财力作后盾,其本金的安全性非常高,一般视为无风险证券。企业债券的持有者拥有优先求偿权,即当企业破产时,优先于股东分得企业资产,因此,其本金损失的可能性小。

2. 收入稳定性强

债券票面一般都有固定利率,债券的发行人有按时支付利息的法定义务。因此,在正常情况下,投资于债券都能获得比较稳定的收入。

3. 市场流动性好

大多债券都具有较强的流动性。政府及大企业发行的债券一般都可在金融市场上迅速出售,流动性好。

(二)债券投资的缺点

1. 购买力风险较大

债券的面值和利息率在发行时就已确定,如果投资期间的通货膨胀率比较高,则本金和利息的购买力将不同程度地受到侵蚀,在通货膨胀率非常高时,投资者虽然名义上有收益,但实际上是损失的。

2. 没有经营管理权

投资于债券只是获得收益的一种手段,无权对债券发行单位施加影响和控制。

第三节　股　票　投　资

股票是股份有限公司为筹措股权资本而发行的有价证券,是持股人拥有公司股份的凭证。它代表持股人在公司中拥有的所有权。股票持有人即为公司的股东。

一、股票投资的目的

股票投资是企业进行证券投资的一种重要方式。企业进行股票投资的目的一般有以下几种：

(一)获取投资收益

获得投资收益是企业证券投资的主要目的，在股票投资中，企业往往采取低买高卖的方式获得短期买卖差价，从而获利。有时企业把股票投资作为一种中长期的投资手段获得生产经营以外的利润，如获得其他企业的股利分配与分红等。

(二)控股

企业为了自己的长期发展目的，或者加强自己在生产经营中的独立性，有效推进自己的经营策略，有时，并不仅仅限于持有相关企业的一部分股份，而是希望持有足够多的股份，以形成控股权，从而有效地实施自己的发展策略。在这种情况下，企业应集中资金投资于被控制企业的股票上，这时考虑更多的不应是目前利益——股票投资报酬的高低，而是长远利益——占有多少股权才能达到控制的目的。

二、股票投资的特点

(一)投资风险大

股票没有固定的到期日，只要发行公司持续经营就不用偿还本金。即使发行公司破产或解散，股票投资人作为公司股东的求偿权也要后于公司债权人的求偿权。普通股股票的股利率是变动的，要视发行公司经济效益的好坏而定。当发行公司财务状况不好时，股票投资人仅能获得较低的股利收益甚至不能获得股利。而且，由于股票价格波动幅度较大，股票投资人有可能连本都收不回来。

(二)期望收益高

股票投资的高风险与其高报酬相辅相成。股票的投资风险大，同时也意味着投资人有可能获得较高的投资收益。当发行公司的经济效益相当好时，股票投资人有可能获得比债券投资人高得多的收益。而且，可以利用股票价格的涨落牟取较大的资本利得收益。

(三)参与发行公司的经营管理

股票投资人在办理了过户手续以后即成为发行公司的股东。作为公司的股东，有权参与公司的经营管理。在公司股东大会上所拥有的权利大小，以其所持有的公司股份数计算确定，但同时以其所持有的股份额度对外承担经济责任。

(四)股票价格的波动性大

股市价格受到多种因素影响,波动性极大。自从有股市以来,股价暴涨暴跌的现象屡见不鲜。这一特点决定了股市具有极大的投机性,投资者既可以在这个市场上赚取高额利润,也可能损失惨重,甚至血本无归。

小思考 6.2

普通股是否存在评级问题和违约风险?

答 普通股与其他证券不同,它没有事先规定红利的多少,因此不存在违约风险,也没有评级问题,只是依据普通股红利的增长情况和稳定程度、以往的信息资料以及发行普通股企业的大小来进行普通股的编类排列。

三、股票投资的相关概念

股票是股份公司发给股东的所有权凭证,是一种长期有价证券。股票投资具有风险大、收益率高的特点。与股票投资相关的概念有以下几个。

(一)股票的票面价值

股票的票面价值是股票票面标明的价格,它是由企业的净资产状况与发行数量决定的。

(二)股票的市场价格

股票的市场价格是指企业股票发行上市之后,在市场交易的价格。股票的市场价格主要受其自身的股利预期分配与市场利率的影响;同时,政治形势、经济发展状况和人们的心理变化,都会影响股票投资价格的变动。

(三)股票的价值

股票的价值,又称股票的内在价值,是指预期的未来现金流入的现值,它是股票的真实价值,也叫理论价值。它包括两部分:每期预期股利现值和出售时所得到的价格收入的现值。在现金注入预期可确定的情况下,股票的内在价值也可以确定。

(四)股利

股利是股份公司从其税后利润中分给股东的一种投资报酬,包括股息和红利两部分。股利分配是影响股票价值与市场价格的重要因素。

（五）股票的预期报酬率

股票的预期报酬率是投资者期望在持股期间所获收益与投入资本之比。它包括两部分:预期股利收益率和预期资本利得收益率。

$$\text{股票的预期报酬率}=\text{预期股利收益率}+\text{预期资本利得收益率}$$

$$\text{预期股利收益率}=\frac{\text{预期股利}}{\text{股票价格}}\times 100\%$$

$$\text{预期资本利得收益率}=\frac{\text{卖出价}-\text{买入价}}{\text{买入价}}\times 100\%$$

股票预期报酬率是投资者进行股票投资选择的重要依据。只有股票的预期报酬率高于投资人要求的最低报酬率时,投资者才肯投资。

（六）市盈率

市盈率,也称价格与收益比率,是指普通股每股市价与每股利润的比率。市盈率是一种粗略衡量价值的方法,它易于掌握,被许多投资者使用。其计算公式为:

$$\text{市盈率}=\frac{\text{每股市价}}{\text{每股利润}}$$

一般说来,市盈率是反映股份公司获利能力的一个重要财务指标,投资者对这个比率十分重视,这一比率是投资者做出投资决策的重要参考因素之一。一般认为,股票的市盈率比较高,表明投资者对公司的未来充满信任,这种股票的风险比较小。股票的市盈率比较低,表明投资者对公司的未来缺乏信心,风险相当大。但是,当股市受到不正常因素干扰时,某些股票的市价被哄抬到不应有的高度,市盈率也会很高。

四、股票投资的价值分析

股票投资的价值分析是投资者正确进行股票投资选择的依据。主要包括股票内在价值确定与股票到期收益率的计算。

（一）股票投资内在价值的确定

由于股票价值的确认主要涉及两部分现金流入——每期股利收入与出售股票所得收入,所以根据对股票现金流入的不同情况与不同企业股票的变化情况,企业股票投资内在价值的确定主要有以下几种情况:

1. 短期持有,未来准备出售的股票内在价值确定

一般情况下,投资者投资于股票,不仅希望得到股利收入,还希望在未来出售股票时从股票价格的上涨中获得价差收入。在此种情况下，投资者可能获得买卖价差与股利分配两种收益。其计算公式为：

$$V=\sum_{t=1}^{n}\frac{d_t}{(1+k)^t}+\frac{V_n}{(1+k)^n}=d_t\times(P/A,k,n)+V_n\times(P/F,k,n)$$

式中：V 为股票内在价值，V_n 为未来出售时预计股票价格，d_t 为第 t 期的预期股利，k 为投资者要求的必要报酬率，n 为预计持有股票总期数。

例 6.6

海陵公司拟买进万杰公司发行的股票，预计每年每股股利收入 10 元，准备两年后出售，获得 120 元收入，预期报酬率为 10%。试确定该股票的内在价值。

分析 根据公式得：

$$\begin{aligned}V&=10\times(P/A,10\%,2)+120\times(P/F,10\%,2)\\&=10\times1.735\,5+120\times0.826\,4=116.523(\text{元})\end{aligned}$$

则该股票的内在价值为 116.523 元，市场价格若低于该数值则可以买入。

2. 长期持有股票，股利稳定不变的股票内在价值的确定

如果某种股票股利不变，且被投资者长期持有，在这种情况下，其支付过程是一个永续年金。

其计算公式为：

$$V=\frac{D}{K}$$

式中：V 为股票内在价值，D 为预计每年固定股利，K 为投资人要求的资金收益率。

例 6.7

某企业购入一种股票准备长期持有，该股票每年股利固定不变，预计每年为 3 元，市场利率为 10%。试确定该股票的价值。

分析

$$V=D/K=3/10\%=30(\text{元})$$

若当时该股票市场价格为 33 元，则该企业就不应购入此股票，因为此时收益率只有 $K=3/33=9.09\%$，低于市场平均利率 10%。

3. 长期持有、股利固定增长的股票内在价值的确定

如果一个公司的股利不断增长，投资人的投资期限又非常长，此时股票内在价值的确定就相当困难，只能计算近似数。

若企业上年度股利支付为 D_0，预计其增长率为 g，则第 t 年的股利为：

$$D_t = D_0 \times (1+g)^t$$

由此可得长期持有、固定增长股票内在价值的计算公式为：

$$V = \sum_{t=1}^{\infty} \frac{D_0 \times (1+g)^t}{(1+k)^t}$$

当 g 固定时，可简化为：

$$V = \frac{D_0 \times (1+g)}{k-g} = \frac{D_1}{k-g}$$

式中：D_1 为第一年的股利。

例 6.8

甲公司欲购买乙公司所发行的股票，并准备长期持有，该股票上年支付股利为每股 3 元，预计该股股利将以每年 6% 的速度固定增长，预期该股票可得 20% 的报酬率，试确定其价值。

分析

$$\frac{3 \times (1+6\%)}{20\% - 6\%} = 22.71(\text{元})$$

这就是甲公司可以接受的最高价格，如果乙公司股票价格超过 22.71 元，则甲公司就不能购买，否则将得不到 20% 的收益率。

若甲公司以 30 元买进该股票，其收益率为：

$$k = \frac{3 \times (1+6\%)}{30 \times 100\%} + 6\% = 16.6\%$$

(二)股票投资收益的计算

股票投资收益包括所得收益和资本收益两个方面：所得收益是指从股份公司分得的股利；资本收益是指在证券市场上以低价买进高价卖出所取得的价差收益。股票投资收益的计算有两种情况：

1. 未来准备出售的股票投资收益率

其计算公式为：

$$\text{股票投资总收益率} = \frac{\text{股票卖出价} - \text{买进价} + \text{持有期股利总额}}{\text{股票买进价}}$$

$$\text{年收益率} = \sqrt[n]{1 + \text{总收益率}} - 1 \quad (n\ \text{为持有年限})$$

为了简化，也可按下式计算：

$$\text{年收益率} = \frac{\text{总收益率}}{\text{持有年限}}$$

例 6.9

甲公司于2010年6月1日购入乙公司股票60 000股，每股面值10元，买入价16.30元。7月30日，乙公司宣告将于7月1日按当日股东名册，支付现金股利，年每股1元。8月20日，售出全部股票，卖出价为19.80元。计算甲公司持有股票期间的收益率。

分析

$$\frac{19.80-16.30+1}{16.30}\times 100\%=27.61\%$$

2. 长期持有不准备出售的股票投资收益率

该种情况收益率的计算只能是一个估计值，可通过以下两项指标来反映：

$$股票投资年收益率=\frac{年股利收入总额}{股票买入价格}$$

$$每股收益=\frac{被投资企业税后利润}{普通股发行股数}$$

小思考 6.3

公司股票预期报酬率包括(　　)。

A. 预期股利收益率　　B. 预期股利增长率

C. 预期资本利得收益率　　D. 预期资本利得增长率

答　选A,C

五、股票投资的优缺点

(一)股票投资的优点

1. 投资收益高

普通股股票的价格虽然变动频繁，但从长期看，优质股票的价格总是上涨的居多，只要选择得当，就能获得优厚的投资收益。

2. 购买力风险低

普通股的股利不固定，在通货膨胀率比较高时，由于物价普遍上涨，股份公司赢利增加，股利的支付也随之增加。因此，与固定收益证券相比，普通股能有效地降低购买力风险。

3. 拥有经营控制权

普通股股东是股份公司的所有者，有权监督和控制企业的生产经营情况。因此，欲控制一家企业，最好是收购这家企业的股票。

(二)股票投资的缺点

1. 求偿权居后

普通股对企业资产和赢利的求偿权均居于最后。企业破产时，股东原来的投资可能得不到全额补偿，甚至一无所有。

2. 价格不稳定

普通股的股价受众多因素影响，很不稳定。政治因素、经济因素、投资人的心理因素、企业的赢利情况、风险情况等都会影响股票价格，这也使股票投资具有较高的风险。

3. 收入不稳定

普通股股利的多少，视企业经营状况和财务状况而定，其有无、多寡均无法律上保证，其收入的风险也远远大于固定收益证券。

第四节　基金投资

一、投资基金的概念

投资基金，在美国称为共同基金(Mutual Fund)，在英国称为信托单位(Trust Unit)，它是一种集合投资制度，由基金发起人以发行收益证券形式汇集一定数量的具有共同投资目的的投资者的资金，委托由投资专家组成的专门投资机构进行各种分散的投资组合，投资者按出资的比例分享投资收益，并共同承担投资风险。

投资基金作为一种集合投资制度，它的创立和运行主要涉及四个方面：投资人、发起人、管理人和托管人。投资人是出资人，也是受益人，它可以是自然人或者法人。发起人根据政府主管部门批准的基金章程或基金证券发行办法筹集资金而设立投资基金，将基金委托于管理人管理和运营，委托于托管人保管和进行财务核算，发起人与管理人、托管人之间的权利与义务通过信托契约来规定。

小思考 6.4

基金与股票、债券有何区别?

答 (1)发行的主体不同,体现的权利关系不同;

(2)风险和收益不同;

(3)存续时间不同。

二、基金投资的特点

(1)多元组合投资分散风险;

(2)专门投资机构组织专家经营管理;

(3)流动性高;

(4)变现性好;

(5)品种多样。

三、基金投资的基本要素

(1)管理公司。投资基金的实际投资操作者。

(2)投资顾问。为投资基金做投资咨询服务,操作与投资相关的业务(如为大客户开户等)。

(3)受托人。基金的资金保管者,也叫托管者,一般由银行、信托公司和保险公司承担。

(4)投资者。购买基金份额的自然人或法人。

四、投资基金的分类

(一)契约型投资基金与公司型投资基金

契约型投资基金也称信托型投资基金,它是基于一定的信托契约而形成的代理投资机构,一般由基金管理公司作为发起人,通过向社会公开发行收益凭证的形式筹集基金,由委托者(相当于上述受托人)、投资者、受托者(相当于上述管理公司)三者组成。契约型投资基金广泛流行于英国、日本、韩国、新加坡等国家,我国的基金也主要是契约型投资基金。

公司型投资基金是依公司法组建的,以营利为目的,主要投资于有价证券的投资机构。公司型投资基金本身就是投资公司,它主要通过发行股票的方式来筹集资金,投资者购买了该公司股票就成为公司的股东,凭股票领取股利,分享投资收益。公司型投资基金由股东大会选举出董事会和监事会,再由董事会选出公司的总经理,负责管理公司的投资业务。美国的投资基金大多数是公司型投资基金。

契约型投资基金与公司型投资基金的主要区别是:契约型投资基金是根据信托契约来运营信托财产的,它没有法人资格,受益人不是股东,而是基金持有人;而公司型投资基金是根据公司章程来运营信托财产的,并具有法人资格,基金受益人是基金公司的股东,可以享有股东应有的权利。

(二)封闭型投资基金与开放型投资基金

封闭型投资基金是指在基金的存续时间内,不允许证券持有人赎回基金证券,不得随意增减基金证券,证券持有人只能通过证券交易所买卖证券。这种基金证券的资产比较稳定,便于经营,但价格受市场供求关系的影响较大。公司型的封闭型投资基金,其经营业绩对基金股东来说至关重要,在经营业绩好时,股东可以通过超过基金净资产价值的证券价格而获得较高的收益,但在其经营业绩不好时,投资人则会承担较大的亏损,因此其投资风险也比较大。

开放式投资基金又称追加型基金或可赎投资基金,是指在基金的存续时间内,允许证券持有人申购或赎回所持有的基金单位或股份。在基金发行新证券时,一般按基金的净资产价值加经销手续费出售基金证券,持有人赎回基金证券时,则按净资产价值减除一定比例的手续费作为赎回价格。开放式投资基金由于允许赎回,因此其资产经常处于变动之中,一般要求投资于变现能力较强的证券,如上市的股票或债券。一般来说,开放式投资基金的投资风险比封闭型投资基金要小。

封闭型投资基金和开放式投资基金的投资目标不同:封闭型基金一般可作长期投资,并且可将全部资金用来投资;而开放式基金要应付随时赎回,因此要准备一定数量的现金以及较多的操作短期投资项目。

(三)股权式投资基金与证券投资基金

股权式投资基金是指以合资或者参股的形式投资于实业,以获取投资收益为主要目的,它可以参与被投资企业的经营,但一般不起控制支配作用。股权式投资基金的流动性和变现能力较差,一般要求采用封闭型投资基金。

证券投资基金是指以投资于已经公开发行上市的股票和债券为主的投资基金。这种投资基金的流动性较好,容易变现,可以采用开放式投资基金。我国 1997 年 11 月 14 日发布的《证券投资基金管理暂行办法》中的投资基金就属于证券投资基金。按规定，一只基金投资于股票、债券的比例不得低于该基金资产总值的80%。

（四）其他投资基金

1. 可转换公司债基金

指投资于可转换公司债。股市低迷时可享有债券的固定利息收入，股市前景较好时，则可依当初约定的转换条件，转换成股票，具备“进可攻，退可守”的特色。

2. 认股权证基金

是一种金融票据。持有人可凭此证在有效期内以一定的价格购买发行公司一定数量的股份。二级市场炒作认股权证，就是炒作认股价与正股价之间的差额。

3. 指数型基金

根据投资标的——市场指数的采样成分股及比重，来决定基金投资组合中个股的成分和比重。目标是基金净值紧贴指数表现，完全不必考虑投资策略。只要指数成分股变更，基金经理人就跟随变更持股比重。由于做法简单，因此投资人接受度高。目前指数化投资也是美国基金体系中最常采用的投资方式。

4. 基金中的基金

顾名思义，这类基金的投资标的就是基金，因此又被称为组合基金。基金公司集合客户资金后，再投资自己旗下或别家基金公司目前最有增值潜力的基金，搭配成一个投资组合。国内目前尚无这个品种。

5. 伞型基金

伞型基金的组成，是基金下有一群投资于不同标的的子基金，且各子基金的管理工作均独立进行。只要投资在任何一家子基金，即可任意转换到另一个子基金，不需额外负担费用。

6. 对冲基金

这类基金给予基金经理人充分授权和资金运用的自由度，基金的表现完全依赖基金经理的操盘功力，以及对有获利潜能标的物的先知卓见。只要是基金经理认为“有利可图”的投资策略皆可运用，如套取长短期利率之间的利差，利用选择权和期货指数在汇市、债市、股市上套利。总之，任何投资策略皆可运用。这种类型基金风险最高，在国外是专门针对高收入和风险承受能力高的人士或是机构发行的，一般不接受散户投资。

五、投资基金的估值

投资基金的估值是对基金的内在价值进行评估，衡量投资基金的经营业绩，从而为投资者选择合适的基金作为投资对象提供参考。

（一）基金的价值

基金是一种证券，与其他证券一样，基金的内涵价值是指在基金投资上所能带来的现金净流量。但是，基金内涵价值的具体确定依据与股票、债券等其他证券又有很大的区别。

（1）基金价值的内涵。债券的价值取决于债券投资所带来的利息收入和所收回的本金，股票的价值取决于股份公司净利润的稳定性和增长性。这些利息和股利都是未来收取的，也就是说，未来的而不是现在的现金流量决定着债券和股票的价值。基金的价值取决于目前能给投资者带来的现金流量，这种目前的现金流量用基金的净资产价值来表达。

基金的价值取决于基金净资产的现在价值，其原因在于：股票的未来收益是可以预测的，而投资基金的未来收益是不可预测的。由于投资基金不断变换投资组合对象，再加上资本利得是投资基金收益的主要来源，变幻莫测的证券价格波动，使得对投资基金未来收益的预计变得不大现实。既然未来不可预测，投资者把握的就是“现在”，即基金资产的现有市场价值。

（2）基金单位净值（*NAV*）。基金单位净值也称为单位净资产值或单位资产净值，是指某一时点每一基金单位（或基金股份）所具有的市场价值，计算公式为：

$$\text{基金单位净值}=\frac{\text{基金净资产价值总额}}{\text{基金单位总份额}}$$

其中：

$$\text{基金净资产价值}=\text{基金总资产价值}-\text{基金负债总额}$$

在基金净资产价值的计算中，基金的负债除了以基金名义对外的融资借款以外，还包括应付投资者的分红、基金应付给基金经理公司的首次认购费、经理费用等各项基金费用。相对来说，基金的负债金额是固定的，基金净资产的价值主要取决于基金总资产的价值。这里，基金总资产的价值并不是指资产总额的账面价值，而是指资产总额的市场价值。

（3）基金的报价。从理论上说，基金的价值决定了基金的价格，基金的交易价格是以基金单位净值为基础的，基金单位净值高，基金的交易价格也高，封闭式基金在二级市场上竞价交易，其交易价格由供求关系和基金业绩决定，围绕着基金单位净值上下波动。开放式基金的柜台交易价格则完全以基金单位净值为基础，通常采用两种报价形式，即认购价（卖出价）和赎回价（买入价）。开放式基金的柜台交易价格的计算公式为：

$$\text{基金认购价}=\text{基金单位净值}+\text{首次认购费}$$

$$\text{基金赎回价}=\text{基金单位净值}-\text{基金赎回费}$$

基金认购价也就是基金经理公司的卖出价，卖出价中的首次认购费是支付给基金经理公司的发行佣金。基金赎回价也就是基金经理公司的买入价，赎回价低于基金单位净值是由于抵扣了基金赎回费，以此提高赎回成本，防止投资者的赎回，保持基金资产的稳定性。收取首次认购费的基金，一般不再收取赎回费。

（二）基金的回报率（收益率）

基金回报率用以反映基金增值的情况，它通过基金净资产的价值变化来衡量。基金净资产的价值是以市价计量的，基金资产的市场价值增加，意味着基金的投资收益增加，基金投资者的权益也随之增加。基金回报率的计算公式为：

$$\text{基金回报率} = \frac{\text{年末份数} \times \text{年末}\ NAV - \text{年初份数} \times \text{年初}\ NAV}{\text{年初份数} \times \text{年初}\ NAV}$$

公式中“份数”是指基金单位的持有份数。如果年末和年初基金单位的持有份数相同，基金回报率就简化为基金单位净值在本年内的变化幅度。年初的NAV相当于是购买基金的本金投资，基金回报率也就相当于一种简便的投资报酬率。

（三）有价证券周转率

对投资对象主要是有价证券的基金而言，可以用有价证券周转率来衡量基金的投资组合政策。有价证券周转率的计算公式与一般企业资产周转率的计算公式相同，都是资金周转额与资产平均余额的比值。

有价证券周转率的高低在一定程度上反映了基金的投资组合政策：周转率越高，表明基金投资越偏重于能获取资本利得的投资组合；周转率越低，表明基金投资越偏重于能获取稳定红利收入的投资组合。当然，从过高的周转率上可以看出基金投资组合的不稳定，对证券频繁地购买和抛售会带来较高的投资管理成本；而过低的周转率只能表明基金没有进取性，也无法判断基金经理人对基金投资的操作能力。

（四）基金的优缺点

1. 投资基金的优点

基金投资的规模经济、专业服务、专家理财以及组合投资等方面的特点决定了其最大的优势是能够在不承担太大的风险的情况下获得较高的收益。

2. 投资基金的缺点

(1)无法获得很高的投资收益。投资基金在投资组合过程中，在降低风险的同时，失去了获得巨大收益的机会。

(2)在大盘整体大幅下跌的情况下，进行基金投资可能损失较多，使投资人承担较大风险。

本章小结

◇证券投资是指企业通过购买股票、债券等有价证券，以获取金融资产收益或其他权利的经济行为。证券投资应遵循安全性原则、灵活性原则和赢利原则。证券投资按不同的投资对象，可划分为债券投资、股票投资和基金投资三种类型。

◇债券是政府、公司、金融机构等主体为筹集资金而向债权人发行的、约期还本付息的凭证。债券投资的目的是获得较高的利息收入、满足未来的财务需求、投机获利、平衡资金需求量的要求。

◇债券内在价值的确定。

(1)分期付息，到期一次还本债券：$P=I\times(P/A,k,n)+F\times(P/F,k,n)$。

(2)一次性还本付息的债券：$P=(F+F\times i\times n)\times(P/F,k,n)$。

(3)折现发行时债券：$P=F\times(P/F,k,n)$。

◇股票是股份有限公司为筹措股权资本而发行的有价证券，是持股人拥有公司股份的凭证。它代表持股人在公司中拥有的所有权。股票投资的目的是获取投资收益和控股。股票投资的风险主要有：偶然事件风险、流通风险、系统性风险。

◇股票内在价值的确定。

(1)短期持有，未来准备出售的股票：

$$V=\sum_{t=1}^{n}\frac{d_t}{(1+k)^t}+\frac{V_n}{(1+k)^n}=d_t\times(P/A,k,n)+V_n\times(P/F,k,n)。$$

(2)长期持有股票，股利稳定不变的股票：$V=\frac{D}{K}$。

(3)长期持有、股利固定增长的股票：$V=\sum_{t=1}^{\infty}\frac{D_0\times(1+g)^t}{(1+k)^t}$。

◇投资基金是一种集合投资制度，由基金发起人以发行收益证券形式汇集一定数量的具有共同投资目的的投资者的资金，委托由投资专家组成的专门投资机构进行各种分散的投资组合，投资者按出资的比例分享投资收益，并共同承担投资风险。投资基金具有以下特点：多元组合投资分散风险，专门投资机构组织专家经营管理，流动性高，变现性好，品种多样。

关键概念

证券投资　债券投资　股票投资　债券内在价值　股票内在价值

综合练习题

知识题

一、选择题

1. 下列投资中，最安全的是(   )。

A. 商业票据　　B. 金融债券　　C. 短期国库券　　D. 长期国库券

2. 对债券持有人而言，债券发行人无法按期支付债券利息或偿付本金的风险是(   )。

A. 购买力风险　　B. 变现力风险　　C. 违约风险　　D. 利率风险

3. 一种5年到期，票面利率为6%，目前的市场利率为8%的债券，如果利率不变，一年后其价格会(   )。

A. 上升　　B. 下降　　C. 不变　　D. 不能确定

4. 下列不会影响债券的价值的因素有(   )。

A. 票面价值与票面利率　　B. 购买价格

C. 到期日与付息方式　　D. 市场利率

5. 利率升高时对证券投资的影响表现为(   )。

A. 股票价格上升　　B. 对证券价格没有影响

C. 债券价格上升　　D. 股票价格下降

二、判断题

1. 债券的到期收益率是使未来现金流入现值等于债券面值的贴现率。(   )

2. 对每年付息一次的债券，当其票面利率大于市场利率时，债券的发行价格大于其面值。(   )

3. 一般认为，当发生通货膨胀时，股票的价格将下降。(   )

4. 企业为控股而进行的股票投资主要是考虑长远利益的需要，而较少考虑或不考虑目前的利益需要。(   )

5. 债券的持有时间与违约风险成正相关，与利率风险成负相关。(   )

三、简答题

1. 基金投资与股票投资、债券投资的主要区别是什么?

2. 简述股票投资的特点。

技能题

1. 股票投资风险能否降低? 为什么?

2. 假如你是一个保守型的投资者，你将会投资开放型投资基金还是封闭型投资基金？

3. 光华公司有一笔闲置资金，打算投资股票。现有甲、乙、丙三个公司股票可供选择，经过市场调查分析和专家预测可知：甲公司的股票六个月后每股发放股利4元后的价格将达到36元；乙公司的股票现在每股的价格27元，乙公司的股票为优先股，每年的股利为每股2.7元；丙公司的股票上年的股利每股3元，预计以后每年以4%的增长率增长。假设光华公司要求的必要收益率为12%，乙公司的股票和丙公司的股票准备长期持有。

问题：计算三家股票的内在价值。

4. 新潮公司于2010年1月1日发行一种3年期的新债券，该债券的面值为1 000元，票面利率为14%，每年付息一次。要求：

(1)如果债券的发行价格为1 040元，其到期收益率是多少？

(2)假定2011年1月1日的市场利率为12%，债券市价为1 040元，你是否购买该债券？

(3)假定2012年1月1日的市场利率下降到10%，那么此时债券的价值是多少？

(4)假定2012年1月1日的债券市价为950元，此时购买债券的到期收益率是多少？

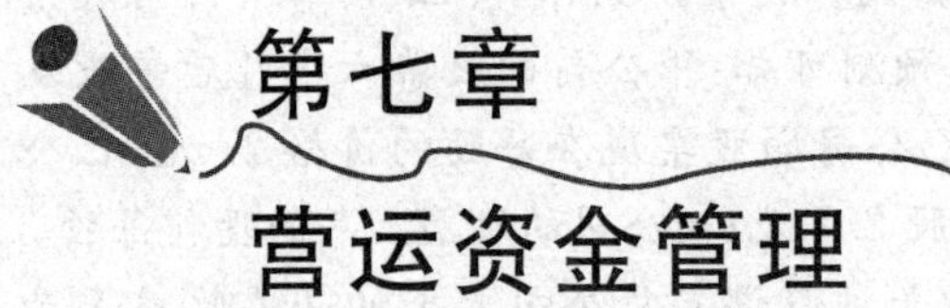

第七章 营运资金管理

学习目标

通过本章学习，掌握营运资金的概念，理解现金管理、应收账款管理和存货管理的基本理论依据，学会现金、应收账款和存货的管理方法，基本掌握最佳现金持有量、应收账款收款政策和存货规划。

引例
YINLI

企业营运资金的管理离不开科学的决策

四创公司是一家生产电子元器件的企业，为扩大产品销售和加强对应收账款的管理，公司经理要求销售部门制定对公司有利的信用期。2002 年数据显示：产品单价 5 元，单位变动成本 4 元，固定成本 5 000 元，资金成本率为 10%，若信用期为 30 天，年销售量可达 10 000 件，可能发生的收账费用为 3 000 元，坏账损失率为 1%；若信用期为 60 天，年销售量可增加 2 000 件，但可能发生的收账费用为 4 000 元，坏账损失率为 1.5%。销售部经理认为在信用期为 60 天的情况下，收账费用和坏账损失率都有所增加，是不合理的。后来在财务部门的测算下，信用期为 60 天的收账政策对企业是有利的。

资料来源：《全国会计专业技术资格考试辅导用书》

第一节　营运资金概述

一、营运资金的概念

营运资金是指在企业再生产过程中投放在流动资产上的资金。通常指流动资产减去流动负债后的余额。所以,营运资金管理包括流动资产的管理,也包括流动负债的管理。

二、营运资金的特点

营运资金表现为流动资产与流动负债二者的差额,所以其特点也就体现在流动资产与流动负债的特点上。

(一)流动资产的特点

随着企业再生产过程的进行,流动资产历经供应、生产、销售三个阶段,其实物形态按现金——材料——在产品——产成品——应收账款——现金的顺序依次转化。流动资产具有如下特点:

1. 流动资产的实物形态具有变动性

流动资产在企业再生产过程中是不断循环和周转的,流动资产的资金占用形态也是经常变化的。因此,企业必须合理配置各项资金占用形态,使各占用形态资金数量之间保持恰当比例关系,促进流动资产周转顺利进行。

2. 流动资产的实物形态具有易变现性

流动资产一般具有较强的变现能力。如果遇到意外情况,便可迅速变卖这些资产,以获取现金。这对财务上应付临时性资金需求具有重要意义。

3. 流动资产的数量具有波动性

流动资产在企业再生产过程中,随着供、产、销的变化,其资金占用数量时高时低,起伏不定,具有波动性。针对这一特点,在保证资金来源稳定的同时,还要保持一定的机动性和灵活性,以便合理安排资金的供需平衡。

4. 流动资产循环和生产经营周期具有一致性

流动资金是为满足企业日常经营活动的需要而垫付的资金,从货币资金形态开始,最后又回到货币资金形态,因此,流动资产的循环与生产经营周期具有一致性。在一定时期内资金周转越快,同等数量资金就可以生产出更多的产品,实现更多的收入,获得更多的赢利。因而,合理组织供、产、销过程,加速流动资金的周转,提高资金利用效果,是财务管理的一项重要内容。

(二)流动负债的特点

与长期负债筹资相比,流动负债筹资具有如下特点:

1. 筹资速度快

短期贷款通常在较短时间内便可获得,因此,当企业急需资金时,往往首先选择短期贷款。

2. 筹资限制少

短期贷款契约中的限制条款比较少，使企业有更大的行动自由。因此短期贷款比长期贷款具有更大的灵活性。

3. 资金成本低

因为筹资利率中包含期限风险因素，所以在正常情况下，短期负债筹资的利息支出低于长期负债筹资的利息支出，而某些"自然筹资"(如应付税金、应付工资等)则没有利息负担。

4. 筹资风险大

虽然短期债务的成本低于长期债务，但其风险却大于长期债务。当短期债务到期时，企业必须在短期内筹集相应数量的现金用以还债，若企业过多筹措短期债务，极易导致企业财务状况的急剧恶化，甚至会因无法及时偿债而破产。

第二节 现金管理

现金是在生产过程中暂时停留在货币形态的资金，可以用来满足生产经营开支的各种需要，也是还本付息和履行纳税义务的保证。因此，企业拥有足够的现金对降低企业财务风险、增强企业资金的流动性和债务的可清偿性具有十分重要的意义。

一般来说，流动性强的资产，其收益性较低。持有量过多，会给企业造成较大的机会损失，但现金结存太少，又可能出现现金短缺，影响生产经营活动。因此，企业时常面临着现金不足和现金过量的矛盾。企业现金管理的目标，就是要在资产的流动性和收益性之间做出合理的权衡和抉择，确定出科学合理的现金持有量，以获取最大的长期利益。

一、现金管理的动机

企业持有一定数量的现金，主要基于以下三个方面的动机：

(一)支付的动机

支付的动机是指持有现金以便满足日常支付的需要，如用于购买材料、支付工资、缴纳税款、支付股利等。企业每天的现金收入和现金支出很少同时等额发生，保留一定的现金余额可使企业在现金支出大于现金收入时，不致中断交易。支付需要现金的数量，取决于其销售水平。

（二）预防的动机

企业预计的现金需要量一般是指正常情况下的需要量，但有许多意外事件会影响企业现金的收入与支出。例如，地震、水灾、火灾等自然灾害，生产事故，主要顾客未能及时付款等，都会打破企业的现金收支计划，使现金收支出现不平衡。持有较多的现金，便可使企业更好地应付这些意外事件的发生。

（三）投机的动机

投机的动机是指企业持有现金，以便当证券价格剧烈波动时，从事投机活动，从中获得收益。当预期利率上升，有价证券的价格将要下跌时，投机的动机就会鼓励企业暂时持有现金，直到利率停止上升为止。当预期利率将要下降，有价证券的价格将要上升时，企业可能会将现金投资于有价证券，以便从有价证券价格的上升中得到收益。投机动机只是企业确定现金余额所需考虑的次要因素之一，其持有数量往往与企业在金融市场上的投资机会和企业对待风险的态度有关。

专栏 7.1

为了获得最大收益，企业可将闲置资金投资于国库券、可转让大额存单和回购协议。

二、现金的成本

现金的成本通常由以下三个部分组成：

（一）持有成本

现金的持有成本是指企业因保留一定现金余额而增加的管理费用及丧失的再投资收益。企业保留现金，对现金进行管理，会需要一定的管理费用。这部分费用具有固定成本的性质，它在一定范围内与现金持有量的多少关系不大。再投资收益是企业不能同时用该现金进行有价证券投资所产生的机会成本，这种成本在数额上等同于资金成本。放弃的再投资收益即机会成本属于变动成本，它与现金持有量的多少密切相关，即现金持有量越大，机会成本越高，反之就越小。

（二）转换成本

现金的转换成本是指企业用现金购入有价证券以及转让有价证券换取现

金时付出的交易费用。在现金需要量既定的情况下，现金持有量越少，转换成本就越大，反之就越小。

(三)短缺成本

现金的短缺成本是指在现金持有量不足而又无法及时通过有价证券变现加以补充而给企业造成的损失。现金的短缺成本随现金持有量的增加而下降，随现金持有量的减少而上升，即与现金持有量负相关。

小思考 7.1

从筹资成本和筹资风险相对称的要求出发，弥补临时性的现金短缺所采用筹资形式有哪些？

答 短期负债和出售短期持有证券。

三、最佳现金持有量

(一)成本分析模式

成本分析模式是根据现金有关成本，分析预测其总成本最低时现金持有量的一种方法。运用成本分析模式确定现金最佳持有量，只考虑因持有一定量的现金而产生的持有成本及短缺成本，而不考虑转换成本。

在实际工作中运用成本分析模式确定最佳现金持有量的具体步骤为：

(1)根据不同现金持有量测算并确定有关成本数值；

(2)按照不同现金持有量及其有关成本资料编制最佳现金持有量测算表；

(3)在测算表中找出总成本最低时的现金持有量，即最佳现金持有量。

例 7.1

某企业现有甲、乙、丙、丁四种现金持有方案，有关成本资料如表 7.1 所示。试确定最佳方案。

表 7.1 现金持有量备选方案

金额单位：元

项目	甲	乙	丙	丁
现金持有量	10 000	20 000	30 000	40 000

续表

项　目	甲	乙	丙	丁
机会成本率	12%	12%	12%	12%
管理费用	2 000	2 000	2 000	2 000
短缺成本	5 600	2 500	10 000	0

分析　根据表 7.1 编制该企业最佳现金持有量测算表 7.2。

表 7.2　企业最佳现金持有量测算表

金额单位:元

方案	现金持有量	机会成本	管理费用	短缺成本	总成本
甲	10 000	1 200	2 000	5 600	8 800
乙	20 000	2 400	2 000	2 500	6 900
丙	30 000	3 600	2 000	1 000	6 600
丁	40 000	4 800	2 000	0	6 800

通过分析比较上表中各方案的总成本可知,丙方案的总成本最低,因此企业持有 30 000 元的现金时总成本最低,即 30 000 元为最佳现金持有量。

(二)存货模式

存货模式又称鲍莫模式,来源于存货的经济批量模型,它是由美国经济学家钱鲍莫首先提出的。在计算利用存货模式最佳现金持有量时只对机会成本和转换成本予以考虑,而对短缺成本不予考虑。

机会成本和转换成本随着现金持有量的变动而呈现出相反的变动趋向,这就要求企业必须对现金与有价证券的分割比例进行合理安排,从而使机会成本与转换成本保持最佳组合,即能够使现金管理的机会成本与转换成本之和保持最低的现金持有量,这就是最佳现金持有量。

设 T 为一个周期内现金总需求量,F 为每次转换有价证券的固定成本,Q 为最佳现金持有量,K 为有价证券利息率(机会成本),TC 为现金管理总成本。则:

$$现金管理总成本＝持有机会成本＋转换成本$$

即

$$TC=(Q/2)\times K+(T/Q)\times F$$

上述等式两边同时对 Q 求一阶导数,并令 TC 的一阶导数为零,则有:

$$最佳现金持有量\ Q=\sqrt{2TF/K}$$

$$现金管理总成本\ TC=\sqrt{2TFK}$$

例 7.2

某企业预计全年需要现金6 000元，现金与有价证券的转换成本为每次 100元，有价证券的利息率为 30%。确定最佳现金持有量。

分析

$$Q=\sqrt{2TF/K}=\sqrt{\frac{2\times 6\ 000\times 100}{30\%}}=2\ 000(\text{元})$$

最佳现金持有量为2 000元，这就意味着公司从有价证券转换为现金的次数为 3 次(6 000/2 000)。

该模式的优点是计算结果比较精确，但它以现金支出均匀、现金持有成本和转换成本易于预测为前提，当企业现金收支波动较大时，该模式的应用就受到了限制。

(三)因素分析模式

因素分析模式是根据上年现金占用额和有关因素的变动情况来确定最佳现金持有量的一种方法。其计算公式如下：

最佳现金持有量=(上年现金平均占用额－不合理占用额)
×(1＋预计销售收入变化的百分比)

例 7.3

某企业 2010 年平均占用现金为1 000万元，经分析其中有 50 万元为不合理占用额，2011 年销售收入预计较 2010 年增长 10%。确定 2011 年最佳现金持有量。

分析

$$(1\ 000-50)\times(1+10\%)=1\ 045(\text{万元})$$

四、现金的日常控制

在现金管理中，企业除合理编制现金收支计划和认真确定最佳现金余额外，还必须进行现金的日常控制。

(一)加速收款

为了提高现金的使用效率，加速现金周转，企业应尽量加速收款，即在不影响未来销售的情况下，尽可能地加快现金的收回。如果现金折扣在经济上可行，应尽量采用，以加速账款的收回。企业加速收款的任务不仅是要尽量使顾客早付款，而且要尽快地使这些付款转化为可用现金。为此，必须满足如下要求：

(1)减少顾客付款的邮寄时间；

(2)减少企业收到顾客开来支票与支票兑现之间的时间；

(3)加速资金存入自己往来银行的过程。

为达到以上要求，可采用以下措施：

1. 集中银行

集中银行是指通过设立多个策略性的收款中心来代替通常在公司总部设立的单一收款中心，以加速账款回收的一种方法。其目的是缩短从顾客寄出账款到现金收入企业账户这一过程的时间。

(1)集中银行的具体做法

①企业以服务地区和各销售区的账单数量为依据，设立若干收款中心，并指定一个收款中心(通常是设在公司总部所在地的收账中心)的账户为集中银行。

②公司通知客户将货款送到最近的收款中心而不必送到公司总部。

③收款中心将每天收到的货款存到当地银行，然后再把多余的现金从地方银行汇入集中银行——公司开立主要存款账户的商业银行。

(2)设立集中银行的优点

①账单和货款邮寄时间可大大缩短。账单由收款中心寄发该地区顾客，与由总部寄发相比，顾客能较早收到。顾客付款时，货款邮寄到最近的收款中心，通常也比直接邮往总公司所需时间短。

②支票兑现的时间可缩短。收款中心收到顾客汇来的支票存入该地区的地方银行，而支票的付款银行通常也在该地区内，因而支票兑现较方便。

(3)设立集中银行的缺点

①每个收款中心的银行都要求有一定的补偿余额，而补偿余额是一种闲置的不能使用的资金。开设的中心越多，补偿余额也越多，闲置的资金也越多。

②设立收款中心需要一定的人力和物力，花费较多。

财务主管在决定采用集中银行时，一定不可忽略这两个缺陷。

例 7.4

某企业现在平均占用现金1 000万元，企业准备改变收账办法，采用集中银行方法收账。经研究测算，企业增加收款中心预计每年多增加支出8万元，但可节约现金100万元，企业加权平均的资本成本为9%，问是否应采用集中银行制。

分析 采用集中银行制度，企业从节约资金中获得的收益是9万元(100×9%)，比增加的支出8万元多1万元。因此，采用集中银行制度比较有利。

2. 锁箱系统

锁箱系统是通过承租多个邮政信箱，以缩短从收到顾客付款到存入当地银行的时间的一种现金管理办法。

采用锁箱系统的具体做法是：

(1)在业务比较集中的地区租用当地加锁的专用邮政信箱；

(2)通知顾客把付款邮寄到指定的信箱；

(3)授权公司邮政信箱所在地的开户行，每天数次收取邮政信箱的汇款并存入公司账户，然后将扣除补偿余额以后的现金及一切附带资料定期送往公司总部。这就免除了公司办理收账、货款存入银行的一切手续。

采用锁箱系统的优点是：大大地缩短了公司办理收款、存储手续的时间，即公司从收到支票到这些支票完全存入银行之间的时间差距消除了。这种方法的主要缺点是：需要支付额外的费用。由于银行提供多项服务，因此要支付相应的报酬。这种费用支出一般来说与存入支票张数成一定比例。所以，如果平均汇款数额较小，采用锁箱系统并不一定有利。

是否采用锁箱系统方法要看节约资金带来的收益与额外支出的费用孰大孰小。如果增加的费用支出比收益小，则可采用该系统；反之，就不宜采用。

(二)控制支出

企业在收款时，应尽量加快收款的速度，而在管理支出时，应尽量延缓现金支出的时间。在西方财务管理中，控制现金支出的方法有以下几种：

1. 运用浮游量

所谓现金的浮游量是指企业账户上存款余额与银行账户上所示的存款余额之间的差额。有时，公司账簿上的现金余额已为零或负数，而银行账簿上该公司的现金余额还有不少。这是因为有些支票公司虽已开出，但顾客还没有到银行兑现。如果能正确预测浮游量并加以利用，可节约大量资金。

当一家公司在同一国家内有多个银行存款户时，则可选用一个能使支票流通在外的时间最长的银行来支付货款，以扩大浮游量。

利用现金的浮游量，公司可适当减少现金数量，达到现金节约的目的。但是，一家公司的利益，就是另一家公司的损失，因而，利用浮游量往往对供应商不利，有可能破坏公司和供应商之间的关系，这一因素应加以考虑。

2. 控制支出时间

为了最大限度地利用现金，合理地控制现金支出的时间是十分重要的。例如，企业在采购材料时，如果付款条件是“2/10，n/45”，应安排在发票开出日期后的第十天付款，这样，企业可以最大限度地利用现金而又不丧失现金折扣。

3. 工资支出模式

许多公司都为支付工资而设立一个存款账户，这种存款账户余额的多少，当然也会影响公司现金总额。为了减少这一存款数额，公司必须合理预测所开出支付工资的支票到银行兑现的具体时间。假设某企业在1月3日支付工资10万元，根据历史资料，3日、4日、5日、6日、7日及7日以后的兑现比率分别为20%、40%、20%、10%、5%和5%。这样，公司就不必在3日存够10万元。再结合其他因素，公司就能求出应存入银行的应付工资支票的大概金额。

（三）现金收支的综合控制

以上已说明现金收入和现金支出的控制方法，现在再阐述对现金的综合性控制手段。

1. 力争现金流入与流出同步

如果企业能尽量使它的现金流入与现金流出发生的时间趋于一致，就可以使其所持有的交易性现金余额降到较低水平，这就是所谓的现金流量同步。基于这种认识，企业可以重新安排付出现金的时间，尽量使现金流入与现金流出趋于同步。

2. 实行内部牵制制度

在现金管理中，要实行管钱的不管账，管账的不管钱，使出纳人员和会计人员之间互相牵制互相监督。凡有库存现金收付，应坚持复核制度，以减少差错，堵塞漏洞。出纳人员调换时，必须办理交接手续，做到责任清楚。

3. 及时进行现金的清理

在现金管理中，要及时进行现金的清理。库存现金的收支应做到日清月结，确保库存现金的账面余额与实际库存额相符合；银行存款账户余额与银行对账单余额相互符合；现金、银行存款日记账数额分别与现金、银行存款总账数额相互符合。

4. 遵守国家规定的库存现金的使用范围

5. 做好银行存款的管理

6. 适当进行证券投资

企业库存现金没有利息收入，银行活期存款的利息率也比较低，因此，当企业有较多闲置不用的现金时，可投资于国库券、大额定期可转让存单、企业债券、企业股票以获取较多的利息收入；而当企业现金短缺时，再出售各种证券获取现金。这样，既能保证有较多的利息收入，又能增强企业的变现能力。因此，进行证券投资是调整企业现金余额的一种比较好的方法。

小思考 7.2

企业用来加速收款，提高现金的周转速度的方法有（　　）。

A. 集中银行　　B. 运用“浮游量”　　C. 控制现金支出时间

D. 锁箱系统　　E. 派人收取支票并存入银行

答　选 A,D,E。

第三节　应收账款管理

应收账款是企业流动资产的一个重要项目。近年来，随着市场经济的发展、商业信用的推行，企业应收账款数额明显增多，已成为流动资产管理中的一个日益重要的问题。

一、应收账款的功能与成本

企业提供商业信用，可以扩大销售，增加利润。但应收账款的增加，也会造成资金成本、坏账损失等费用的增加。应收账款管理的基本目标，就是在充分发挥应收账款功能的基础上，降低应收账款投资的成本，使提供商业信用扩大销售所增加的收益大于有关的各项费用。

（一）应收账款的功能

应收账款的功能是指它在生产经营中的作用。主要有以下两个方面：

1. 增加销售的功能

在市场竞争比较激烈的情况下，赊销是促进销售的一项重要方式。

虽然赊销仅仅是影响销售量的因素之一，但在银根紧缩、市场疲软、资金匮乏的情况下，赊销的促销作用是十分明显的。特别是在企业销售新产品、开拓新市场时，赊销更具有重要的意义。

2. 减少存货的功能

企业持有产成品存货，要追加管理费、仓储费和保险费等支出；相反，企业持有应收账款，则无须上述支出。因此，无论是季节性生产企业还是非季节性生产企业，当产成品存货较多时，一般都可采用较为优惠的信用条件进行赊销，把存货转化为应收账款，减少产成品存货，节约各种支出。

（二）应收账款的成本

持有应收账款，也要付出一定的成本。主要的构成有：

1. 应收账款的机会成本

企业资金如果不投放于应收账款，便可用于其他投资并获得收益，如投资于有价证券便会有利息收入。这种因投放于应收账款而放弃的其他收入，即为应收账款的机会成本。这种成本一般按有价证券的利息率计算。其计算公式为：

$$应收账款机会成本=维持赊销业务所需要的资金\times资金成本率$$

其中

$$维持赊销业务所需要的资金=应收账款平均余额\times变动成本率$$

$$应收账款平均余额=\frac{年赊销收入净额}{360}\times应收账款周转期$$

$$变动成本率=变动成本/销售收入$$

即

$$应收账款机会成本=\frac{年赊销收入净额}{360}\times应收账款周转期\times变动成本率\times资金成本率$$

例 7.5

假设天狮公司全年赊销收入净额预计 720 万元，应收账款周转期为 50 天，变动成本率为 50%，有价证券利息率为 10%，计算天狮公司应收账款的机会成本。

分析

应收账款平均余额＝720/360×50＝100（万元）

维持赊销业务所需资金＝100×50%＝50（万元）

应收账款机会成本＝50×10%＝5（万元）

以上计算表明，企业投放 5 万元的资金可以维持 720 万元的赊销业务。

一般情况下，应收账款周转率越高，一定数量资金所维持的赊销额就越大；相反，应收账款周转率越低，一定数量资金所维持的赊销额就越小。而应收账款机会成本在很大程度上取决于企业维持业务所需资金的多少。

2. 应收账款的管理成本

管理成本是企业对应收账款进行管理而耗费的开支，主要包括：

(1)调查顾客信用情况的费用；

(2)收集各种信息的费用；

(3)账簿的记录费用；

(4)收账费用；

(5)其他费用。

3. 应收账款的坏账成本

应收账款基于商业信用而产生，因故不能收回而发生的损失，就是坏账成本。此项成本一般与应收账款发生的数量成正比，即应收账款越多，坏账成本也越多。因此，为规避发生坏账成本而给企业生产经营活动的稳定性带来不利影响，企业按规定以应收账款余额的一定比例提取坏账准备。

二、应收账款的管理

应收账款赊销的效果好坏，依赖于企业实行的信用政策。信用政策是指企业对应收账款进行管理而制定的基本原则和行为规范。信用政策建立以后，企业要做好应收账款的日常控制工作，进行信用调查和信用评价，以确定是否同意顾客赊欠货款，当顾客违反信用条件时，还要做好账款催收工作。

(一)企业的信用调查

对顾客的信用进行评价是应收账款日常管理的重要内容。只有正确地评价顾客的信用状况，才能合理地执行企业的信用政策。要想合理地评价顾客的信用，必须对顾客信用进行调查，搜集有关的信息资料。信用调查有两类：

1. 直接调查

直接调查是指调查人员直接与被调查单位接触，通过当面采访、询问、观看、记录等方式获取信用资料的一种方法。直接调查能保证搜集资料的准确性和及时性，但若不能得到被调查单位的合作，则会使调查资料不完整。

2. 间接调查

间接调查是以被调查单位以及其他单位保存的有关原始记录和核算资料为基础，通过加工整理获得被调查单位信用资料的一种方法。这些资料主要来自以下几方面：

(1)财务报表。有关单位的财务报表，是信用资料的重要来源。通过财务报表分析，基本上能掌握一个企业的财务状况和赢利状况。

（2）信用评估机构。许多国家都有信用评估的专门机构，定期发布有关企业的信用等级报告。例如，杜恩和布瑞德思特公司就是美国一家著名的信用评估机构。

我国的信用评估机构目前有三种形式：第一种是独立的社会评估机构，它们只根据自身的业务吸收有关专家参加，不受行政干预和集团利益的牵制，独立自主地开办信用评估业务；第二种是政策性银行负责组织的评估机构，一般由银行有关人员和各部门专家进行评估；第三种是由商业银行组织的评估机构，由商业银行组织专家对其客户进行评估。

在评估等级方面，目前主要有两种：第一种采用三类九级制（即把企业的信用情况分为AAA，AA，A，BBB，BB，B，CCC，CC，C九等。AAA为最优等级，C为最差等级）；第二种采用三级制（即分成AAA，AA，A）。专门的信用评估部门通常评估方法先进，评估调查细致，评估程序合理，可信度较高。

（3）银行。银行是信用资料的一个重要来源，因为许多银行都设有信用部，为其顾客提供服务。但银行的资料一般只愿在同业之间交流，而不愿向其他单位提供。因此，如外地有一笔较大的买卖，需要了解顾客的信用状况，最好通过当地开户银行，向其征询有关信用资料。

（4）其他。如财税部门、消费者协会、工商管理部门、企业的上级主管部门、证券交易部门等。另外，书籍、报刊、杂志等也可提供有关顾客的信用情况。

（二）企业的信用评估

搜集好信用资料后，要对这些资料进行分析，并对顾客信用状况进行评估。信用评估的方法很多，这里介绍最常见的方法——5C评估法。

所谓5C评估法，是指重点分析影响信用的五个方面的一种方法。这五个方面英文的第一字母是C，故称为5C评估法。这五个方面是：品德（Character）、能力（Capacity）、资本（Capital）、抵押品（Collateral）和情况（Conditions）。现分述如下：

1. 品德

指顾客愿意履行其付款义务的可能性。顾客是否愿意尽自己最大努力来归还货款，直接决定着账款的回收速度和数量。品德因素在信用评估中是重要的因素。

2. 能力

指顾客偿还货款的能力。这主要根据顾客的经营规模和经营状况来判断。

3. 资本

指一个企业的财务状况。这主要根据有关的财务比率进行判断。

4. 抵押品

指顾客能否为获取商业信用提供担保资产。如有担保资产，则对顺利收回货款比较有利。

5. 情况

指一般的经济情况对企业的影响,或某一地区的一些特殊情况对顾客偿还能力的影响。

通过以上五个方面的分析,便基本上可以判断顾客的信用状况,为最后决定是否向顾客提供商业信用做好准备。

(三)制定信用标准

信用标准是企业提供商业信用时要求客户所应具备的最低条件,通常以预期的坏账损失率表示。若客户达不到信用标准,则企业不向其提供赊销。

信用标准越严,则企业允许的坏账损失率就越低,能够享受企业商业信用的客户范围就越小,这虽然有利于减少坏账损失及收账费用,但也可能会造成销售下降,库存增加,使企业的竞争力受到削弱。相反,如果企业放宽信用标准,虽然有利于扩大销售收入,提高企业的市场价额,但同时也会导致坏账损失风险加大和收账费用增加。因此,企业应根据具体情况,在不同时期针对不同的客户,制定适当的信用标准。

企业在制定信用标准时应考虑三个基本因素:

1. 同行业的竞争状况

面对竞争,企业首先考虑的是如何在竞争中处于优势地位,保持并不断扩大市场占有率。如果对手实力很强,企业欲得到或保持优势地位,就需采取较低(相对于竞争对手)的信用标准;反之,其信用标准可以相应严格一些。

2. 企业承担违约风险的能力

企业承担违约风险能力的强弱,对其信用标准的选择有着重要的影响。当企业具有较强的违约风险承担能力时,就可以以较低的信用标准提高竞争力,争取客户,扩大销售;反之,如果企业承担违约风险的能力较弱,就只能选择严格的信用标准以尽可能降低违约风险的程度。

3. 客户的资信程度

企业为了更好地保护自身利益,降低风险,必须对客户的资信情况进行调查、分析,确定出客户的信用等级并决定是否向客户提供信用。对客户资信程度的评价通常采用5C评估法和信用评分法。

信用评分法是利用客户有关财务指标和信用情况指标,计算出客户的信用得分,并据此进行信用评价的一种方法。5C评估法是对客户的信用状况做定性分析的一种方法。企业可利用信用评分法对信用标准进行量化分析,这样可以对客户的信用情况做出更客观、更准确的评价。

小思考 7.3

为了评价两个可选择的信用标准的优劣，必须计算两个方案各自的利润和成本。必须测试哪些项目？

答 必须测试销售量变化对利润的影响、应收账款投资及其机会成本的变化、坏账成本的变化以及管理成本的变化。

（四）确定信用条件

信用条件是企业评价客户的信誉等级，以决定是否给客户提供信用的主要依据。一旦决定提供信用，就需要确定具体的信用条件。信用条件是指企业向客户提供商业信用时的付款要求，主要包括信用期限、折扣期限和现金折扣。信用条件的基本表示方式为（现金折扣/折扣期限，n/信用期限），如（2/10，n/30）。意思是：若客户能够在发票开出后的 10 天内付款，可享受 2% 的现金折扣，即只需支付原价的 98%，若不能在 10 天内付款，则全部货款必须在 30 天内付清，此时付款没有优惠。

1. 信用期限

信用期限是指企业允许客户从购货到付款之间的时间，即企业给予客户的付款期间。企业产品销售与信用期限之间存在着一定的依存关系。通常，延长信用期限，有利于企业扩大销售，增加收入，但应收账款占用资金的数量和时间也会相应增加，从而导致机会成本等信用成本的增加；若缩短信用期限，虽然能减少信用成本的发生，但可能难以吸引客户，不利于企业扩大销售，甚至会使收入减少。因此，信用期限的确定应进行利弊分析，可将信用期限延长产生的边际收益与其成本相比较，以确定最佳信用期限。

2. 现金折扣和折扣期限

（1）现金折扣是企业为了鼓励客户提早支付货款而给予的价格优惠。如上所述，延长信用期限会增加应收账款占用资金，从而增加信用成本。为了加速资金周转，及时收回货款，减少坏账损失，企业通常给客户提供一定的优惠措施，促使客户提早付款。

现金折扣实际上是现金收入的扣减。如果折扣率较高，就会使企业收入减少，赢利下降，但同时又会使信用成本减少。因此，折扣率应定为多少，要权衡得失，着重考虑提供折扣后的收益是否大于现金折扣的成本。

（2）折扣期限是指企业允许客户享受现金折扣的付款期限。超过这个期限付款，客户将不能获得现金折扣的好处。由于不同时间的折扣期限所带来的收益和成本不相同，企业同样需要对折扣期限产生的收益和成本进行权衡。

（五）收账政策

收账政策是指当客户违反信用条件，拖欠账款或故意赖账时企业所采取的收账策略与措施。如果企业采取积极的收账政策，可以减少应收账款上的资金占用，减少坏账损失，但会增加收账费用；如果采用消极的收账政策，可以减少收账费用，但会增加应收账款投资、坏账损失的机会成本。因此，当增加的收账费用小于由此而减少的应收账款机会成本和坏账时，则说明制定的收账政策是可取的。

例 7.6

某企业拟改变现行的收账政策，有关政策如表 7.6 所示。

表 7.6

项　　目	现行收账政策	备选方案
年赊销额(万元)	480	480
变动成本率(%)	60	60
平均收款期(天)	60	30
坏账损失率(%)	3	2
年收账费用(万元)	5	8

假设有价证券年利率为 20%，分析是否改变现行收账政策。

分析　计算分析结果如表 7.7 所示。

表 7.7

金额单位：万元

项　　目	现行收账政策	备选方案
年赊销额	480	480
机会成本	$\frac{480}{360}\times60\times60\%\times20\%=9.6$	$\frac{480}{360}\times30\times60\%\times20\%=4.8$
坏账损失	$480\times3\%=14.4$	$480\times2\%=9.6$
年收账费用	5	8
收账总成本	29.0	22.4

以上计算表明，备选方案发生的收账成本低于现行收账政策的收账成本，故可以改变现行的收账政策。

（六）应收账款的日常管理

企业在制定信用政策后，对于已经发生的应收账款，企业还应进一步加强日常管理,及时发现问题,采取有力措施进行分析、控制。管理措施主要包括调查客户信用状况、分析应收账款账龄、组织应收账款回收和建立坏账准备等。

第四节 存 货 管 理

为了保证生产经营业务的正常需要,企业必须保持适量的存货。企业存货占流动资产的比重较大,一般约为40%～60%。存货在流动资产中流动性最差,其利用程度的好坏,对企业财务状况的影响极大。因此,加强存货的规划与控制,使存货保持在最优水平上,便成为财务管理的一项重要内容。

一、存货的功能与成本

进行存货管理的主要目的是控制存货水平,在充分发挥存货功能的基础上,降低存货成本。

(一)存货的功能

存货的功能是指存货在生产经营过程中的作用。存货主要有原材料、在产品和产成品。其功能分述如下:

1. 储存必要的原材料和在产品,可以保证生产正常进行

生产过程中所需要的原材料,是生产中必需的物质资料。为了保证生产顺利进行,必须适当地储备一些材料。尽管有些企业自动化程度很高,并借助电脑加强管理,提出了"存货向零进军"的口号,但要完全达到这一目标并非易事。存货在生产不均衡和商品供求波动时,可起到缓和矛盾的作用。即使生产能按事先规定好的程序来进行,但要每天都采购材料也并不现实,经济上也不一定合算。所以,为了保证生产正常进行,储存适当的原材料是必需的。在产品也因同样原因需要保持一定储备。

2. 储备必要的产成品,有利于销售

企业的产品,一般不是生产一件出售一件,而是要组织成批生产、成批销售才经济合算。这是因为:

(1)顾客为节约采购成本和其他费用,一般要成批采购;

(2)为了达到运输上所需要的最低批量也应组织成批发运。另外,为了应付市场上突然到来的需求,也应适当储存一些产成品。

3. 适当储存原材料和产成品,便于组织均衡生产,降低产品成本

有的企业生产的产品属于季节性产品,有的企业产品需求很不稳定。如果根据需求状况时高时低地进行生产，有时生产能力可能得不到充分利用，有时又会出现超负荷，这些情况都会使生产成本提高。为了降低生产成本，实行均衡生产，就要储备一定的产成品存货，也要相应地保持一定的原材料存货。

4. 留有各种存货的保险储备，可以防止意外事件造成的损失

采购、运输、生产和销售过程中，都可能发生意料之外的事故，保持必要的存货保险储备，可避免或减少损失。

（二）储备存货的成本

存货储备的成本包括取得成本、储存成本与缺货成本三部分。

1. 取得成本

取得成本是指为取得某种存货而支出的成本，该成本又分为存货成本与采购成本。

存货成本是指存货本身的价值，它是存货的买价或制造成本。设年需用量为 D，存货单位为 U，则年存货成本为 DU。

采购成本是指为采购物资而耗用的办公费、差旅费、运杂费、通讯费等。采购成本中含有一部分固定成本，如常设采购机构的基本开支。对一般企业而言，采购成本主要是变动成本，如运输费、差旅费、通讯费等。为了计算方便，省略了固定采购成本。设每次采购费用为 K，每批购货数量为 Q，则全年的采购次数为$\frac{D}{Q}$，全年采购成本为$\frac{D}{Q}\times K$，所以，存货的取得成本为：

$$取得成本=DU+\frac{D}{Q}\times K$$

2. 储存成本

储存成本是指为保持存货而发生的成本，包括存货的资金占用费、仓储费、保险费等。储存成本也含部分固定成本，如仓库的折旧费，保管人员的计时工资，为了计算方便，本书也略去该固定成本。变动成本主要指存货的资金占用费、保险费等。从会计核算的角度来看，资金占用费可能没有发生，但从财务管理的目的出发，必须计算该耗费，即货币的时间价值。设单位储存成本为 K_c，则年存货储存成本为：

$$储存成本=K_c\times\frac{Q}{2}$$

为什么要将每次购货量除以 2 呢？道理很简单，因为存货买回后是要不断地耗用的，材料被耗用后，由储备资金占用转化成了生产资金占用，在产品完工后转化成了成品资金占用，产成品销售后，转化成了货币资金或应收账款占用。假设生产经营过程不断地均衡进行，存货用完后立即补足新的存货，这样存货的平均占用必将是每批购入量除以 2。

3. 缺货成本

缺货成本是指由于存货供应中断而造成的损失。包括由于材料供应中断造成的停工损失、产成品供应中断导致延误的信誉及丧失销售机会的损失等。

有时产成品缺货也会造成较严重的损失，这些损失是不便于计量但却是很大的。如果缺货，客户就会转向另一企业购买，到手的利润就飞了。即使客户愿意等货(因其他同类企业距离较远等)，企业商誉也会因此受损，如果企业经常发生这种情况就会失掉经营信誉，失去顾客。

有时库存材料中断又不能停产，只有紧急采购代用材料而增加材料成本。

专栏 7.2

生产部门和销售部门希望企业能保持较高的存货水平，供应部门希望企业能大量采购物资，并希望能提前进货，而财务部门则希望存货占用的资金越少越好。

二、存货规划

存货规划是在确定企业存货占用资金数额的基础上，编制存货资金计划，以便合理确定存货资金的占用数量，节约使用资金。

(一)确定存货资金占用额的基本方法

企业存货资金的数额，应按其在生产过程中的各种占用形态，即储备资金、生产资金、成品资金等分别测算。测算资金数额的基本方法主要有：

1. 周转期计算法

周转期计算法，又称定额日数法，是根据各种存货平均每天的周转额和其资金周转日数来确定资金数额的一种方法。其计算公式为：

$$资金数额=平均每天周转额\times资金周转日数$$

式中：平均每天周转额是指某项存货最近平均每天从本阶段流出的数额，资金周转日数是指存货完成一次周转所需要的天数。

这种方法通常适合于原材料、在产品和产成品资金数额的测定。

2. 因素分析法

因素分析法是以上年资金实际占用额为基础，分析计划年度各项变动因素并加以调整后核定资金数额的方法。这种方法主要适用于品种繁多、规格复杂和价格较低的材料物资。对于供产销变化不大的中小企业，也可用此法计算全部存货资金数额。其计算公式为：

$$资金数额=(上年资金实际平均占用额-不合理占用额)\times(1+计划年度营业额变动比例)\times(1-计划年度资金周转加速率)$$

这种方法主要适用于品种繁多、规格复杂和价格较低的材料物资。

3. 比例计算法

比例计算法是根据存货资金和有关因素之间的比例关系，来测定资金数额的方法。以销售收入资金率法为例来进行说明。其计算公式为：

$$资金数额=计划年度销售收入\times计划销售收入存货资金率$$

这种方法主要适合于辅助材料、修理用备件等资金数额的测定，目前是测算全部存货资金数额的主要方法。

(二)储备资金占用额的测算

储备资金是指企业从用现金购买各项材料物资开始，到把它们投入生产为止的整个过程所占用的资金。储备资金包括的项目很多，这里以原材料为例，说明资金数额的测定方法。

原材料资金数额的大小，取决于计划期原材料平均每日耗用量、原材料计划价格、原材料资金周转日数三个基本因素。其计算公式为：

$$原材料资金占用额=计划期原材料日均耗用量\times原材料计划价格\times原材料资金周转日数$$

1. 计划期原材料日均耗用量

计划期原材料日均耗用量是根据计划期内原材料耗用量与计划期日数来确定的。其计算公式为：

$$计划期原材料日均耗用量=计划期原材料耗用量/计划期日数$$

在运用上述公式时，应注意以下两点：

(1)计划期原材料耗用量根据计划期产量和原材料消耗定额加以确定；

(2)计划期日数一般按整数计算，年度为 360 天，季度为 90 天，月度为 30 天。

2. 原材料计划价格

原材料计划价格应根据预计的材料买价、外地运杂费、运输途中的合理损耗、入库前的整理挑选费用等加以确定。

3. 原材料资金周转日数

原材料资金周转日数，是指从企业支付原材料价款起，直到原材料投入生产为止这一过程中资金占用的日数。其计算公式为：

$$原材料资金周转日数=在途日数+验收日数+整理准备日数+供应间隔日数+保险日数$$

(三)生产资金占用额的测算

生产资金是指从原材料投入生产开始,直到产品制成入库为止的整个过程所占用的资金。生产资金主要指在产品占用的资金。其中,测算在产品资金数额的计算公式为:

在产品资金占用额=产品每日平均产量×产品单位计划生产成本
×在产品成本系数×生产周期

1. 产品每日平均产量

产品每日平均产量,可根据生产计划中的计划产量与计划天数求得。

2. 产品单位计划生产成本

产品单位计划生产成本可从有关的成本计划中获得。

3. 在产品成本系数

生产费用在生产过程中是逐渐增加的,直到产品完工时,才形成完整的产品成本。因此,在整个生产过程中,实际每天占用的就不能按产品的单位计划生产成本计算,而应打一折扣,这个折扣就是在产品成本系数。

(四)成品资金占用额的测定

成品资金是指产成品从制成入库开始,直到销售取得货款或结算货款为止的整个过程所占用的资金。其中,测算产成品资金数额的计算公式为:

产成品资金占用额=计划期产成品每日平均产量×产成品单位计划生产成本
×产成品资金周转日数

1. 计划期产成品每日平均产量

计划期产成品每日平均产量可根据生产计划和计划期天数来确定。

2. 产成品单位计划生产成本

产成品单位计划生产成本可以从有关成本计划中获得。

3. 产成品资金周转日数

产成品资金周转日数是指产成品从制成入库开始,直到销售取得货款或结算货款为止所占用资金的日数,包括产成品储存日数、发运日数和结算日数。

(1)产成品储存日数。它是指从产成品制成入库开始,到产成品开始向购买单位发运为止所需要的日数。主要包括组织成批发运日数、选配日数和包装日数。

(2)发运日数。它是指从产成品开始发运(运往车站、码头、机场)起,到取得运输凭证为止所需要的日数。这主要取决于企业距车站、码头、机场的远近和企业运输能力等因素。

(3)结算日数。它是指从取得运输凭证开始,直到取得货款或结算货款为止的日数。结算日数的长短，主要取决于销售的结算方式。

例 7.7

某产品计划单位生产成本为2 000元，每日平均产量为 5 件，预计产品储存日数为6 天，发运日数为 3 天，结算日数为 2 天。计算该产品资金占用额。

分析

该产品的产成品资金占用额＝5×2 000×(6＋3＋2)＝110 000(元)

三、经济订货批量

经济订货批量是指能够使一定时期存货的总成本达到最低点的进货数量。通过上述对存货成本分析可知，决定存货经济进货批量的成本因素主要包括变动性进货费用(简称进货费用)、变动性储存成本(简称储存成本)以及允许缺货时的缺货成本。不同的成本项目与进货批量呈现着不同的变动关系。减少进货批量，增加进货次数，在影响储存成本降低的同时，也会导致进货费用与缺货成本的提高；相反，增加进货批量，减少进货次数，尽管有利于降低进货费用与缺货成本，但同时会影响储存成本的提高。因此，如何协调各项成本间的关系，使其总和保持最低水平，是企业组织进货过程需解决的主要问题。

(一)经济订货批量的基本模型

为了简明地计算出经济订货批量，就要设立一个经济订货批量的基本模型。要设立基本模型，就需要满足一些假定的前提条件：

(1)企业一定时期的进货总量可以较为准确地予以预测；

(2)存货的耗用或者销售比较均衡；

(3)存货的价格稳定，且不存在数量折扣，进货日期完全由企业自行决定，并且每当存货量降为零时，下一批存货均能马上一次到位；

(4)仓储条件及所需现金不受限制；

(5)不允许出现缺货情形；

(6)所需存货市场供应充足，不会因买不到所需存货而影响其他方面。

由于企业不允许缺货，即每当存货数量降至零时，下一批订货便会随即全部购入，不存在缺货成本。此时与存货订购批量、批次直接相关的就只有进货费用和储存成本两项。这样，进货费用与储存成本总和为最低水平下的进货批量，就是经济进货批量。满足了假定条件后，存货的总成本(不含购价与缺货成本)的计算公式为：

$$存货总成本=\frac{D}{Q}K+K_c\frac{Q}{2}$$

上述公式中除 Q(订购批量)外，都是已知数。为了使总成本最低，对 Q 进行一阶求导，可得出下列公式：

$$Q=\sqrt{2KD/K_c}$$

$$TC=\sqrt{2KDK_c}$$

即

$$经济订货批量=\sqrt{2\times 单位采购费\times 年需用量/单位储存费}$$

$$经济进货批量的存货总成本(TC)$$

$$=\sqrt{2\times 单位采购费\times 年需用量\times 单位储存费}$$

例 7.8

某企业每年需耗用甲材料 720 千克，该材料的单位采购成本 20 元，单位储存成本 4 元，平均每次进货费用 40 元，试确定如何使进货费用与储存成本总额最低？

分析

$$Q=\sqrt{2KD/K_c}=\sqrt{2\times 720\times 40/4}=120(千克)$$

$$TC=\sqrt{2KDK_c}=\sqrt{2\times 720\times 40\times 4}=480(千克)$$

$$W=QP/2=120\times 20/2=1\,200(元)$$

$$N=A/Q=720/120=6(次)$$

上述计算表明，当进货批量为 120 千克时，进货费用与储存成本总额最低。

需要指出的是，实际工作中，通常还存在着数量优惠(即商业折扣或称价格折扣)以及允许一定程度的缺货等情形，企业必须同时结合价格折扣及缺货成本等不同的情况具体分析，灵活运用经济进货批量模式。

(二)实行数量折扣的经济进货批量模式

为了鼓励客户购买更多的商品，销售企业通常会给予不同程度的价格优惠，即实行商业折扣或称价格折扣。购买越多，所获得的价格优惠越大。此时，进货企业对经济进货批量的确定，除了考虑进货费用与储存成本外，还应考虑存货的进价成本，因为此时的存货进价成本已经与进货数量的大小有了直接的联系，属于决策的相关成本。计算的基本步骤为：按照基本模式确定出无数量折扣情况下的经济进货批量及其总成本，然后加进不同批量的进价成本差异因素，通过比较，确定成本总额最低的进货批量，即有数量折扣时的经济进货批量。

例 7.9

某企业甲材料的年需要量为4 000千克，每千克标准价为 20 元。销售企业规定：客户每批购买量不足1 000 千克的，按照标准价格计算；每批购买量 1 000 千克以上，2 000千克以下的，价格优惠 2%；每批购买量2 000千克以上的，价格优惠 3%。已知每批进货费用 60 元，单位材料的年储存成本 3 元。计算最佳经济进货批量。

分析　在没有价格折扣(即进货批量 1 000 千克以下)时：

$$最佳进货批量=\sqrt{2\times 4\,000\times 60/3}=400(千克)$$

$$存货成本总额=4\,000\times 20+\frac{4\,000}{400}\times 60+\frac{400}{2}\times 3$$

$$=4\,000\times 20+\sqrt{2\times 4\,000\times 60\times 3}=81\,200(元)$$

进货批量 1 000 千克时：

$$TC=4\,000\times 20\times(1-2\%)+\frac{4\,000}{1\,000}\times 60+500\times 3=80\,140$$

进货批量在 1 000～1 999 千克之间，可以享受 2%的价格优惠。在此范围内，进价成本总额是相同的。逐项计算可发现，越是接近价格优惠的经济进货批量，成本总额就越低，这是一个规律。所以，在可享受 2%的价格优惠的批量范围内，成本总额最低批量是1 000件。同理，在享受 3%价格优惠的进货批量(即进货2 000件以上)范围内，成本总额最低的进货批量为2 000件。

$$总成本=4\,000\times 20\times(1-3\%)+\frac{4\,000}{2\,000}\times 60+\frac{2\,000}{2}\times 3=80\,720(元)$$

通过比较可以发现，在各种价格条件下的批量范围内，成本总额最低的进货批量为 1 000 件。当然这一结论是建立在基本经济进货模式其他各种假设条件均具备的前提上的。

(三)允许缺货时的经济进货模式

允许缺货的情况下，企业对经济进货批量的确定，就不仅要考虑进货费用与储存费用，而且还必须对可能的缺货成本加以考虑，即能够使三项成本总和最低的批量便是经济进货批量。

设缺货量为 S，单位缺货成本为 R，其他符号同上。

$$Q=\sqrt{\frac{2DK}{K_c}\times\frac{(K_c+R)}{R}}$$

$$S=Q\times K_c/(K_c+R)$$

即

$$\text{允许缺货时的经济进货批量}=\sqrt{2}\times\sqrt{\frac{\text{一定时期存货需要总量}\times\text{平均每次进货费用}}{\text{一定时期单位存货储存成本}}}\times\sqrt{\frac{\text{一定时期单位存货储存成本}+\text{一定时期单位缺货成本}}{\text{一定时期单位缺货成本}}}$$

$$\text{平均缺货量}=\text{允许缺货时的经济进货批量}\times\frac{\text{一定时期单位存货储存成本}}{\text{一定时期单位存货储存成本}+\text{一定时期单位存货缺货成本}}$$

例 7.10

某企业甲材料年需要量4 000千克，每次进货费用 60 元，单位储存成本 3 元，单位缺货成本 5 元。计算经济进货批量和平均缺货量。

分析

$$\text{允许缺货情况下的经济进货批量}=\sqrt{\frac{2\times 4\,000\times 60}{3}\times\frac{3+5}{5}}\approx 506(\text{元})$$

$$\text{平均缺货量}=506\times\frac{3}{3+5}\approx 190(\text{千克})$$

四、存货 ABC 分类管理

企业存货品种繁多，尤其是大中型企业的存货往往多达上万种甚至数十万种。实际上，不同的存货对企业财务目标的实现具有不同的作用。有的存货尽管品种数量很少，但金额巨大，如果管理不善，将给企业造成极大的损失。相反，有的存货虽然品种数量繁多，但金额微小，即使管理当中出现一些问题，也不至于对企业产生较大的影响。因此，无论是从能力角度还是经济角度，企业均不可能也没有必要对所有存货不分主次地严加管理。ABC 分类管理正是基于这一考虑而提出的，其目的在于使企业分清主次，突出重点，以提高存货资金管理的整体效果。

所谓的 ABC 分类管理就是按照一定的标准，将企业的存货划分为 A、B、C 三类，分别实行分品种重点管理、分类别一般控制和按总额灵活掌握的存货管理方法。

(一)存货 ABC 分类的标准

分类的标准主要有两个:一是金额标准,二是品种数量标准。其中金额标准是最基本的,品种数量标准仅作为参考。

A 类存货的特点是金额巨大,但品种数量较少;

B 类存货金额一般,品种数量相对较多;

C 类存货品种数量繁多,但价值金额却很小。

如一个拥有上万种商品的百货公司,家用电器、高档皮货、家具、摩托车、大型健身器械等商品的品种数量并不很多,但价值额却相当大。大众化的服装、鞋帽、床上用品、布匹、文具等商品品种数量比较多,但价值额相对 A 类商品要小得多。至于各种小百货,如针线、纽扣、化妆品、日常卫生用品及其他日杂用品等品种数量非常多,但所占金额却很小。一般而言,三类存货的金额比重大致为 A∶B∶C=0.7∶0.2∶0.1,而品种数量比重大致为 A∶B∶C=0.1∶0.2∶0.7。可见,由于 A 类存货占用着企业绝大多数的资金,只要能够控制好 A 类存货,基本上也就不会出现较大的问题。同时,由于 A 类存货品种数量较少,企业完全有能力按照每一个品种进行管理。B 类存货金额相对较小,企业不必像对待 A 类存货那样花费太多的精力,同时,有能力对每一具体品种进行控制,因此可以通过划分等级的方式进行管理。C 类存货尽管品种数量繁多,但其所占金额却很小,对此,企业只要把握一个总金额也就完全可以。不过,在此需要提醒的是,由于 C 类存货大多与消费者的日常生活息息相关,虽然这类存货的直接经济效益对企业并不重要,但如果企业能够在服务态度、花色品种、存货质量、价格方面加以重视的话,其间接经济效益将是无法估量的。相反,企业一旦忽视了这些方面的问题,其间接的经济损失同样也是无法估量的。

(二)A、B、C 三类存货的具体划分

具体过程可以分三个步骤(有条件的可通过计算机进行):

(1)列示企业全部存货的明细表,并计算出每种存货的价值总额及占全部存货金额的百分比;

(2)按照金额由大到小进行排序并累加金额百分比;

(3)当金额百分比累加到 70%左右时,以上存货视为 A 类存货;百分比介于 70%~90%之间的存货作 B 类存货;其余则为 C 类存货。

(三)ABC 分类法在存货管理中的运用

对存货进行 ABC 分类,可以使企业分清主次,采取相应的对策进行有效的管理、控制。企业在组织经济进货批量、储存期分析时,对 A,B 两类存货可以

分别按品种、类别进行。对C类存货只需要加以灵活掌握即可，一般不必进行上述各方面的测算与分析。此外，企业还可以运用ABC分类法区分为A、B、C三类，通过研究各类消费者的消费倾向、档次等，对各档次存货的需要量（额）加以估算，并购进相应数量的存货。这样，能够使存货的购进与销售工作有效地建立在市场调查的基础上，从而收到良好的控制效果。

五、适时管理系统

（一）适时管理系统的概念及作用

最近一场存货管理的革命，对传统的存货管理提出了挑战，这就是适时管理系统（Just In Time Inventory Systems），又称为零存货管理系统，简称JIT。该系统的特征是，争取存货为零，即在生产刚开始时，供应商发出的原材料正好到达；在生产线上，没有留存的半成品，只有不断运动的在产品；产品一旦完工，马上销售出去。适时管理系统有很多好处：其一，大大减少了存货的资金占用，除了生产线上流动的在产品外，其他存货为零，这样，节约的资金可用于其他投资，还节省了资金占用费；其二，减少甚至不要仓库，原有的仓库可改建成生产车间；其三，适时管理系统必须与全面质量管理同步进行，提高企业的产品质量，减少废品损失，即使出现废次品，也会及时得到修复和处置，因为该系统生产线上不允许存货留滞；其四，该系统促使生产过程中资源的及时周转，将大大提高劳动生产率。

适时管理系统并不是神话，早在20世纪80年代初，日本一些企业就实行该管理方法，它们提出的口号是：存货向零进军！一些中小型企业已经做到这一点，它们已取消了仓库。20世纪90年代初，北美、欧洲一些发达国家也开始将该系统应用于企业管理。目前，我国的市场经济日趋完备，启用该系统的条件在我国有些企业已经成熟。在不久的将来，适时管理系统的管理方法将在我国出现。

（二）实行适时管理系统的前提条件

要成功地实施适时管理系统必须要满足一定的前提条件，即要在成熟的市场经济条件下，各企业严守信用，以及拥有高素质的员工和先进的管理办法。具体来说，有以下五个条件：

1. 企业有几个守信用、签订了长期合同的供应商

JIT系统要求原材料供应随叫随到，这样企业就不需要原材料仓库。这一点就需要一个成熟的市场经济环境，企业应严守合同，保质、保量、准时地提供货物。

2. 供应商愿意频繁地、小批量地为客户送货上门

为了减少流通环节，节约流通费，供应商必须直接地为众多的客户提供原材料，客户受益，供应商也因此受益。

3. 企业实行全面质量管理(TQC)系统，对原材料、零配件、半成品都严格进行质量控制

TQC系统是不允许任何问题发生的，即使出了问题，也必须随时处理，不允许其流向下一道工序。TQC系统还有严密的预报系统，以预防全生产线质量问题的发生。

4. 有高素质的员工

员工们还必须经过JIT系统培训，熟练执行JIT系统。各企业的情况不尽相同，机器设备不同，生产线不同，产品也不同，所以各企业管理人员，必须根据本企业的实际情况，制定和实施JIT系统。企业的生产全是由各级工人操作的机器设备(即细胞)组成，各岗位上的员工必须熟练、高质量地完成自己的本职工作。

5. 产品适销对路，严格管理销售合同

刚完工的产品，必须马上销售出去，这就要企业按计划或合同来进行生产。

(三)适时管理系统的应用与发展

适时管理系统在实际运用时，并不能真正做到无存货，因为在工业企业的生产线上、商业企业的柜台中，必须有存货占用。另外，并不是所有的企业都可以取消仓库。适时管理系统在应用中的一个重要问题就是必须要用JIT的观念，该观念的要点是存货管理应使管理简单化并消除一切浪费。零存货管理的观念主要有以下三点：

1. 对不增加产品(或劳务)价值的一切活动予以取消

在企业的生产经营过程中，有一些活动是不增加价值的。例如：

生产过程＝生产时间＋检验时间＋运输时间＋等待时间

以上公式中，仅生产时间增加产品的价值，而其他的耗用时间并不增加产品的价值。作为JIT系统，要尽量消除这些不增加产品价值的活动，因为这些活动不仅不增值，反而增加产品成本。服务业、商品流通业也要消除一些既耗费成本又不增值的活动。

2. 必须保证企业的一切活动能高质量地完成

JIT系统要求从工作开始，一切活动都要正确无误，不允许做重复的工作，不然就会增加成本。从某些角度来看，产品的质量比降低成本更重要，有的企业就提出“质量是企业生命”的口号。

3. 实行JIT系统的同时,要不断地发展与改善管理活动

JIT系统是一个先进的管理系统,实行该系统会不断地发现新问题,而改进原有的管理方法与活动。例如,JIT系统对传统成本核算就提出了挑战,传统的成本核算程序是先进行要素费用的分配,通过生产成本账户计算出产成品制造成本,销售产品时结转产成品成本。而JIT系统的成本核算程序与传统的程序相反,而且简化成本核算工作。

本章小结

◇营运资金是指在企业再生产过程中投放在流动资产上的资金。营运资金管理包括流动资产的管理,也包括流动负债的管理。

◇流动资产是企业生产经营过程中短期置存的资产,是企业资产的重要组成部分,包括现金、短期有价证券、应收及预付款项、存货等。流动资产具有实物形态的变动性、易变现性、数量波动性以及流动资产循环和生产经营周期一致性等特点。

◇现金是在生产过程中暂时停留在货币形态的资金,包括库存现金、银行存款、银行本票、银行汇票等。现金是流动性最强的资产,可以用来满足生产经营开支的各种需要,也是还本付息和履行纳税义务的保证。现金的成本由持有成本、转换成本和短缺成本组成。

◇确定最佳现金持有量的方法有成本分析模式、存货模式和因素分析模式。

◇应收账款是指企业因对外赊销产品、材料、提供劳务等而应向购货单位和接受劳务单位收取的款项,具有增加销售的功能和减少存货的功能,其成本由机会成本、管理成本和坏账成本构成。

◇存货是指企业在生产过程中为销售或耗用而储备的各种物资,具有储存必要的原材料和在产品以确保生产正常进行,储备必要的产成品以利于销售,便于组织均衡生产并降低产品成本和防止意外事件造成的损失等功能。存货储备的成本包括取得成本、储存成本与缺货成本三部分。

◇确定经济订货批量基本公式:

$$经济订货批量(Q)=\sqrt{2\times 单位采购费\times 年需用量/单位储存费}$$

$$经济订货批量的存货总成本(TC)=\sqrt{2\times 单位采购费\times 年需用量\times 单位储存费}$$

◇适时管理系统是以争取零存货为目标,即:在生产刚开始时,供应商发出的原材料正好到达;在生产线上,没有留存的半成品,只有不断运动的在产品;产品一旦完工,马上销售出去。适时管理系统有很多好处:第一,大大减少了存货的资金占用;第二,减少甚至不要仓库,原有的仓库可改建成生产车间;第三,适时管理系统必须与全面质量管理同步进行,提高企业的产品质量,减少废品损失；第四，提高劳动生产率。

关键概念

营运资金　最佳现金持有量　信用标准　经济订货批量

综合练习题

知识题

一、选择题

1. 现金作为一种资产，它的(　　)。

A. 流动性强，赢利性差　　B. 流动性强，赢利性强

C. 流动性差，赢利性强　　D. 流动性差，赢利性差

2. 企业将资金投放于应收账款上而损失的用于其他投资所获得的收益，称为应收账款的(　　)。

A. 坏账成本　　B. 管理成本

C. 机会成本　　D. 短缺成本

3. 在通货膨胀时，适当地储存原材料存货可以(　　)。

A. 防止停工待料　　B. 获得市场物价上涨的好处

C. 降低进货成本　　D. 维持均衡生产

4. 在5C评估法中，客户愿意履行偿债义务的可能性是指(　　)。

A. 情况　　B. 能力　　C. 资本　　D. 品质

5. 在确定现金持有量的存货模式中现金最佳持有量是指(　　)的存量。

A. 持有成本和转换成本之和最小时

B. 持有成本大于转换成本

C. 持有成本小于转换成本

D. 短缺成本和转换成本之和最小时

二、判断题

1. 企业现金管理的目的需要在流动性和收益性之间做出权衡和抉择。(　　)

2. 收账费用与坏账损失呈反比例关系，收账费用发生的越多，坏账损失就越少。因此，企业应不断增加收账费用，以使坏账损失将降至最低。(　　)

3. 现金浮游量是指企业账户上的现金余额与银行账户上所列示的存款余额之间的差额。(　　)

4. 最佳现金持有量与现金周转周期同方向变化。(　　)

5. 存货是流动资产的重要组成部分，因而具有较高的流动性。(　　)

三、简答题

1. 流动资产具有哪些特点？

2. 简述应收账款的功能与成本。

技能题

1. 你如何应付故意拖欠货款的顾客？

2. 假如你是某公司财务主管，你如何确定公司最佳现金持有量？

3. 安诺公司的年度产品赊销净额为 780 万元，应收账款的周转天数为 90 天，该产品的变动成本率为 70％，资金成本率为 20％。

问题：安诺公司应收账款的机会成本是多少？

4. 宏远电脑公司是 1980 年成立的，它主要生产小型及微型电脑，其目标市场主要定位于小规模企业和个人。该公司生产的产品质量优良，价格合理，在市场上颇受欢迎，销路很好，因此公司也迅速发展壮大起来。但是到了 21 世纪初，该公司的有些问题开始呈现出来：该公司过去为了扩大销售，占领市场，一直采用比较宽松的信用政策，客户拖欠的款项数额越来越大，时间越来越长，严重影响了资金的周转循环，公司不得不依靠长期负债及短期负债筹集资金。最近，主要贷款人开始不同意进一步扩大债务，所以公司经理非常忧虑。假如现在该公司请你作财务顾问，协助他们改善财务问题。

财务人员将有关资料整理如下：

(1)公司的销售条件为“2/10，n/90”，约半数的顾客享受折扣，但有许多未享受折扣的顾客延期付款，平均收账期约为 60 天。2010 年的坏账损失为 500 万元，信贷部门的成本(分析及收账费用)为 50 万元。

(2)如果改变信用条件为“2/10，n/30”，那么很可能引起下列变化：

①销售额由原来的 1 亿降为 9 000 万元；

②坏账损失减少 90 万元；

③信贷部门成本减少至 40 万元；

④享受折扣的顾客由 50％增加到 70％(假定未享受折扣的顾客也能在信用期内付款)；

⑤由于销售规模下降，公司存货资金占用将减少1 000万元；

⑥公司销售的变动成本率为 60％；

⑦资金成本率为 10％。

(3)作为财务顾问，请分析以下几个问题，为 2011 年公司应采用的信用政策提出意见：

①为改善公司目前的财务状况，公司应采取什么措施？

②改变信用政策后，预期相关资金变动额为多少？

③改变信用政策后，预期利润变动额为多少？

④该公司 2011 年是否应该改变其信用政策？

5. 威创公司的甲种外购半成品的年需要量为 120 000 件，每件的单位进价成本为 10 元，一次订货成本为 300 元，年单位变动存储费用为进价成本的 20%。要求：

(1)计算在简单条件下的经济进货批量、经济进货批量的总成本以及存货成本总额；

(2)当每批购买量在 30 000 件以上、60 000 件以下时，价格优惠 10%，当每批购买量在 60 000 件以上，价格优惠 15%。确定最佳经济进货批量；

(3)假定允许缺货，单位缺货成本为 8 元，确定经济进货批量。

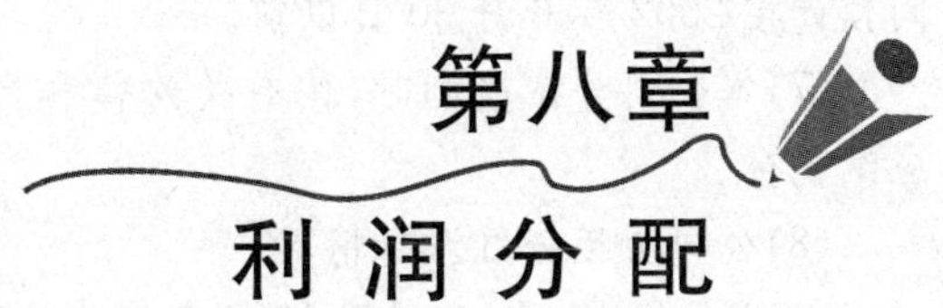

第八章 利润分配

学习目标

通过本章学习，了解股份有限公司利润分配程序、基本原则、确定利润分配政策应考虑的因素；掌握股利理论、各种股利政策的基本原理、优缺点和适用范围；理解股利分配方案的内容；熟悉股票分割的含义、目的与作用；熟悉股票回购的含义、意义与负效应。

引例 YINLI

某公司利润分配原则、程序、改革及分配方案

(1)本公司依照同股同利的原则，按各股东所持股份数分配股利。

(2)股利分配采取现金或股票两种形式。

(3)公司根据每一会计年度的赢利状况和发展情况，由董事会提出利润分配方案，股东大会作出利润分配决议。公司在股东大会作出利润分配决议后两个月内完成股利派发。

(4)根据2000年6月30日召开的公司1999年度股东大会决议，公司截止1999年12月31日的滚存未分配利润由老股东享有；2000年1月1日起形成的可供股东分配的利润由本次发行后的全体新老股东共享。

(5)本公司每年的税后利润，按下列顺序和比例分配：

①弥补上一年度亏损；

②按税后利润的10%提取法定公积金，当法定公积金已达到公司注册资本的50%时，可不再提取；

③按税后利润的5%～10%提取法定公益金；

④提取任意盈余公积金，具体比例由股东大会决定；

⑤支付普通股股利。

(6)本公司在本次新股发行后的第一个赢利年度即派发股利，股利分配时间预计在2002年6月30日以前。

(7)本公司分派股利时，按有关法律和行政法规代扣代缴股东股利收入的应纳税金。

(8)公司历年分红派息情况：

①1995年11月，公司用1994年度未分配利润和1995年1～9月可供股东分配利润，向全体股东按10∶5的比例派送红股631万股；

②1996年11月，公司用1995年度未分配利润和1996年1～9月可供股东分配利润，向全体股东按10∶2的比例派送红股504.8万股；

③公司1996年度、1997年度、1998年度和1999年度均未分配股利；

④2001年3月9日，公司2000年度股东大会审议通过2000年度利润分配方案，本年度不分配股利。

资料来源：潜江制药网上路演

第一节　利润分配概述

企业年度决算后实现的利润总额，要在国家、企业的所有者和企业之间进行分配，形成了国家的所得税收入、投资者的投资报酬和企业的留用利润等不同的项目。利润分配有广义和狭义之分，广义的利润分配是指对企业收入和利润进行分配的过程，狭义的利润分配则指对企业利润的分配。由于《税法》具有强制性和严肃性，缴纳税款是企业必须履行的义务，从这个意义上看，财务管理中讨论的利润分配，主要指企业的净利润分配，即狭义利润分配。利润分配的实质就是确定给投资者分红与企业留用利润的比例。

一、利润分配基本原则

（一）依法分配原则

为规范企业的利润分配行为，国家制定和颁布了若干法规，企业的利润分配必须依法进行，这是正确处理企业各项财务关系的关键。如企业在将税后净利润向投资者分配之前，必须按法律规定的内容、顺序和一定比例提取公积金。

（二）分配与积累并重原则

企业的利润分配，要正确处理长期利益和近期利益这两者的关系，坚持分配与积累并重。企业除按规定提取法定盈余公积金以外，可适当留存一部分利润作为积累。这部分积累的净利润不仅可以为企业扩大生产筹措资金，增强企业发展能力和抵抗风险的能力，同时，还可以供未来年度进行分配，起到以丰补歉、平抑利润分配数额波动、稳定投资报酬率的作用。

（三）兼顾职工利益原则

企业的净利润归投资者所有，是企业的基本制度。而企业的利润是由全体职工的劳动创造的，他们除了获得工资和奖金等劳动报酬以外，还应该以适当的方式享有企业利润增长带来的福利。如：在净利润中提取公益金，用于企业职工的集体福利设施支出。公益金是所有者权益的一部分，职工对这些福利设施具有使用权并负有保管之责，但没有所有权。

（四）投资与收益对等原则

企业利润分配应当体现"谁投资谁收益"、收益大小与投资数额呈相同比例，即投资与收益对等原则，不允许任何一方以任何方式多分，夺占。这是正确处理企业与投资者利益关系的立足点，是从根本上保护投资者的利益，鼓励其投资。

二、确定利润分配政策时应考虑的因素

利润分配政策也称股利政策，是指股利支付与否、支付多少、何时支付等有关事项的确定。企业的股利分配政策涉及很多方面，它的制定，总是在种种制约因素下进行的，企业不可能摆脱这些因素的影响和制约。一般认为，影响企业股利政策的因素主要有法律因素、企业因素、股东意愿及其他因素等几个方面：

（一）法律因素

为了保护债权人、投资者和国家的利益，有关法规对企业的股利分配有如下限制：

1. 资本保全限制

资本保全限制规定，它要求企业发放的股利或投资分红不得来源于原始投资（或股本），只能来源于企业当期利润或留存收益。

2. 资本积累限制

企业必须按税后利润的一定比例和基数，提取法定公积金和法定公益金。

一般要贯彻无利不分的原则。

3. 偿债能力限制

企业面临偿债问题时，发放现金股利就要受到限制，以保障其足够的偿债能力。

4. 超额累积利润限制

由于股东接受股利而缴纳的所得税高于其进行股票交易的资本利得税，所以企业可以通过积累利润使股价上涨来帮助股东避税。于是许多国家规定企业不得超额累积利润，一旦企业保留利润超过法律认可水平，将被加征额外税额，目的是为了防止股东避税。我国法律对此未加限制。

(二)企业因素

企业出于长期发展与短期经营考虑，制定股利政策时要对公司举债能力、未来投资机会、盈余稳定状况、资产流动状况、筹资成本等因素进行考量。

1. 资产的流动性

在股利分配中，企业资产的流动性是应该考虑的一个主要因素。股利的支付意味现金流出，较多的支付现金股利，会减少企业现金持有量，使企业资产流动性降低，危及企业财务安全。

2. 投资机会

有着良好投资机会的企业需要有强大的资金支持，因而往往较少发放现金股利，将大部分盈余留存下来进行再投资；缺乏良好投资机会的企业，保留大量盈余的结果必然是大量资金闲置，于是倾向于支付较高的现金股利。所以，处于成长中的企业，因一般具有较多的良好投资机会而多采取低股利政策，许多处于经营收缩期的企业，则因缺少良好的投资机会而多采取高股利政策。

3. 举债能力

具有较强举债能力的企业因为能及时筹措到所需的资金，有可能采取较宽松的股利政策，而举债能力弱的公司则不得不多留盈余，因而往往采取较紧的股利政策。

4. 赢利的稳定性

企业的现金股利来源于税后利润。赢利相对稳定的企业，有可能支付较高股利，而赢利不稳定的企业，一般采用低股利政策。

5. 筹资成本

留用利润是企业内部筹资的一种重要方式，同发行新股或举借债务相比，不但筹资成本较低，而且具有很强的隐蔽性。企业如果一方面大量发放股利，而另一方面又以支付高额资本成本为代价筹集其他资本，那么，这种舍近求远的做法无论如何是不恰当的，甚至有损于股东利益。因而从资本成本考虑，如果企业扩大规模，需要增加权益资本时，不妨采取低股利政策。

（三）股东意愿

股东出于自身考虑，可能对公司的收益分配提出不同意见。包括：避税考虑、控制权考虑、稳定收入考虑、规避风险考虑。

1. 避税考虑

在我国，由于现金股利收入的税率是20%，而股票交易尚未征收资本利得税，因此，低股利支付政策，可以给股东带来更多的资本利得收入，达到避税目的。

2. 规避风险

股利的风险小于资本利得的风险，当期股利的支付解除了投资者心中的不确定性。因此，他们往往会要求企业支付较多的股利，从而减少股东投资风险。

3. 稳定收入

企业的一些股东属于低收入阶层或养老基金等机构投资者，他们需要企业发放的股利来维持生活或用于发放养老金等，因此，这部分股东往往要求支付稳定的股利，尤其是稳定的现金股利发放。

4. 股权稀释

企业支付大量现金股利，然后再发行新的普通股以融通所需资金，现有股东的控制权就有可能被稀释。另外，随着新普通股的发行，流通在外的普通股股数增加，最终将导致普通股的每股赢利和每股市价的下降，对现有股东产生不利影响。

（四）其他因素

除上述因素外，股利分配还要受债务合同、通货膨胀的影响。

1. 债务合同约束

企业的债务合同特别是长期债务合同，往往有限制企业现金股利支付的条款，这使得企业只能采用低股利政策。

2. 通货膨胀的影响

在通货膨胀的情况下，企业固定资产折旧的购买力水平会下降，会导致没有足够的资金来源重置固定资产。这时较多的留存利润就会当作弥补固定资产折旧购买力水平下降的资金来源，因此，在通货膨胀时期，企业股利政策往往偏紧。

第二节　股利理论与股利政策

一、股利理论

股利政策是关于公司是否发放股利、发放多少股利以及何时发放股利等方面的方针和策略。它是股份制企业所涉及的最为敏感的问题。究竟股利支付比率多少为合适？股利政策对企业有哪些影响？如何才能保证企业未来的发展？对此存在多种多样的观点，有些观点甚至是矛盾的。这些观点形成了不同的股利理论，主要有股利无关论、股利相关论和税收效应理论。

表 8.1　股利理论

股利理论		观　点
股利无关论（MM 理论）		该理论认为，在一定的假设条件限定下，股利政策不会对公司的价值或股票的价格产生任何影响。一个公司的股票价格完全由公司的投资决策的获利能力和风险组合决定，而与公司的收益分配政策无关。该理论是建立在完全市场理论之上的。
股利相关论	股利重要论（在手之鸟理论）	该理论认为，用留存收益再投资给投资者带来的收益具有较大的不确定性，并且投资的风险随着时间的推移会进一步增大。投资者更喜欢现金股利，而不愿意将收益留存在公司内部，去承担未来的投资风险。
	传播信息论	该理论认为，在信息不对称的情况下，公司可以通过股利政策向市场传递有关公司未来赢利能力的信息，从而会影响公司的股价。一般来讲，预期未来赢利能力强的公司往往愿意通过相对较高的股利支付水平，把自己同预期赢利能力差的公司区别开来，以吸引更多的投资者。
	代理理论	该理论认为，股利政策有助于减缓管理者与股东之间的代理冲突，也就是说，股利政策是协调股东与管理者之间代理关系的一种约束机制。较多地派发现金股利至少有以下两点好处：(1)管理者自身可以支配的“闲余现金流量”相应减少，在一定程度上可以抑制公司管理者过度地扩大投资或进行特权消费，从而保护外部投资者的利益。(2)减少了内部融资，导致公司进入资本市场寻求外部融资，从而公司可以经常接受资本市场的有效监督，这样便可以通过资本市场的监督减少代理成本。因此，高水平的股利支付政策有助于降低企业的代理成本，但同时也增加了企业的外部融资成本，所以，最优的股利政策应当使这两种成本之和最小。
所得税差异理论		该理论认为，由于普遍存在的税率的差异及纳税时间的差异，资本利得收入比股利收入更有助于实现收益最大化目标，企业应当采用低股利政策。

二、股利政策

如前所述，股利分配政策实际上会影响企业的市场价值、筹资能力及企业未来的发展。因此，企业应综合考虑各种因素的影响，从实际出发，制定适合本企业的股利分配政策。股利分配政策的核心问题是确定支付股利与留用利润的比例，即股利支付率问题。目前企业财务管理中，常用的股利政策主要有以下几种类型：

（一）剩余股利政策

1. 剩余股利政策内容

企业未来有良好的投资机会时，生产经营所获得的净收益首先应满足企业的资金需求。将剩余的盈余作为股利予以分配，如果没有剩余，则不派发股利。

2. 剩余股利政策的理论依据

剩余股利政策的理论依据是MM理论股利无关论。该理论认为，在完全资本市场中，投资者对于赢利的留存或发放股利毫无偏好，股份公司的股利政策与公司普通股每股市价无关，公司派发股利的高低不会对股东的财富产生实质性的影响，公司决策者不必考虑公司的股利分配方式，公司的股利政策将随公司投资、融资方案的制定而确定。

3. 剩余股利政策实施步骤

(1)根据公司的投资计划确定公司的最佳资本预算；

(2)根据公司的目标资本结构及最佳资本预算预计公司资金需求中所需要的权益资本数额；

(3)尽可能用留存收益来满足资金需求中所需增加的股东权益数额；

(4)留存收益在满足公司股东权益增加需求后，如果有剩余再用来发放股利。

4. 优缺点及适用性

优点：留存收益优先保证再投资的需要，从而满足企业增长需要；有助于降低再投资的资金成本，保持最佳的资本结构，规避负债筹资风险；实现企业价值的长期最大化。

缺点：如果完全遵照执行剩余股利政策，股利发放额就会每年随投资机会和赢利水平的波动而波动，即使在赢利水平不变的情况下，股利也将与投资机会的多寡呈反方向变动：投资机会越多，股利越少；反之，投资机会越少，股利发放越多。而在投资机会维持不变的情况下，则股利发放额将因公司每年赢利的波动而同方向波动。另外剩余股利政策不利于投资者安排收入与支出，也不利于公司树立良好的形象。

适用性：剩余股利政策一般适用于公司初创阶段。

例 8.1

某企业遵循剩余股利政策，其目标资本结构为资产负债率 60%。

要求：

(1)如果该年的税后利润为 60 万元，在没有增发新股的情况下，企业可以从事的最大投资支出是多少？

(2)如果企业下一年拟投资 100 万元，企业将支付股利多少？

分析

(1)企业最大的投资支出＝60/(1－60%)＝150(万元)

(2)企业支付股利＝60－100×(1－60%)＝20(万元)

(二)固定股利支付率政策

1. 固定股利支付率政策内容

固定股利支付率政策，是将每年赢利的某一固定百分比作为股利分配给股东，每年发放的股利额都等于净利润乘以固定的股利支付率，股东每年领取的股利额是变动的。

2. 固定股利支付率政策理论依据

主张采用此政策的人认为，通过固定的股利支付率向股东发放股利，能使股东获取的股利与公司实现的盈余紧密联系，以真正体现多盈多分、少盈少分、无盈不分的原则，只有这样，才算真正公平地对待每一个股东。

另外，采取此政策向股东发放股利时，实现净利润多的年份向股东发放的股利多，实现净利润少的年份向股东发放的股利少，所以不会给公司带来固定的财务负担。

3. 优缺点及适用性

优点：股利与经营状况相联系，一般不会因分配股利引起资金短缺和财务困难的状况出现。

缺点：如果企业的赢利各年间波动不定，则其股利也随之波动，从而会影响股东对企业未来经营的信心，不利于企业股票的市场价格的稳定与上涨；另外合适的固定股利支付率的确定难度大，如果固定股利支付率确定得较低，不能满足投资者对投资收益的要求，而固定股利支付率确定得较高，没有足够的现金派发股利时，会给公司带来巨大财务压力。

适用性：实际工作中一成不变地奉行固定股利支付率政策的企业并不多

见，固定股利支付率政策只是比较适用于那些处于稳定发展且财务状况也较稳定的公司。

（三）固定股利或稳定增长股利政策

1. 固定股利或稳定增长股利政策内容

不论经济情况如何，也不论企业经营好坏，将企业每年的每股股利支付额稳定在某一特定水平上保持不变，只有企业管理当局认为企业的赢利确已增加，而且未来的赢利足以支付更多的股利时，企业才会提高每股股利支付额。

2. 固定股利或稳定增长股利政策理论依据

采用该政策的理论依据是在手之鸟理论和股利传播信息理论。该理论认为：

(1)股利政策向投资者传递重要信息。如果公司支付的股利稳定，就说明该公司的经营业绩比较稳定，经营风险较小，有利于股票价格上升。如果公司的股利政策不稳定，股利忽高忽低，这就给投资者传递企业经营不稳定的信息，导致投资者对风险的担心，进而使股票价格下降。

(2)稳定的股利政策，是许多依靠固定股利收入生活的股东更喜欢的股利支付方式，它更利于投资者有规律地安排股利收入和支出。

(3)固定股利或稳定的股利增长率可以消除投资者内心的不确定性，等于向投资者传递了该公司经营业绩稳定或稳定增长的信息，从而使公司股票价格上升。

3. 固定股利或稳定增长股利政策理论优缺点及适用性

优点：向市场传递公司正常发展的信息，有利于树立公司良好形象，稳定股票价格，有利于投资者安排股利收入和支出。

缺点：固定或稳定增长股利政策下的股利分配只升不降，股利支付与公司赢利相脱离，即不论公司赢利多少，均要按固定的乃至固定增长的比率派发股利。

在公司的发展过程中，难免会出现经营状况不好或短暂的困难时期，如果这时仍执行固定或稳定增长的股利政策，那么派发的股利金额大于公司实现的赢利，必将侵蚀公司的留存收益，影响公司的后续发展，甚至侵蚀公司现有的资本，给公司的财务运作带来很大压力，最终影响公司正常的生产经营活动。

适用性：固定或稳定增长的股利政策一般适用于经营比较稳定或正处于成长期的企业，但很难被长期采用。

因此，采用固定或稳定增长的股利政策，要求公司对未来的赢利和支付能力能做出较准确地判断。一般来说，公司确定的固定股利额不应太高，要留有余地，以免陷入公司无力支付的被动局面。

(四)低正常股利加额外股利政策

1. 低正常股利加额外股利政策内容

低正常股利加额外股利政策是介于固定股利与固定股利支付率之间的一种股利政策。是指企业一般每年都支付较低的固定股利,当赢利增长较多时,再根据实际情况加付额外股利。

2. 低正常股利加额外股利政策理论依据

低正常股利加额外股利政策的理论依据是股利相关论。将公司派发的股利固定地维持在较低的水平,则当公司赢利较少或需用较多的保留盈余进行投资时,公司仍然能够按照既定的股利水平派发股利,体现了在手之鸟理论。而当公司赢利较大且有剩余现金时,公司可派发额外股利,公司将派发额外股利的信息传播给股票投资者,有利于股票价格的上扬。体现了股利传播信息理论。

3. 优缺点及适用性

优点:这种政策既能保证股利的稳定性,使依靠股利度日的股东有比较稳定的收入,从而吸引住这部分股东,又能做到股利和赢利有较好的配合,使企业具有较大的灵活性。

缺点:每年的赢利波动使得额外股利不断变化,时有时无,造成分派的股利不同,容易给投资者以公司收益不稳定的感觉;当公司在较长时期持续发放额外股利后,可能会被股东误认为是正常股利,而一旦取消了这部分额外股利,传递出去的信号可能会使股东认为这是公司财务状况恶化的表现,进而可能会引起公司股价下跌的不良后果。

适用性:这种股利政策主要适用于经营状况和利润不稳定的企业和赢利水平随着经济周期而波动较大的公司或行业。

可以看出,低正常股利加额外股利政策既吸收了固定股利政策对股东投资收益的保障优点,同时又摒弃其对公司所造成的财务压力方面的不足,所以在资本市场上颇受投资者和公司的欢迎。

小思考 8.1

为吸引机构投资者,企业应采用的股利政策是(　　)。

A. 剩余股利政策　　　　B. 正常股利加额外股利政策

C. 固定股利支付率政策　　D. 固定股利政策

答　选B,C。

第三节 利润分配程序与方案

一、股份制企业的利润分配程序

(1)弥补以前年度的亏损。

(2)提取法定盈余公积金。

(3)提取法定公益金。

(4)支付优先股股息。一般地,优先股按事先约定的股息率取得股息,不受企业赢利与否或多少的影响。

(5)提取任意盈余公积金。任意盈余公积金是根据企业发展的需要自行提取的公积金,其提取基数与计提盈余公积金的基数相同,计提比例由股东会根据需要决定。

(6)支付普通股股利。从上述利润分配程序看,股利来源于企业的税后利润,但净利润不能全部用于发放股利,在提取了法定盈余公积金、公益金后,向优先股股东支付股息,提取了任意盈余公积金之后,才能向普通股股东发放股利。如股份公司当年无利润或出现亏损,原则上不得分配股利。但为维护公司股票的信誉,经股东大会特别决议,可按股票面值较低比率用盈余公积金支付股利,支付股利后留存的法定盈余公积金不得低于注册资本的25%。

例 8.2

某公司1995年初未分配利润账户的贷方余额为37万元,1995年发生亏损100万元,1996～2000年间的每年税前利润为10万元,2001年税前利润为15万元,2002年税前利润为40万元。所得税税率为40%,盈余公积金(含公益金)计提比例为15%。

要求:

(1)2001年是否交纳所得税?是否计提盈余公积金(含公益金)?

(2)2002年可供投资者分配的利润为多少?

分析

(1)2001年初未分配利润＝37－100＋10×5＝－13(万元)

(为以后年度税后利润应弥补的亏损)

$$2001年应交纳所得税 = 15 \times 40\% = 6(万元)$$

本年税后利润 ＝ 15－6 ＝ 9(万元)

企业可供分配的利润 ＝ 9－13 ＝－4(万元)

不能计提盈余公积金(含公益金)

(2)2002 年税后利润＝40×(1－40％)＝24(万元)

可供给分配的利润＝24－4＝20(万元)

计提盈余公积金(含公益金)＝20×15％＝3(万元)

可供给投资者分配的利润＝20－3＝17(万元)

二、股利分配方案的确定

(一)选择股利政策

上述四种股利政策各有利弊,上市公司选取股利政策时,必须结合自身情况,选择最适合本公司当前和未来发展的股利政策。其中居主导地位的影响因素是公司目前所处的发展阶段。公司应根据自己所处的发展阶段来确定相应的股利政策。

(1)在初创阶段,公司面临的经营风险和财务风险都很高,公司急需大量资金投入,融资能力差,即使获得了外部融资,资金成本一般也很高。因此,为降低财务风险,公司应贯彻先发展后分配的原则,剩余股利政策为最佳选择。

(2)在高速增长阶段,资金需求大而紧迫,不宜宣派股利,但投资者有分配股利的要求。为了平衡这两方面的要求,应采取正常股利加额外股利政策,股利支付方式应采用股票股利的形式避免现金支付。

(3)在稳定增长阶段,公司销售收入稳定增长,对外投资需求减少,净现金流入量值呈上升趋势,公司已具备持续支付较高股利的能力。此时,理想的股利政策应是稳定增长股利政策。

(4)在成熟阶段,产品市场趋于饱和,销售收入不再增长,利润水平稳定。此时,公司通常已积累了一定的盈余和资金,为了与公司的发展阶段相适应,公司可考虑由稳定增长股利政策转为固定股利支付率政策。

(5)在衰退阶段,产品销售收入减少,利润下降,公司为了不被解散或被其他公司兼并重组,需要投入新的行业和领域,以求新生。因此,公司已不具备较强的股利支付能力,应采用剩余股利政策。

总之,上市公司制定股利政策应综合考虑各种影响因素,分析其优缺点,并根据公司的成长周期,恰当的选取适宜的股利政策,使股利政策能够与公司的发展相适应。

（二）确定股利支付水平

通常用股利支付率来衡量股利支付水平。股利支付率又称股利分配率或股利发放率，是向股东分派的股息占公司赢利的百分比。与留存收益比率（Retention Ratio）相反。其计算公式为：

股利支付率＝每股股利÷每股盈余×100％

＝股利总额÷净利润总额

或

股利支付率＋留存收益率＝1

一般来说，公司发放股利越多，股利的支付率越高，因而对股东和潜在的投资者的吸引力越大，也就越有利于建立良好的公司信誉。由于投资者对公司的信任，会使公司股票供不应求，从而使公司股票市价上升，公司股票的市价越高，对公司吸引投资、再融资越有利。投资者可以通过考察不同发行公司的股利支付率来发现绩优公司。一般来讲，股利支付率较高的公司更倾向于绩优公司。

（三）确定股利支付形式

企业通常以多种形式发放股利，股利支付形式一般有现金股利、股票股利、财产股利和负债股利。股份有限公司支付股利的基本形式主要有现金股利和股票股利。在现实生活中，我国上市公司的股利分配广泛采用一部分股票股利和一部分现金股利的做法，其效果是股票股利和现金股利的综合。

1. 现金股利形式

现金股利是指企业以现金的方式向股东支付股利，也称为红利。现金股利是企业最常见的、最易被投资者接受的股利支付方式。企业支付现金股利，除了要有累计的未分配利润外，还要有足够的现金。因此，企业在支付现金前，必须做好财务上的安排，以便有充足的现金支付股利。因为，企业一旦向股东宣告发放股利，就对股东承担了支付的责任，必须如期履约，否则，不仅会丧失企业信誉，而且会带来不必要的麻烦。

2. 股票股利

股票股利是指企业以股票形式发放的股利，即按股东股份的比例发放股票作为股利的一种形式。它不会引起公司资产的流出或负债的增加，而只涉及股东权益内部结构的调整。股票股利优点：节约现金支出，减少筹资费用；股票变现能力强，易流通，股东乐于接受；便于今后配股融通更多资金和刺激股价。因而常被现金短缺的企业所采用。

3. 财产股利

主要是以公司所拥有的其他企业的有价证券，如债券、股票，作为股利支付给股东。

4. 负债股利

通常以公司的应付票据支付给股东，在不得已的情况下也有发行公司债券抵付股利的。财产股利和负债股利实际上是现金股利的替代。

（四）确定股利发放日期

股份公司分配股利必须遵循法定的程序，先由董事会提出分配预案，然后提交股东大会决议，股东大会决议通过分配预案之后，向股东宣布发放股利的方案，并确定股权登记日、除息（或除权）日和股利支付日等。

1. 股利宣告日

股利宣告日是指董事会将股东大会决议通过的分红方案（或发放股利情况）予以公告的日期。在公告中将宣布每股股利、股权登记日、除息日和股利支付日等事项。

2. 股权登记日

股权登记日是指有权领取股利的股东的资格登记截止日期。只有在股权登记日前在公司股东名册上有名的股东，才有权分享当期股利，在股权登记日以后列入名单的股东无权领取股利。

3. 除息日

除息日是指领取股利的权利与股票相互分离的日期。在除息日前，股利权从属于股票，持有股票者即享有领取股利的权利。从除息日开始，股利权与股票相分离，新购入股票的人不能享有股利。除息日的确定是由证券市场的交割方式决定的，因为股票买卖的交接、过户需要一定的时间。在我国，由于采用次日交割方式，则除息日与登记日差一个工作日。

4. 股利支付日

即向股东发放股利的日期。

例 8.3

甲公司不存在优先股，只发放现金股利，2010 年的净利润为 1 000 万元，支付现金股利 200 万元，利润分配之后的股东权益为 5 000 万元，每股净资产为 10 元。2011 年保持 2010 年的经营效率和资产负债率不变。要求：

（1）假设 2011 年预计通货膨胀率为 4%，销量增长率为 10%，不从外部筹集权益资金，计算 2011 年的股利支付率以及每股股利和每股收益；

（2）假设 2011 年的净利润为 1 200 万元，按照规定应该提取 120 万元的法定公积金，预计 2012 年需要增加投资资本 1 000 万元，按照权益资本占

60％的目标资本结构筹资，企业采用的是剩余股利政策，计算2011年的股利支付率。

分析

(1)2011年销售收入增长率＝(1＋4％)×(1＋10％)－1＝14.4％

由于2011年保持2010年的经营效率，所以，资产周转率和销售净利率不变。

根据销售净利率不变可知，

净利润增长率 ＝ 销售收入增长率 ＝ 14.4％

2011年的净利润 ＝ 1 000 ×(1 ＋ 14.4％) ＝ 1 144(万元)

根据资产周转率不变可知，

资产增长率＝销售增长率＝14.4％

又因为资产负债率不变，所以，

股东权益增长率＝资产增长率＝14.4％

股东权益增长额＝5 000×14.4％＝720(万元)

由于不从外部筹集权益资金，所以，

股东权益增长额＝新形成的留存收益

2011年从净利润中留存的收益＝720(万元)，

支付的现金股利＝1 144－720＝424(万元)

股利支付率＝424/ 1144×100％＝37.06％

普通股股数＝5 000/10＝500(万股)

每股股利＝424/500＝0.85(元)

每股收益＝1 144/500＝2.29(元)

(2)由题意可知，利润留存＝1 000×60％＝600(万元)

支付现金股利＝1 200－600＝600(万元)

股利支付率＝600/1 200×100％＝50％

第四节　股票分割与股票回购

一、股票分割

股票分割又称拆股，是公司管理当局将其股票分割或拆细的行为。股票分割对公司的资本结构和股东权益不会产生任何影响，但会引起每股面值降低，并由此引起每股收益和每股市价下跌。股票分割的主要作用有：

(1)有利于促进股票流通和交易；

(2)有助于公司并购政策的实施，增加对被并购方的吸引力；

(3)可能增加股东的现金股利，使股东感到满意；

(4)有利于增强投资者对公司的信心。

二、股票回购

(一)股票回购的含义与方式

股票回购是指股份公司出资将其发行流通在外的股票以一定价格购回予以注销或作为库存股的一种资本运作方式。

股票回购的方式主要有三种：一是在市场上直接购买；二是向股东标购；三是与少数大股东协商购买。

(二)股票回购的动机

公司回购股票的动机主要有：

(1)提高财务杠杆比例，改善企业资本结构；

(2)用于并购或抵制兼并；

(3)分配企业超额现金；

(4)满足认股权的行使；

(5)在公司的股票价值被低估时，提高其市场价值；

(6)清除小股东。

(三)股票回购的负效应

股票回购可能对上市公司经营造成的负面影响有：

(1)股票回购需要大量资金支付回购的成本，易造成资金紧缺，资产流动性变差，影响公司发展后劲；

(2)回购股票可能使公司的发起人股东更注重创业利润的兑现，而忽视公司长远的发展，损害公司的根本利益；

(3)股票回购容易导致内部操纵股价。

小思考 8.2

股票股利和股票分割是否相同？

答 不同。股票股利是上市公司采用较为频繁的一种股利政策。股票分割是指将面额较高的股票交换成面额较低的股票的行为。例如,将原来的一股股票交换成两股股票。股票分割不属于某种股利形式,但其所产生的效果与发放股票股利近似。

例 8.4

某公司股东权益账户如下:

普通股(每股面值 8 元)	1 000 000
资本公积	800 000
留存收益	4 200 000
股东权益总额	6 000 000

股票现行市价是每股 60 元。要求:

(1)在下列情况下,股东权益账户及普通股数量将发生什么变化:

①10%的股票股利;

②1∶2 股票分割。

(2)在没有信息传递或信号作用下,10%股票股利发放后普通股的市场价格是多少?如果有信息传递作用,股票市场价格将会怎样?

分析

(1)目前股票数量=1 000 000/8=125 000(股)

项　　目	(1)10%股票股利	(2)股票分割
普通股(面值)(元)	1 100 000(8 元)	1 000 000(4 元)
资本公积(元)	1 450 000	800 000
留存收益(元)	3 450 000	4 200 000
股东权益总额(元)	6 000 000	6 000 000
股票数量(元)	137 500	250 000

(2)股票股利发放前,企业的市场价值总额为 60 元×125 000 股=7 500 000 元。股票股利发放后,企业总价值不变,每股市价为 7 500 000/137 500=54.55 元。如果考虑信息传递的影响,企业的总价值可能升高,每股价格可能会高于 54.55 元。

本章小结

◇财务管理中的利润分配,主要指企业的净利润分配。其实质就是确定给投资者分红与企业留用利润的比例。为了正确处理企业与各方面的财务关系，企业利润分配必须遵循依法分配原则、分配与积累并重原则、兼顾职工利益原则和投资与收益对等原则。

◇影响企业股利分配的主要因素有法律因素、企业因素、股东意愿及其他因素等。

◇股利分配政策是指企业管理层对与股利有关的事项所采取的方针策略，其核心问题是确定股利支付率。目前财务管理中，常用的股利政策主要有以下几种类型：(1)剩余股利政策；(2)固定股利政策；(3)固定股利支付率政策；(4)正常股利加额外股利政策。研究股利分配政策必须了解股利理论，即股利政策对企业有哪些影响？如何才能保证企业未来的发展？对此存在多种多样的观点，有些观点甚至是矛盾的。这些观点形成了不同的股利理论，主要有股利无关论、股利相关论和税收效应理论。

◇利润分配程序是指公司制企业根据适用法律、法规或规定，对企业一定期间实现的净利润进行分派必须经过的步骤。股份制企业的利润分配程序：(1)弥补以前年度亏损；(2)提取法定盈余公积金；(3)提取法定公益金；(4)支付优先股股息；(5)提取任意盈余公积金；(6)支付普通股股利。

◇股利分配方案包括股利政策选择、股利形式、股利支付水平、股利支付程序。

上市公司选取股利政策时，必须结合自身情况，选择最适合本公司当前和未来发展的股利政策。其中居主导地位的影响因素是公司目前所处的发展阶段。公司应根据自己所处的发展阶段来确定相应的股利政策。

股利形式。企业股利支付形式一般有现金股利、股票股利、财产股利和负债股利，其中最为常见的是现金股利和股票股利。

股利支付程序。企业通常在利润分配时，公司必须事先确定与股利支付相关的时间界限，包括：(1)股利宣告日；(2)股权登记日；(3)除息日；(4)股利支付日。

◇股票分割又称拆股，是公司管理当局将其股票分割或拆细的行为。股票分割对公司的资本结构和股东权益不会产生任何影响，但会引起每股面值降低，并由此引起每股收益和每股市价下跌。

◇股票回购是指股份公司出资将其发行流通在外的股票以一定价格购回予以注销或作为库存股的一种资本运作方式。股票回购的方式主要有三种：(1)在市场上直接购买；(2)向股东标购；(3)与少数大股东协商购买。

关键概念

利润分配　股利　股利理论　股利政策　股利形式

综合练习题

一、选择题

知识题

1. 公司采用固定股利政策发放股利的好处主要表现为(　　)。

A. 降低资金成本　　B. 维持股价稳定

C. 提高支付能力　　D. 实现资本保全

2. 在下列股利分配政策中,能保持股利与利润之间一定的比例关系,并体现风险投资与风险收益对等原则的是(　　)。

A. 剩余股利政策　　B. 固定股利政策

C. 固定股利支付率政策　　D. 低正常股利加额外股利政策

3. 我国上市公司不得用于支付股利的权益资金是(　　)。

A. 资本公积　　B. 任意盈余公积

C. 法定盈余公积　　D. 上年未分配利润

4. 上市公司按照剩余股利政策发放股利的好处是(　　)。

A. 有利于公司合理安排资金结构　　B. 有利于投资者安排收入与支出

C. 有利于公司稳定股票的市场价格　　D. 有利于公司树立良好的形象

5. 在下列公司中,通常适合采用固定股利政策的是(　　)。

A. 收益显著增长的公司　　B. 收益相对稳定的公司

C. 财务风险较高的公司　　D. 投资机会较多的公司

6. 甲公司采用销货百分比法预测资金需要量,预计 2005 年的销售收入为 7 200万元,预计销售成本、营业费用、管理费用、财务费用占销售收入的百分比分别为 78%、1.2%、14.6%、0.7%,适用企业所得税税率为 33%。若甲公司 2005 年计划股利支付率为 60%,则该公司 2005 年留存收益的增加额应为(　　)万元。

A. 78.408　　B. 106.128　　C. 117.612　　D. 159.192

7. 关于股份公司税后利润分配的顺序,下列说法正确的是(　　)。

A. 首先弥补以前年度亏损、向投资者分配利润,然后计提盈余公积

B. 首先弥补以前年度亏损、提取盈余公积,然后向投资者分配利润

C. 首先提取盈余公积,然后向投资者分配利润和弥补亏损

D. 首先向投资者分配利润、弥补亏损,然后计提盈余公积

8. 按照剩余股利政策,假定某公司目标资金结构为自有资金与借入资金之比为 6∶2,该公司下一年度计划投资 800 万元,今年实现的净利润为 1 500 万元,股利分配时,可以将(　　)万元用于发放股利。

A. 900　　　　B. 1 000　　　　C. 700　　　　D. 800

9. 相对于其他股利政策而言，既可以维持股利的稳定性，又有利于公司灵活掌握资金调配的股利政策是(　　)。

A. 剩余股利政策　　　　B. 固定股利政策

C. 固定股利支付率政策　　　　D. 低正常股利加额外股利政策

10. 领取股利的权利与股票相互分离的日期是(　　)。

A. 股利宣告日　　B. 股权登记日　　C. 除息日　　D. 股利支付日

11. 某企业年初未分配利润为贷方余额 50 万元，当年净利润为 100 万元，则当年以 10%提取的法定盈余公积为(　　)。

A. 15 万元　　B. 5 万元　　C. 7.5 万元　　D. 10 万元

12. 某企业注册资本 100 万元，盈余公积 80 万元，企业用盈余公积转增资本的最高限为(　　)。

A. 25 万元　　B. 50 万元　　C. 40 万元　　D. 55 万元

13. 可最大限度满足企业对再投资的权益资金需要的股利政策是(　　)。

A. 固定股利政策　　　　B. 剩余股利政策

C. 固定股利支付率政策　　　　D. 正常股利加额外股利政策

14. 属于影响股利分配的法律因素是(　　)。

A. 资本保全限制　B. 资产的流动性　C. 筹资能力　　D. 资本成本

15. 下列不属于利润分配的项目是(　　)。

A. 盈余公积　　B. 公益金　　C. 所得税　　D. 股利

16. 制定股利政策时应考虑的股东因素是(　　)。

A. 避税因素　　B. 筹资能力　　C. 投资机会　　D. 资本成本

17. 要保持目标资本结构，应采用的股利政策是(　　)。

A. 固定股利支付率政策　　　　B. 固定股利政策

C. 正常股利加额外股利政策　　　　D. 剩余股利政策

18. 影响股利政策的企业因素有(　　)。

A. 避税考虑　　　　B. 资本积累限制

C. 股权稀释　　　　D. 资产的流动性

19. 股票股利(　　)。

A. 常被资金短缺的企业采用　　　　B. 可节约企业的现金支出

C. 会减少企业的资产和所有者权益　D. 不会减少企业的资产和所有者权益

20. 股票股利对股东的好处是(　　)。

A. 若股价不同比例下降可增加利得收益　B. 可获得纳税上的好处

C. 能节约现金　　　　D. 可增加企业的所有者权益

21. 在股利支付程序中涉及的时间界限有(　　)。

A. 股利宣告日　　B. 股权登记日　　C. 除息日　　D. 股利支付日

22. 支付现金股利（　　）。

A. 会使企业的现金减少　　B. 会使企业的未分配利润减少

C. 不会使企业的所有者权益减少　　D. 会使企业的所有者权益减少

23. 下列属于股利相关论观点的是（　　）。

A. 股利支付率不影响公司的价值　　B. 投资人并不关心股利的分配

C. 股利支付率会影响公司的价值　　D. 投资人对股利和资本利得并无偏好

24. 股利相关论的观点主要包括（　　）。

A. 股利重要理论　　B. 信号传递理论

C. 在手之鸟理论　　D. 所得税差异理论

25. 由于股利比资本利得具有相对的确定性，因此公司应维持较高的股利支付率，这种观点属于（　　）。

A. 股利重要理论　　B. 股利政策无关论

C. 信号传递理论　　D. 代理理论

26. 资本利得收入比股利收入更有助于实现收益最大化目标，所以企业应采用低股利政策，这是（　　）的观点。

A. 股利政策无关论（MM 理论）　　B. 所得税差异理论

C. 代理理论　　D. 股利相关论

27. 股利无关论的假设条件有（　　）。

A. 不存在公司或个人所得税

B. 市场具有强式效率

C. 不存在任何筹资费用

D. 公司的投资决策与股利决策彼此独立

28. 采用正常股利加额外股利政策的理论依据是（　　）。

A. 使企业有较大的灵活性　　B. 能保持理想的资本结构

C. 能吸引偏好稳定收入的投资者　　D. 有利于降低资本成本

29. 企业采用固定股利政策的考虑是（　　）。

A. 避免股利变动大给外界造成不良猜测

B. 使以股利收入为生活来源的股东满意

C. 吸引机构投资者对本企业投资

D. 抵消通货膨胀的影响

二、判断题

1. 固定股利支付率政策，能使股利与公司盈余紧密结合，以体现多盈多分、少盈少分的原则。（　　）

2. 成长中的企业，一般采用低股利政策；处于经营收缩期的企业，则可能采

用高股利政策。(　　)

3. 由于发放股票股利后,市场流通的股票股数增加了,从而使每位股东所持股票的市场价值总额增加。(　　)

4. 一个新股东要想取得本期股利,必须在除权日之前购入股票,否则即使持有股票也无权领取股利。(　　)

5. 股份有限公司利润分配的一个主要特点是,提取任意盈余公积在支付优先股股利之后,但在分配普通股股利之前。(　　)

6. 企业不能用资本发放股利,但可以在没有累计盈余的情况下提取盈余公积金。(　　)

7. 只要公司拥有足够现金,就可以发放现金股利。(　　)

8. 按照利润分配的积累优先原则,企业税后利润分配,不论什么条件下均应优先提取法定公积金。(　　)

9. 如果发放股票股利的比例小于股价下降的比例,股东就可得到收益。(　　)

10. 股份公司的股利分配政策遵循无利不分的原则,公司当年无赢利就不能支付股利。(　　)

11. 所得税差异理论认为,资本利得收入比股利收入更有助于实现收益最大化目标,企业应当采用低股利政策。(　　)

12. 在手之鸟理论认为公司应该保持较低水平的股利支付政策。(　　)

13. 信号传递理论认为,在信息对称的情况下,公司可以通过股利政策向市场传递有关公司未来获利能力的信息,从而会影响公司的股价。(　　)

14. 股利政策的基本理论中的所得税差异理论是建立在股利收入和资本利得税率不同的基础上,如果二者的税率相同,则该理论没有现实意义。(　　)

技能题

1. A公司2006年亏损20万元,2007年赢利2万元,2008年赢利3万元,2009年赢利5万元,2010年赢利8万元,2011年赢利10万元。假设无纳税调整事项,所得税率为33%。要求:

(1)2010年是否应缴纳所得税?能否进行利润分配?

(2)2011年是否应交纳所得税?交纳多少?应否提取法定盈余公积和公益金?按15%的比率计提法定盈余公积和公益金,应提取多少?

2. 某公司执行剩余股利政策,目标资本结构为资产负债率50%,本年税后利润为100万元。若不增发新股,可从事的最大投资支出是多少?

3. 某公司当年实现净利润500万元,年初未分配利润200万元,按15%提取法定盈余公积和公益金,按可供给投资者分配利润的30%向投资者分配现金股利,求提取的法定盈余公积和公益金以及支付的现金股利总额。

4. 某公司本年赢利1 000万元，所得税率33%(假定没有纳税调整事项)，按净利润的10%提取法定盈余公积，按净利润的5%提取法定公益金，公司执行剩余股利政策，目标资本结构为50%，计划下一年度投资700万元建设一个新项目。要求：

(1)计算当年应缴所得税额；

(2)计算应提取的法定盈余公积和法定公益金；

(3)计算当年可分配的现金股利。

5. A公司2008年年初所有者权益总额为150 000万元，其中股本50 000万元(每股面值1元)，资本公积60 000万元，盈余公积25 000万元，未分配利润15 000万元。2008年实现净利润15 000万元，按净利润的15%提取法定盈余公积和公益金，决定每10股发放股票股利1股，并按发放股票股利后的股本发放现金股利，每股0.1元，A公司股票市价2元。要求：

(1)计算提取的盈余公积和公益金；

(2)计算发放的现金股利总额；

(3)计算分配后的所有者权益结构。

6. 某公司成立于2008年1月1日，2008年度实现的净利润为1 000万元，分配现金股利550万元，提取盈余公积450万元(所提盈余公积均已指定用途)。2009年实现的净利润为900万元(不考虑计提法定盈余公积的因素)。2010年计划增加投资，所需资金为700万元。假定公司目标资本结构为自有资金占60%，借入资金占40%。要求：

(1)在保持目标资本结构的前提下，计算2010年投资方案所需的自有资金额和需要从外部借入的资金额；

(2)在保持目标资本结构的前提下，如果公司执行剩余股利政策，计算2009年度应分配的现金股利；

(3)在不考虑目标资本结构的前提下，如果公司执行固定股利政策，计算2009年度应分配的现金股利、可用于2010年投资的留存收益和需要额外筹集的资金额；

(4)不考虑目标资本结构的前提下，如果公司执行固定股利支付政策，计算该公司的股利支付率和2009年度应分配的现金股利；

(5)假定公司2010年面临着从外部筹资的困难，只能从内部筹资，不考虑目标资本结构，计算在此情况下2009年度应分配的现金股利。

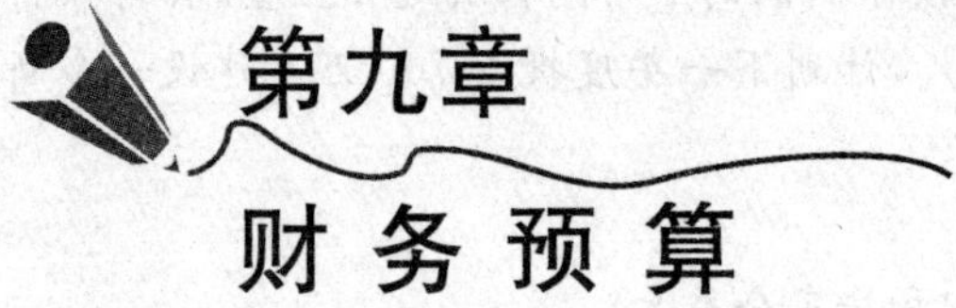

第九章 财务预算

学习目标

通过本章学习，了解财务预算的含义与功能及其在全面预算体系中的地位，熟悉各种预算的编制方法与优缺点，掌握现金预算、预计损益表表和预计资产负债表的编制方法。

引例
YINLI

财务预算在公司管理中的作用

几年前网络概念高涨之时，有一个网络公司融了一笔美元进来，投资公司要求CEO必须有详细的财务预算。因为大家当时要的是"眼球经济"，所以CEO在市场推广方面的预算是每月100万美元。但CEO比较心疼钱，3个月在市场推广方面只花了100万美元，多余的钱存进银行里。结果在董事会上，CEO被严厉批评，董事们质询CEO为什么没有把钱花出去。这个典故后来"以讹传讹"，传说成为网络公司大家比的是谁花的钱多，而不是谁挣的钱多。

这一案例表明，CEO对企业运营和财务预算比较糊涂。CEO应该有一个详细的财务预算并严格执行，如这笔美元用来投资研发、市场渠道建设、品牌推广、环境建设等的比例各是多少。

第一节 财务预算体系与作用

一、财务预算的含义

计划是企业管理的重要职能之一，而预算是以数量和金额的形式对计划给予说明。财务预算是企业全面预算的一部分，它是与企业财务状况、经营成果以及现金收支有关的各种预算的总称。包括现金预算、预计损益表和预计资产负债表等内容。

二、财务预算在全面预算体系中的地位

全面预算体系包括日常业务预算、专门决策预算和财务预算三大类内容。

（一）日常业务预算

日常业务预算是对业务方面的预算。它包括销售预算、生产预算、直接材料耗用量及采购预算、应交税金预算、直接人工预算、制造费用预算、产品成本预算、期末存货预算、销售费用预算、管理费用预算，是整个全面预算体系的基础。

（二）专门决策预算

是反映企业项目决策情况的预算，也称资本支出预算。如企业为固定资产新建、扩建、更新改造编制的预算，为筹集资金、发放股利、对外投资而编制的预算都属于此类预算。

（三）财务预算

财务预算是预算过程中最后一个环节的预算，从价值方面总括地反映经营期决策预算与业务预算的结果。包括现金预算和预计财务报表（预计损益表和预计资产负债表）。财务预算是全面预算的最后环节，又称为总预算。其他预算则称为分预算或辅助预算。

三、财务预算的作用

财务预算是企业全面预算体系的组成部分，它在全面预算体系中具有重要的作用，主要表现在：

（一）财务预算使各部门明确奋斗的目标

预算是目标的具体化，它不仅能够帮助人们更好地明确整个企业的奋斗目标，而且能够使人们清楚地了解自己部门的任务。编制预算的目的是为了贯彻目标管理的原则，指导和控制业务的执行。总之，预算能够使管理人员未雨绸缪，并养成在具体行动之前，凡事预先计划的良好习惯。

(二)财务预算是协调各部门工作的一种手段

财务预算把整个企业各方面的工作严密地组织起来,并且把企业内部有关协作单位的配合关系,也纳入统一的计划之中,使企业内部上下左右协调起来,环环相扣,达到平衡。这样也就更能发挥预算的控制作用。例如,在以销定产的经营方针下,生产预算应当以销售预算为前提,而现金收支预算必须以供、产、销过程中的现金流量为依据。

(三)财务预算是控制企业日常经济活动的依据

预算工作不能只限于编制,还应该包括预算的执行。在生产经营过程中,把实际情况与预算加以比较,揭示出来的差异,一方面可以考核各部门或有关人员的工作成绩,另一方面也用来检查预算编制的质量。有些实际脱离预算的差异,并不表示实际工作的好坏,而是预算本身的问题,使预算脱离了实际。掌握这些情况,有利于改进下期预算的编制工作。

(四)财务预算是各部门工作考核的依据

以预算数作为标准,将实际数与预算数对比,及时发现问题和调整偏差,分析形成差异的程度和原因,分清各部门责任,奖惩分明,从而保证企业经营目标实现。

第二节　财务预算的方法

一、固定预算与弹性预算

按其编制业务量基础的数量特征不同,可分为固定预算和弹性预算。

(一)固定预算

固定预算又称静态预算,是根据预算期内正常的、可实现的某一固定业务量(如生产量、销售量)水平作为唯一基础来编制预算的预算方法。

固定预算是编制预算方法中最基本的方法,优点是:编制过程较为简单。缺点是:一是过于呆板,不论预算期内业务量水平实际可能发生哪些变动,都只按事先确定的某一业务量水平作为编制预算的基础;二是可比性差,当实际业务量与编制预算所依据的业务量发生较大差异时,有关预算指标的实际数与预算数就会因业务量基础不同而失去可比性。例如，编制财务预算时，预计业务量为生产能力的90%，其成本预算总额为40 000元，而实际能力的110%，其成本预算总额为55 000元，实际成本与预算成本相比，则超支很大。但是，实际成本脱离预算成本的差异包括了因业务量增长而增加的成本差异，而业务量差异对成本分析来说是无意义的。适合业务量水平较为稳定的企业。

（二）弹性预算

1. 弹性预算含义

弹性预算，又称变动预算或滑动预算，是指为克服固定预算方法的缺点而设计的，以业务量、成本和利润之间的依存关系为依据，按照预算期可预见的各种业务量水平为基础，编制能够适应多种情况预算的一种方法。

弹性预算的优点在于：一方面能够适应不同经营活动情况的变化，扩大了预算的范围，更好地发挥预算的控制作用，避免了在实际情况发生变化时，对预算作频繁的修改；另一方面能使预算对实际执行情况的评价与考核，建立在更加客观的基础之上。

这种方法适用于各项随业务量变化而变化的项目支出，较多用于编制制造费用、销售及管理费用、弹性利润预算。

2. 弹性费用预算的编制（建立在成本性态分析基础之上的）

（1）编制弹性费用预算的步骤：①选择和确定各种经营活动的计量单位如消耗量、人工小时、机器工时等。②预测和确定可能达到的各种经营活动业务量。在确定经济活动业务量时，要与各业务部门共同协调，一般可按正常经营活动水平的70%～120%之间确定，也可按过去历史资料中的最低业务量和最高业务量为上下限，然后再在其中划分若干等级，这样编出的弹性预算较为实用。③根据成本性态和业务量之间的依存关系，将企业生产成本划分为变动和固定两个类别，并逐项确定各项费用与业务量之间的关系。④计算各种业务量水平下的预测数据，并用一定的方式表示，形成某一项的弹性预算。

（2）弹性费用预算通常采用公式法和列表法。①公式法是假设成本和业务量之间存在线性关系，成本总额、固定成本总额、业务量和单位变动成本之间的变动关系可以表示为：

$$y=a+bx$$

式中：y是成本总额，a表示不随业务量变动而变动的那部分固定成本，b是单位变动成本，x是业务量，某项成本总额y是该项固定成本总额和变动成本总额之和。只要在预算中列示a和b，便可随时利用公式计算任一项目业务量的预算成本。

例 9.1

某企业的制造费用项目单位变动费用和固定费用资料见表 9.1 所示。

表 9.1　某企业的单位变动费用和固定费用表(公式法)

费用明细项目(变动费用)	单位变动费用(元/工时)	费用明细项目(固定费用)	固定费用(元)
间接人工	0.5	维护费用	12 000
间接材料	0.6	折旧费用	30 000
维护费用	0.4	管理费用	20 000
水电费用	0.3	保险费用	10 000
机物料	0.2	财产税	5 000
小计	2.0	小计	77 000

假设该企业预算期可能的预算工时变动范围 49 000～51 000 工时，根据表 9.1，可利用公式：$y=a+bx=77\ 000+2\cdot x$，计算出工时变动范围 49 000～51 000工时的范围内任意业务量基础上的制造费用预算总额。

公式法的优点是在一定范围内，预算可以随业务量变动而变动，可比性和适应性强，编制预算的工作量相对较小。缺点是按公式进行成本分解比较麻烦，对每个费用子项目甚至细目逐一进行成本分解，工作量很大。同时又不能直接查出特定业务量下的总成本预算额，并有一定的误差。

尽管如此，我们还是应当看到，预算本身就是对未来的推算，允许出现误差。另外，在成本水平变动不大的情况下，也不必在每个预算期都进行成本分解。

②列表法是指通过列表的方式，将与各种业务量对应的预算数列示出来的一种弹性预算编制方法。在预算表格列出一系列不同的业务量，在每个业务量水平下都算出相应的预算数字。

例 9.2

假定有关资料同表 9.1，预算期企业可能的直接人工工时分别为 49 000 工时、49 500 工时、50 000 工时、50 500 工时、51 000 工时。用例表法编制制造费用弹性预算见表 9.2 所示。

表 9.2　制造费用弹性预算表(列表法)

费用明细项目		业务量(小时)				
		49 000	49 500	50 000	50 500	51 000
变动费用:						
间接人工	0.5	24 500	24 750	25 000	25 250	25 500
间接材料	0.6	29 400	29 700	30 000	30 300	30 600
维护费用	0.4	19 600	19 800	20 000	20 200	20 400
水电费用	0.3	14 700	14 850	15 000	15 150	15 300
机物料	0.2	9 800	9 900	10 000	10 100	10 200
小计	2.0	98 000	99 000	100 000	101 000	102 000
固定费用:						
维护费用		12 000	12 000	12 000	12 000	12 000
折旧费用		30 000	30 000	30 000	30 000	30 000
管理费用		20 000	20 000	20 000	20 000	20 000
保险费用		10 000	10 000	10 000	10 000	10 000
财产税		5 000	5 000	5 000	5 000	5 000
小计		77 000	77 000	77 000	77 000	77 000
制造费用合计		175 000	176 000	177 000	178 000	179 000

该表按500小时为业务量间距,实际上可再大些或再小些,但须注意,阶段的划分必须适当,间距过大,不能适应业务量变动的需要,间距过小,阶段太多,虽对控制有利,但编制预算太费时。总的说来,这种方法工作量较大,但结果会比公式法更精确些。

列表法的主要优点是可以直接从表中查各种业务量下的成本费用预算,不用再另行计算,因此直接、简便;缺点是编制工作量较大,而且由于不能随业务量变动而任意变动,弹性仍然不足。

3. 弹性利润预算的编制

弹性利润预算能够反映不同销售业务量条件下相应的预算利润水平,编制方法有:

(1)因素法。是指根据受业务量变动影响的有关收入、成本等因素与利润的关系,列表反映这些因素分别变动时相应的预算利润水平。本法适于单一品种经营或采用分算法处理预算编制,见表 9.3 所示。

表 9.3 弹性利润预算(因素法)

项目	行次	1～3 季度实际	第 4 季度预计	全年预计完成
销售收入	1	38 000 000	1 350 000	5 150 000
销售税金	2	117 800	44 550	162 350
占销售收入%	3	3.1%	3.3%	3.15%
变动成本	4	2 812 000	999 000	3 811 000
占销售收入%	5	74%	74%	74%
创利额	6	870 200	306 450	1 176 650
占销售收入%	7	22.9%	22.7%	22.85%
固定成本	8	475 500	168 750	643 750
销售利润	9	395 200	137 700	532 900
其他销售利润	10	11 400	360	11 760
营业外收入	11	6 000	2 000	8 000
营业外支出	12	256 500	85 500	342 000
利润总额	13	156 100	54 560	210 660

(2)百分比法,又称销售额百分比法。即按不同销售额的百分比编制弹性预算的方法,见表 9.4 所示。

表 9.4 弹性利润预算(百分比法)

销售收入百分比(1)	90%	95%	100%	105%
销售收入(2)=1080000×(1)	97 200	1 026 000	1 080 000	1 134 000
变动成本(3)	43 480	44 980	46 585	48 188
边际贡献(4)=(2)-(3)	928 520	981 020	1 033 415	1 085 812
固定成本(5)	19 000	19 000	19 000	19 000
毛利润总额(6)=(4)-(5)	909 520	962 020	1 014 415	10 668

此法适用于多品种经营的企业,比较简单,但必须假定销售收入百分比的上下限均不突破相关范围,即固定成本在固定预算的基础上不变动和变动成本随销售收入变动百分比而同比例变动。

二、增量预算与零基预算

编制预算的方法按其出发点的特征不同,分为增量预算和零基预算。

(一)增量预算

增量预算是指在基期成本费用水平的基础上,结合预算期业务量水平及有关低成本的措施,通过调整有关原有成本费用项目而编制预算的方法。这种预算方法比较简单,但它是以过去的水平为基础,实际上就是承认过去是合理的,无需改进。因此往往不加分析地保留或接受原有成本项目,或按主观臆断平均削减,或只增不减,这样容易造成预算的不足,或者是安于现状,造成预算不合理的开支。

(二)零基预算

零基预算,是指在编制成本费用预算时,不考虑以往会计期间所发生的费用项目或费用数额,而是将所有的预算支出均以零为出发点,一切从实际需要与可能出发,逐项审议预算期内各项费用的内容及开支标准是否合理,在综合平衡的基础上编制费用预算的一种方法。零基预算编制的程序是:

(1)根据企业在预算期内的总体目标,对每一项业务说明其性质、目的,以零为基础,详细提出各项业务所需要的开支或费用;

(2)按成本—效益分析方法比较分析每一项预算费用是否必要,能否避免,以及它所产生的效益,以便区别对待;

(3)对不可避免费用项目优先分配资金,对可延缓成本则根据可动用资金情况,按轻重缓急以及每个项目所需经费的多少分成等级,逐项下达费用预算。

零基预算法的优点是不仅能压缩经费开支,而且能切实做到把有限的经费用在最需要的地方。不受过去老框框的制约,能够充分发挥各级管理人员的积极性和创造性,促进各级预算部门精打细算,量力而行,合理使用资金,提高经济效益。

其缺点是由于一切支出均以零为起点进行分析、研究,因而编制预算的工作量较大,其所花费的时间和代价远比不太精确的预算过程要高,所以有时甚至得不偿失。有的企业每隔若干年进行一次零基预算,以后几年内略作适当调整,这样既简化了预算编制的工作量,又能适当控制费用。

三、定期预算与滚动预算

编制预算方法按预算期时间特征不同,分为定期预算和滚动预算。

(一)定期预算

定期预算,是指在编制预算时以不变的会计期间(如日历年度)作为预算期的一种预算编制的方法。

其优点是能够使预算期间与会计年度相配合，便于考核和评价预算的执行结果。其缺点是远期指导性差、灵活性差和连续性差。

（二）滚动预算

滚动预算，又称连续预算或永续预算，是指在编制预算时，将预算期与会计年度脱离，随着预算的执行不断延伸补充预算，逐期向后滚动，使预算期永远保持为一个固定期间，根据新的情况进行调整的一种预算编制方法。

滚动预算按其预算编制和滚动的时间单位不同，可分为逐月滚动、逐季滚动和混合滚动三种方式。

与传统的定期预算方法相比，按滚动预算方法编制的预算具有透明度高、及时性强、连续性好，保证企业的经营管理工作能够稳定而有序地进行，有利于管理人员对预算资料作经常性的分析研究，并能根据当时预算的执行情况加以调整。

第三节　现金预算与预计财务报表的编制

一、现金预算的编制

现金预算包括现金收入、现金支出、现金多余和不足的预算，以及多余部分的利用方案和不足部分的筹措方案等。现金预算实际上是日常业务预算和专门决策预算有关现金收支部分的汇总，以及收支差额平衡措施的具体计划。它的编制要以日常业务预算和专门决策预算为基础。

整个预算是以业务预算中销售预算为起点，根据各种预算之间的勾稽关系，按顺序从前往后逐步进行，编制出现金预算，直至最后编制出预计财务报表。为了与会计年度配合，预算的编制都以一年作为基本预算期间，并编制各季预算。

下面介绍日常业务预算与专门决策预算，以及它们如何为现金预算准备数据。

（一）销售预算

销售预算是在销售预测的基础上，根据企业年度目标利润确定的预计销售量、销售单价和销售收入等参数编制的，用于规划预算期销售活动的一种业务预算。销售预算是整个预算的出发点，也是整个预算的关键和核心。销售预算的主要内容是销售量、单价和销售收入。还要有预计现金收入，既有实物量指标又有价值量指标，以便为编制现金收支预算提供信息。预计销售量、销售单价是通过对市场预测和对企业生产能力预测得到的。销售预算涉及的计算公式为：

预计销售收入＝预计销售量×预计单位售价

预计现金收入＝上期应收销货款的回收额＋本期销售中应收到的货款

例 9.3

A 公司于 2010 年(计划年度)只生产和销售一种产品，每季的产品销售有 60％属现销，于当季收到现金，有 40％属赊销，于下一个季度收到现金。2010 年(基期)年末的应收账款为 175 000 元。该公司计划年度的分季度销售预算见表 9.5所示。

表 9.5　A 公司销售预算

2010 年度　　　　金额单位:元

项目	1 季度	2 季度	3 季度	4 季度	全年
预计销量(件)	2 000	2 500	3 000	2 500	10 000
单价(元)	250	250	250	250	250
预计销售收入	500 000	625 000	750 000	625 000	2 500 000
应收账款期初	175 000				175 000
1 季度现销收入	300 000	200 000			500 000
2 季度现销收入		375 000	250 000		625 000
3 季度现销收入			450 000	300 000	750 000
4 季度现销收入				375 000	375 000
现金收入合计	475 000	575 000	700 000	675 000	2 425 000

注意　编制销售预算，要关注以下几点：①期初应收账款；②收现条件："本季收现 60％，下季收现 40％"；③期末应收账款的计算。

(二)生产预算

生产预算是规划预算期生产而编制的一种业务预算。它是在销售预算的基础上编制的，按品种分别进行，然后汇总，可以作为编制材料采购预算和生产成本预算的依据。该预算只有实物量指标，没有价值量指标，无法直接为现金预算提供资料(该预算不涉及现金收支)。

生产预算涉及的计算公式为:

预计生产量=预计销售量+预计期末结存量-预计期初结存量

例 9.4

假设A公司2010年年初结存产成品300件,本年各季度末结存,产成品分别为:一季度末500件,二季度末550件,三季度末500件,四季度末400件,预计销售量见销售预算表。A公司生产预算表见表9.6所示。

表 9.6 A公司生产预算表

2010年度　　单位:件

项目	1季度	2季度	3季度	4季度	全年
预计销量	2 000	2 500	3 000	2 500	10 000
加:预计期末结存	500	550	500	400	400
预计需要量	2 500	3 050	3500	2 900	10 400
减:期初结存量	300	500	550	500	300
预计生产量	2 200	2 550	2 950	2 400	10 100

提示 ①关系公式;②年初年末存货已知。

(三)直接材料消耗及材料采购预算

直接材料消耗及采购预算又称材料预算,是在生产预算的基础上,预测生产耗用材料情况,对直接材料消耗情况及采购情况作出预算的一种业务预算。该预算反映预算期各种材料消耗量、采购量、材料消耗成本和材料采购成本等计划信息,还要反映预计材料采购的现金支出,以便为编制现金预算提供信息。该预算涉及的计算公式为:

某种材料耗用量(生产需要量)=产品预计生产量×单位产品定额耗用量

某种材料采购量=某种材料耗用量+该种材料期末结存量

-该种材料期初结存量

例 9.5

假设A公司计划年度期初材料结存量800千克,本年各季度结存材料分别为:一季度末850千克,二季度末950千克,三季度末800千克,四季度末850千克，每季度的购料款于当季支付40%，60%于下一个季度支付，应付账款年初余额为120 000元。其他资料参见销售预算和生产预算。A公司计划年度分季材料采购预算见表9.7所示。

表9.7　A公司材料采购预算表

2010年度　　　　　　　　　　　　　　　　　　　　金额单位：元

项目	1季度	2季度	3季度	4季度	全年
预计生产量(件)	2 200	2 550	2 950	2 400	10 100
材料定额消耗(kg)	6	6	6	6	6
预计生产需要量(kg)	13 200	15 300	17 700	14 400	60 600
加：期末结存量	850	950	800	850	850
减：期初结存量	800	850	950	800	800
预计材料采购量	13 250	15 400	17 550	14 450	60 650
材料计划单价	20	20	20	20	20
预计购料金额	265 000	308 000	351 000	289 000	1 213 000
应付账款年初余额	120 000				120 000
一季度购料付现	106 000	159 000			265 000
二季度购料付现		123 200	184 800		308 000
三季度购料付现			140 400	210 600	351 000
四季度购料付现				115 600	115 600
现金支出合计	226 000	282 200	325 200	326 200	1 159 600

提示　①编表公式；②第一季度期初结存量（已知）；③季度末结存量（本例中为已知，通常情况下为下季度预计生产需用量的一定比例）；④年末（第四季度季末）结存量；⑤付款条件。（本例中为本季付40%，下季付60%）

（四）直接人工预算

它是以生产预算为基础编制的，反映预算期内人工工时消耗水平及人工成本开支的业务预算。其主要内容有预计产量、单位产品工时，人工总工时，每小时人工成本和人工总成本。预计产量来自生产预算，单位产品工时、每小时人工成本数据来自标准成本资料，人工总工时和人工总成本通过前几项计算得来。计算公式为：

预计人工总工时＝预计产量×单位产品工时

预计人工总成本＝预计人工总工时×每小时人工成本

例 9.6

假设 A 公司单位产品耗用工时 6 小时，单位工时的工资率为 10 元，计算各季人工工资预算见表 9.8 所示。

表 9.8　A 公司直接人工预算表

2009 年度　　　　　　　　　　　　　　　　　　　　　　金额单位：元

项　目	1 季度	2 季度	3 季度	4 季度	全年
预计生产量(件)	2 200	2 550	2 950	2 400	10 100
单耗工时(小时)	6	6	6	6	6
直接人工小时数	13 200	15 300	17 700	14 400	60 600
单位工时工资率	10	10	10	10	10
预计直接人工成本	132 000	153 000	177 000	144 000	606 000

提示　由于人工工资都需要使用现金支付，所以不需另外预计现金支出，可直接参加现金预算的汇总。

(五)制造费用预算

制造费用预算是反映生产成本中除直接材料、直接人工以外的一切不能直接计入产品制造成本的间接制造费用的预算。这些费用必须按成本习性划分为固定费用和变动费用。

变动制造费用以生产预算为基础来编制，即根据预计生产量和预计的变动制造费用分配率来计算。固定制造费用与本期的生产量无关，一般可以按照零基预算的编制方法编制。逐项进行预计，按每季实际需要的支付额预计，然后求出全年数。制造费用预算需预计现金支出。为了便于以后编制产品成本预算，需要计算小时费用率。计算公式为：

变动或固定制造费用分配率＝年度变动或固定制造费用总额/年度人工总工时

例 9.7

根据前面所编各预算表的资料，编制 A 公司制造费用预算表见表 9.9 所示。

表 9.9　A 公司制造费用预算表

2010 年度　　　　　　　　　　　　　　　　　　　　金额单位:元

项目	1 季度	2 季度	3 季度	4 季度	全年
预计生产量(件)	2 200	2 550	2 950	2 400	10 100
单耗工时(小时)	6	6	6	6	6
直接人工小时数	13 200	15 300	17 700	14 400	60 600
单位工时工资率	10	10	10	10	10
预计直接人工成本	132 000	153 000	177 000	144 000	606 000

费用项目	金额	费用项目	金额
间接人工	0.2×60 600＝12 120	维护费用	4 000
间接材料	0.1×60 600＝6 060	折旧费用	73 200
维护费用	0.15×60 600＝9 090	管理费用	35 000
水电费用	0.25×60 600＝15 150	保险费用	6 000
润滑剂	0.05×60 600＝3 030	财产税	3 000
小计	0.75×60 600＝45 450	小计	121 200
变动费用现金支出	45 450		
固定费用合计	121 200		
减:折旧费用	73 200		
固定费用现金支出	48 000		
制造费用全年支出	93 450		
制造费用第 1 季现金支出	21 900		
制造费用第 2 季现金支出	23 475		
制造费用第 3 季现金支出	25 275		
制造费用第 4 季现金支出	22 800		

提示　变动制造费用现金支出按分配率在各个季度之间分配的;固定制造费用是平均分配的。

(六)单位生产成本预算

单位生产成本预算是反映预算期内各种产品生产成本水平的一种业务预算。

这种预算是在生产预算、直接材料消耗及采购预算、直接人工预算和制造费用预算的基础上编制的。

例 9.8

假设A公司采用制造成本法，生产成本包括变动生产成本和固定生产成本。根据前面已编制的各种业务预算表资料，编制A公司单位产品生产成本表见表9.10所示。

表9.10　A公司的单位产品生产成本表

2010年度　　　　　　　　　　　　　　　　　　　　金额单位：元

成本项目	单位用量	单位价格	单位成本
直接材料	6千克	20元/千克	120
直接人工	6小时	10元/小时	60
变动制造费用	6小时	0.75元/小时	4.5
单位变动生产成本			184.5
单位固定生产成本	121 200÷60 600＝2		12
单位生产成本			196.5
期末存货成本	期末存货数量		400件
	单位生产成本		196.5
	期末存货成本		78 600

(七)销售及管理费用预算

销售及管理费用预算，是以价值形式反映整个预算期内为销售产品和维持一般行政管理工作而发生的各项目费用支出计划的费用预算。该预算与制造费用预算一样，需要划分固定费用和变动费用列示，按销售预算、生产预算和实际需要量逐项预计。

例 9.9

假设A公司销售和行政管理部门根据计划期间的具体情况，合并编制了销售与管理费用预算表，见表9.11所示。

表 9.11　A 公司销售与管理费用预算表

2010 年度　　　　　　　　　　　　　　　　　　　　金额单位:元

费用明细项目		预算资金
变动费用	销售佣金 0.5×60600	30 300
	办公费用 0.4×60600	24 240
	运输费用 0.6×60600	36 360
	变动费用小计	90 900
固定费用	广告费用	100 000
	管理人员工资	125 000
	保险费用	8 000
	折旧费用	50 000
	财产税	4 000
	房屋租金	3 000
	固定费用小计	290 000
预计现金支出计算表	销售及管理费用总额	380 900
	减:折旧费用	50 000
	销售及管理费用现金支出总额	330 900
	每季销售及管理费用现金支出	82 725

提示　本题中全年销售及管理费用现金支出总额在各个季度之间的分配,采用的是平均的方法。

(八)专门决策预算

专门决策预算是对中选方案的进一步规划,比决策更精确,更细致,包括短期决策预算与长期决策预算。短期决策预算往往纳入业务预算体系。长期预算决策又称为资本支出预算,涉及长期建设项目的资金投放与筹措,并经常跨年度,因此除个别项目外,一般不纳入日常的业务预算,但应计入与此有关的现金收支预算与预计资产负债表。

例 9.10

假设 A 公司决定于 2010 年上马一条新生产线,年内安装完毕,并于年末投入使用,有关投资与筹资预算见表 9.12 所示。

表 9.12　A 公司专门决策预算表

2010 年度　　　　　　　　　　　　　　　　　　　　　金额单位:元

项目	1 季度	2 季度	3 季度	4 季度	全年
投资支出预算	20 000	0	50 000	150 000	220 000
预付所得税	10 000	0	0	10 000	20 000
借入长期借款	20 000			100 000	120 000

提示　年末投入使用,按照会计规定,应当将在建工程转入固定资产。

(九)现金预算

日常业务预算和专门决策预算编制完成以后,接下来就可以编制总预算,即财务预算。首先编制现金预算。

现金预算是将业务预算各表中反映的现金收支额和决策预算的现金投资额汇总列出现金收入总额、现金支出总额、现金余缺数及投资、融资数额的预算。主要是为了测算企业在预算期现金收入和现金支出吻合时间,以及现金收入超过或不足现金支出的具体时间和数额,以防资金短缺,同时避免资金的积压和闲置,提高资金使用效率。

例 9.11

根据前面编制的各业务预算表和决策预算表的资料,编制现金预算。该公司年初现金余额为 135 000 元,每季支付各种流转税 35 000 元,年末支付股利 60 000 元,最低现金余额为 50 000 元。A 公司现金预算见表 9.13 所示。

表 9.13　A 公司现金预算表

2010 年度　　　　　　　　　　　　　　　　　　　　　金额单位:元

项　目	1 季度	2 季度	3 季度	4 季度	全年
期初现金余额	135 000	61 875	59 975	54 275	135 000
加经营现金收入	475 000	575 000	700 000	675 000	2 425 000
现金收入合计	610 000	636 875	759 975	729 275	2 560 000
减本期现金支出					
直接材料采购	226 000	282 200	325 200	326 200	1 159 600
直接人工支出	132 000	153 000	177 000	144 000	606 000

续表

项　目	1季度	2季度	3季度	4季度	全年
制造费用	21 900	23 475	25 275	22 800	93 450
销售及管理费用	82 725	827 25	827 25	82 725	330 900
支付流转税	35 000	35 000	35 000	35 000	140 000
预交所得税	10 000	0	10 000	0	20 000
分配股利				60 000	60 000
资本性现金支出	20 000		50 000	150 000	220 000
现金支出合计	527 625	576 400	705 200	820 725	2 629 950
现金余缺	82 375	60 475	54 775	−91 450	−69 950
长期借款	20 000			100 000	120 000
支付利息	500	500	500	500	2 000
取得短期借款				10 000	10 000
偿还短期借款					
进行短期投资	40 000				40 000
出售短期投资				40 000	40 000
期末现金余额	61 875	59 975	54 275	58 050	58 050

提示　①预交所得税为已知数;②各期支付的利息金额为已知(题目中未给出借款时间以及利率);③一季度超出40 000元的部分可以进行短期投资。

二、预计财务报表的编制

预计财务报表也称企业总预算,是控制企业预算期内资金、成本、利润总量的手段。主要是为企业管理服务,从整体反映企业经营的全局措施,与实际财务报表不同,包括预计损益表和预计资产负债表。

(一)预计损益表

预计损益表用来综合反映企业在计划期的预计经营成果,是企业最主要的财务预算之一。编制预计损益表的依据是各业务预算、专门决策预算和现金预算。

例 9.12

根据前面编制的各业务预算表和决策预算表、现金预算的资料，编制，A 公司预计损益表预算表见表 9.14 所示。

表 9.14 A 公司预计损益表预算表

2010 年　　　　　　　　　　　　　　　　　　　　　　　　　　金额单位:元

项目	1 季度	2 季度	3 季度	4 季度	全年
销售收入	500 000	625 000	750 000	625 000	2 500 000
减:销售成本	293 000	491 250	589 500	491 250	1 865 000
销售税金	35 000	35 000	35 000	35 000	140 000
销售毛利	172 000	98 750	125 500	98 750	495 000
减:销售及管理费用	95 225	95 225	95 225	95 225	380 900
财务费用	500	500	500	500	2 000
营业利润	76 275	3 025	29 775	3 025	112 100
减:所得税	10 000	0	10 000	0	20 000
净利润	66 275	3 025	19 775	3 025	92 100

提示 每季度销售成本＝销量×单位生产成本;每季度销售及管理费用＝全年费用/4

(二)预计资产负债表

预计资产负债表是用来反映企业在计划期末预计的财务状况。它的编制需以计划期开始日的资产负债表为基础,然后根据计划期间各项预算的有关资料做必要的调整。

例 9.13

根据 A 公司期初资产负债表及计划期各项预算中的有关资料，编制出 2010 年末的预计资产负债表见表 9.15 所示。

表 9.15　A公司预计资产负债表

2009年12月31日　　　　　　　　　　　　　　　　　　　　金额单位:元

资产	金额	负债及权益	金额
流动资产:		流动负债:	
现金	58 060	短期借款	20 000
应收账款	250 000	应付账款	173 400
存货	95 600	应付税金	160 000
流动资产合计	403 660	流动负债合计	353 400
长期资产:		长期负债:	120 000
固定资产	420 000	长期借款	120 000
减:累计折旧	180 000	股东权益:	
固定资产净额	240 000	股本	500 000
在建工程	150 000	资本公积	100 000
无形资产	400 000	留存收益	120 260
长期资产合计	790 000	权益合计	720 260
资产总计	1 193 660	负债及权益总计	1 193 660

提示　①存货＝产成品存货＋原材料存货;②累计折旧＝年初累计折旧＋本期折旧;③在建工程。本题等于新生产线投资,但新生产线年末已投入使用,应当转入固定资产。

本章小结

◇财务预算是一系列专门反映企业未来一定预算期内预计财务状况、经营成果以及现金收支等价值指标的各种预算总称。包括现金预算、预计利润表、预计资产负债表和预计现金流量表。财务预算的作用包括:财务预算使决策目标具体化、系统化和定量化;财务预算是总预算,其余预算是辅助预算;财务预算有助于财务目标的顺利实现。

◇固定预算和弹性预算的特点:固定预算是针对某一特定业务量编制的,弹性预算是针对一系列可能达到的预计业务量水平编制的。

◇增量预算和零基预算的特点:增量预算是以基期成本费用水平为基础,零基预算是一切从零开始。

◇定期预算和滚动预算的特点:定期预算一般以会计年度为单位定期编制,滚动预算的要点在于不将预算期与会计年度挂钩,而是始终保持在12个月。

◇现金预算的内容包括现金收入、现金支出、现金收支差额和资金的筹集及应用。现金预算实际上是销售预算、生产预算、直接材料预算、直接人工预算、制造费用预算、产品生产成本预算、销售及管理费用预算等预算中有关现金收支部分的汇总。现金预算的编制,要以其他各项预算为基础。

◇预计财务报表的编制包括预计利润表的编制、预计资产负债表的编制和预计现金流量表的编制。

关键概念

弹性预算　增量预算　零基预算　定期预算　滚动预算

综合练习题

知识题

一、选择题

1. 企业预算是从编制(　　)开始的。

A. 生产预算　　B. 销售预算

C. 产品成本预算　　D. 现金预算

2. 下列预算中,只反映实物量,不反映价值量的是(　　)。

A、销售预算　　B. 生产预算

C. 直接材料预算　　D. 直接人工预算

3. 在编制预算时,不适宜采用弹性预算方法的是(　　)。

A. 利润预算　　B. 制造费用预算

C. 销售及管理费用预算　　D. 现金预算

4. 在基期成本费用水平的基础上,结合预算期业务量及有关降低成本的措施,通过调整有关原有成本项目而编制预算的一种方法,称为(　　)。

A. 静态预算　　B. 零基预算

C. 滚动预算　　D. 增量预算

5. 在编制预算时,预算期必须与会计年度口径一致的编制方法是(　　)。

A. 定期预算　　B. 零基预算

C. 滚动预算　　D. 弹性预算

6. 在编制预算时,应考虑预算期内一系列可能达到的业务量水平的编制方法是(　　)。

A. 固定预算　　B. 增量预算

C. 弹性预算　　　　　　　　D. 滚动预算

7. 下列预算中,不属于日常业务预算的是(　　)。

A. 生产成本预算　　　　　　B. 销售预算

C. 现金预算　　　　　　　　D. 直接材料预算

8. 在编制制造费用预算时,将制造费用预算扣除(　　)后,调整为现金收支的费用。

A. 变动制造费用　　　　　　B. 管理人员工资

C. 折旧　　　　　　　　　　D. 水电费

9. 直接材料预算主要是根据(　　)编制的。

A. 销售预算　　　　　　　　B. 生产预算

C. 现金预算　　　　　　　　D. 产品成本预算

10. (　　)是编制生产预算的基础。

A. 销售预算　　　　　　　　B. 现金预算

C. 直接材料预算　　　　　　D. 直接人工预算

11. 生产预算是编制(　　)的依据。

A. 直接材料预算　　　　　　B. 直接人工预算

C. 产品成本预算　　　　　　D. 现金预算

12. 产品生产成本预算,是(　　)预算的汇总。

A. 销售及管理费用预算　　　B. 直接材料预算

C. 直接人工预算　　　　　　D. 制造费用预算

13. 下列项目中,属于生产预算内容的是(　　)。

A. 预计销售量　　　　　　　B. 预计期末存货

C. 预计期初存货　　　　　　D. 预计消耗量

14. 在财务预算中,专门用以反映企业未来一定预算期内预计财务状况和经营成果的预算为(　　)。

A. 现金预算　　　　　　　　B. 预计资产负债表

C. 预计损益表　　　　　　　D. 预计现金流量表

15. 下列各项中,包括在现金预算中的有(　　)。

A. 现金收入　　　　　　　　B. 现金支出

C. 现金收支差额　　　　　　D. 资金的筹集与使用

16. 下列预算中,能够既反映经营业务又反映现金收支内容的有(　　)。

A. 销售预算　　　　　　　　B. 生产预算

C. 直接材料预算　　　　　　D. 制造费用预算

17. 在下列各项中,被纳入现金预算的有(　　)。

A. 经营性现金收入　　　　B. 经营性现金支出

C. 资本性现金支出　　　　D. 现金收支差额

18. 编制预计资产负债表的依据包括(　　)。

A. 现金预算　　　　B. 特种决策预算

C. 日常业务预算　　　　D. 预计损益表

19. 与生产预算有直接联系的预算是(　　)。

A. 直接材料预算　　　　B. 制造费用预算

C. 销售及管理费用预算　　　　D. 直接人工预算

20. 不能够同时以实物量指标和价值量指标分别反映企业经营业务和相关现金收入或支出的预算是(　　)。

A. 现金预算　　　　B. 销售预算

C. 生产预算　　　　D. 直接人工预算

二、判断题

1. 固定股利支付率政策,能使股利与公司盈余紧密结合,以体现多盈多分、少盈少分的原则。(　　)

2. 成长中的企业,一般采用低股利政策;处于经营收缩期的企业,则可能采用高股利政策。(　　)

3. 由于发放股票股利后,市场流通的股票股数增加了,从而使每位股东所持股票的市场价值总额增加。(　　)

4. 一个新股东要想取得本期股利,必须在除权日之前购入股票,否则即使持有股票也无权领取股利。(　　)

5. 股份有限公司利润分配的一个主要特点是,提取任意盈余公积在支付优先股股利之后,但在分配普通股股利之前。(　　)

6. 企业不能用资本发放股利,但可以在没有累计盈余的情况下提取盈余公积金。(　　)

7. 只要公司拥有足够现金,就可以发放现金股利。(　　)

8. 按照利润分配的积累优先原则,企业税后利润分配,不论什么条件下均应优先提取法定公积金。(　　)

9. 如果发放股票股利的比例小于股价下降的比例,股东就可得到收益。(　　)

10. 股份公司的股利分配政策遵循"无利不分"的原则,公司当年无赢利就不能支付股利。(　　)

技能题

1. 方圆制造厂2010年拟利用闲置的三台机器,投资一项学生用钢木小床桌项目进行了财务预算，在不知赢利状况如何的情况下，为了回避风险、稳健投资，要求利用弹性预算法公式和列表法对该项目的制造费用进行了财务预算。(见下表)

利用该模型可以预测业务量 x 在 8 400～9 756 台时之间，即：生产能力利用率为 90%～105%之间任意一点上的制造费用预算数。

方圆制造厂制造费用预算资料

项目	固定费用(元)	变动费用(元/台时)
折旧	10 000	
保险费	9 000	
燃油		2
原材料		1
生产工人工资	13 000	0.35
维修费	1 500	0.10
合计	33 500	3.45

方圆制造厂制造费用预算表(2010 年度)

机器台时	8 400	8 835	9 300	9 765
生产能力利用	90%	95%	100%	105%
变动费用项目				
燃油 原材料 生产工人工资 维修费				
固定费用				
折旧费 保险费				
生产制造费用预算数(元)				

2. ABC 公司 2009 年度设定的每季末预算现金余额的额定范围为 50 万～60 万元，其中，年末余额已预定为 60 万元。假定当前银行约定的单笔短期借款必须为 10 万元的倍数，年利息率为 6%，借款发生在相关季度的期初，每季末计算并支付借款利息，还款发生在相关季度的期末。2010 年该公司无其他融资计

划。ABC公司编制的2010年度现金预算的部分数据见下表所示：

2010年度ABC公司现金预算

金额单位:万元

项目	第一季度	第二季度	第三季度	第四季度	全年
①期初现金余额	40	*	*	*	(G)
②经营现金收入	1 010	*	*	*	5 536.6
③可运用现金合计	*	1 396.3	1 549	*	(H)
④经营现金支出	800	*	*	1 302	4 353.7
⑤资本性现金支出	*	300	400	300	1 200
⑥现金支出合计	1 000	1 365	*	1 602	5 553.7
⑦现金余缺	(A)	31.3	−37.7	132.3	*
加:短期借款	0	(C)	0	−20	0
减:支付短期借款利息	0	(D)	0.3	0.3	*
购买有价证券	0	0	−90	(F)	*
⑧期末现金余额	(B)	(E)	*	60	(I)

说明:表中用“*”表示省略的数据,假设可运用现金合计=期初现金余额+经营现金收入。

要求:计算上表中用字母“A～I”表示的项目数值(除“G”和“I”项外,其余各项必须列出计算过程)。

3. 某麦芽制品公司2010年12月31日的资产负债表如下：

金额单位:万元

现金	5	应付账款	36
应收账款	53	预提费用	21.2
存货	54.5	短期借款	40
流动资产	112.5	流动负债	97.2
固定资产净值	183.6	应付债券	45
		股本	10
		未分配利润	143.9
资产总计	296.1	负债和股东权益	296.1
	合计		

公司收到了大量订单并且预期从银行取得借款,所以需要预测2011年1、2、3月份的公司现金需求量。一般地,公司销售当月收现20%,次月收现70%,

再次月收现10%。材料成本占销售额的60%；

每月购买原材料的数量等于次月销售额的60%。购买的次月支付货款。预计1、2、3月份的工资费用分别为15万元、20万元和16万元。1～3月份每个月的销售费用、管理费用、税金、其他现金费用预计为10万元。2010年11月和12月的实际销售额及2011年1～4月份的预计销售额如下表(单位:万元)：

2010年11月	50
2010年12月	60
2011年1月	60
2011年2月	100
2011年3月	65
2011年4月	75

要求：

(1)请编制1、2、3月份的现金预算；

(2)若随时保证5万元的现金余额,请确定额外的银行借款数量(假设此借款无利息)；

(3)请编制2011年3月31日的预计资产负债表(2011年1～3月份的折旧费用预计为2.4万元)。

4. 某企业编制2011年6月份的现金收支计划。预计2011年6月月初现金余额为8 000元;月初应收账款4 000元,预计月内可收回80%;本月销货50 000元,预计月内收款比例为50%;本月采购材料8 000元,预计月内付款70%;月初应付账款余额5 000元需在月内全部付清;月内以现金支付工资8 400元;本月制造费用等间接费用付现16 000元;其他经营性现金支出900元;购买设备支付现金10 000元。企业现金不足时,可向银行借款,借款金额为1 000元的倍数;现金多余时可购买有价证券。

要求:月末现金余额不低于5 000元。

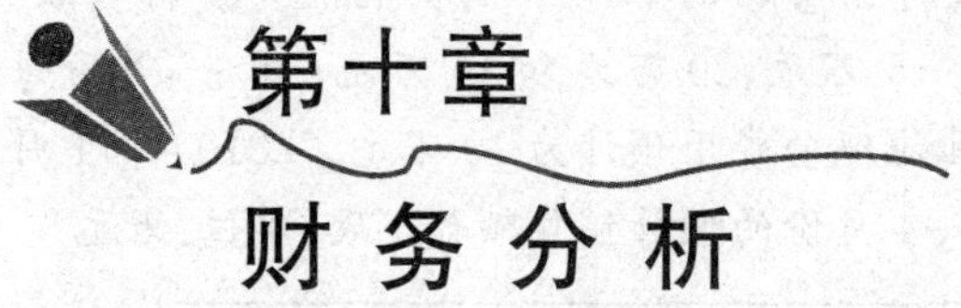

第十章 财务分析

学习目标

通过本章的学习，掌握财务分析的基本概念和意义，学会运用财务分析的基本方法对企业的财务状况、经营成果及其发展趋势进行评价和预测，基本掌握财务分析指标的计算和运用技巧。

引例 YINLI

蓝田神话破灭

2001年3月1日，蓝田股份(600709)就2000年的经营情况向全体股民交出了一份出色的答卷。仅从历年资料判断，蓝田股份似乎是一支不折不扣的"老牌绩优股"。资料显示，蓝田股份1996年股本为9 696万股，2000年底扩张到4.46亿股，股本扩张了360%；主营业务收入从4.68亿元大幅增长到18.4亿元，净利润从0.593亿元快速增长到令人难以置信的4.32亿元。

2001年10月26日，北京中央财经大学教授刘姝威在一份内部刊物上发表文章，呼吁"应立即停止对蓝田股份发放贷款"，引起银行高层的关注。不久，相关银行即停止对蓝田发放新的贷款。

经过研究，刘姝威发现，蓝田有一个奇怪的财务组合。根据分析，她研究推理：蓝田股份的偿债能力越来越恶化；扣除各项成本和费用后，蓝田股份没有净收入来源；蓝田股份不能创造足够的现金流量以便维持正常经营活动和保证按时偿还银行贷款的本金和利息；银行应该立即停止对蓝田股份发放贷款。

2002年1月，蓝田股份因涉嫌提供虚假财务信息，董事长保田等10名中高层管理人员被拘传接受调查。2002年5月，因连续3年亏损，蓝田股份暂停上市。

对蓝田股份得出这种结论，刘姝威说自己并没有用过于复杂的分析方法，无非就是最基本的财务分析方法，包括静态分析、趋势分析和同业比较等，还包括一些财务比率，她只用了最基本的20个比率，比如流动比率、速动比率、现金负债比率等。

资料来源：中央电视台2002年3月《新闻调查》

第一节　财务分析概述

一、财务分析的意义

财务分析产生于19世纪末20世纪初，最早的财务分析是为银行服务的信用分析。由于企业规模的扩大，借贷资本比重的不断加强，银行家需要对贷款人进行偿债能力分析。随着社会筹资范围的扩大，非银行的贷款人和投资人的增加，财务分析由只为贷款银行服务扩展到为投资人服务，财务分析包括了对企业的赢利能力、筹资结构、利润分配等进行分析。公司组织发展起来以后，财务分析从外部分析扩大到内部分析，通过内部财务分析，可以改善内部的经营管理，提高企业的获利能力和偿债能力。

财务分析是企业财务管理的重要组成部分，它是以企业财务报告及其相关资料为主要依据，运用科学方法对企业的财务状况和经营成果进行评价和剖析，反映企业在运营过程中的利弊得失和发展趋势，从而为改进企业财务管理工作和优化经济决策提供重要的财务信息。财务分析既是已完成的财务活动的总结，又是财务预测的前提，在财务管理的循环中起着承上启下的作用。做好财务分析工作具有以下几点重要的意义：

1. 开展财务分析有利于企业评价财务状况和经营成果

财务分析的基本资料是财务报表，通过财务报表的分析可以了解企业的偿债能力、营运能力和赢利能力，全面评价企业的财务状况、经营成果及其变动趋势，揭示企业内部各项工作出现的差异及其产生的原因，对于企业进一步明确经济责任，改善经营管理具有十分重要的意义。

2. 开展财务分析有利于企业评价资产使用效率，实现财务管理目标

企业财务管理的根本目标是努力实现企业价值最大化。财务分析通过对企业资产占用、配置、利用水平、周转状况和获利能力等进行全面细致的分析，可以充分挖掘资产的利用效率，进一步加强企业资产的管理水平，以便于财务管理目标的实现。

3. 开展财务分析有利于企业合理实施投资决策

投资者及潜在投资者是企业重要的财务报表使用人，通过对企业财务报表的分析，可以了解企业获利能力的高低、偿债能力的强弱、营运能力的大小以及发展能力的增减，可以了解投资后的收益水平和风险程度，从而为投资决策提供必需的信息。

专栏 10.1

没有人会把自己的钱随随便便投给别人。

二、财务分析的内容

财务分析的不同主体出于不同的利益考虑，在对企业进行财务分析时有着各自不同的要求，使得它们的财务分析内容既有共同的方面又有不同的侧重。

（一）企业所有者

企业的所有者或股东是提供资金给公司的投资者，又是公司风险的最终承担者。一般来说，投资者最注重的是企业的投资回报率水平，同时也十分关注企业的风险程度，因此不但要求了解企业的短期赢利能力，也要考虑到企业长期的发展潜力。所以，企业的所有者对于企业的各种信息，例如企业的财务状况、偿债能力、获利能力、资本结构等都非常关心。

（二）企业债权人

债权人是指将资金借给企业的自然人或法人。债权人因为不能参与企业剩余收益分享，决定了债权人必须对其投资的安全性首先予以关注。因此，债权人在进行财务分析时，最关心的是企业的偿债能力、资本结构和负债比率。一般来说，短期的债权人更多地注重企业各项流动比率所反映出来的短期偿债能力；而作为长期债权人则会更多地考虑企业的经营方针、投资方向及项目性质等所包含的企业潜在财务风险和偿债能力。

（三）企业经营决策者

为满足不同利益主体的需要，协调各方面的利益关系，企业经营者必须对企业经营理财的各个方面，包括营运能力、偿债能力、赢利能力及发展能力的全部信息予以详尽地了解和掌握，以便及时发现问题，采取对策，以适应瞬息万变的市场竞争的需要。财务分析信息资料有利于经营决策者提高企业的经营管理水平，制定有效的决策措施。

（四）政府

政府既是宏观经济管理者，又是国有企业的所有者和重要的市场参与者。对企业具有监管职能的部门主要包括工商、税务、财政和审计等部门，他们对企业财务分析的关注点因身份的不同而不同。政府部门通过了解企业的财务分析信息，把握和判断企业是否按期依法纳税，检查企业是否存在违法违纪行为，评判企业的未来发展潜力。

尽管不同的利益主体进行财务分析有着各自的侧重点，但就企业总体来看，财务分析主要包括偿债能力分析、运营能力分析、赢利能力分析等。其中偿债能力是财务目标实现的稳健保证，运营能力是财务目标实现的物质基础，赢利能力是两者共同作用的结果，同时也对两者的增强起着推动作用。它们相辅相成，共同构成企业财务分析的基本内容。

小思考 10.1

你在投资一家企业时，对企业的财务分析应主要考虑哪些方面？

答 主要侧重于企业的偿债能力分析、运营能力分析和赢利能力分析。

第二节 财务分析方法

对于财务分析人员来说，最重要、最有意义的并不是财务报表资料中的各项数据，而是各项数据的联系及其变动趋势。揭示财务报表中各项数据的联系及其变动趋势的方法称为财务分析方法。财务分析的方法主要包括趋势分析法、比率分析法和因素分析法。

一、趋势分析法

趋势分析法又称水平分析法，是指利用财务报表提供的数据资料，将各期实际指标与历史指标进行定基对比和环比对比，来揭示企业财务状况和经营成果变化趋势的一种分析方法。采用这种方法通常要编制比较财务报表，并将数期的同一财务报表并列在一起比较。趋势分析法可以分析引起变化的主要原因、变动的性质，并预测企业未来的发展前景。

趋势分析法的具体运用主要有三种方式：一是重要财务指标的比较，二是会计报表的比较，三是会计报表项目构成的比较。

(一)重要财务指标的比较

重要财务指标的比较是将不同时期财务报告中的相同指标或比率进行比较,直接观察其增减变动情况及变动幅度,考察其发展趋势,预测其发展前景。

对不同时期财务指标的比较,可以有以下两种方法:

1. 定基动态比率

定基动态比率是以某一时期的数额为固定的基期数额而计算出来的动态比率。其计算公式为:

$$定基动态比率=\frac{分析期数额}{固定基期数额}$$

2. 环比动态比率

环比动态比率是以每一分析期的前期数额为基期数额而计算出来的动态比率。其计算公式为:

$$环比动态比率=\frac{分析期数额}{前期数额}$$

(二)会计报表的比较

会计报表的比较是将连续数期的会计报表的金额并列起来,比较其相同指标的增减变动金额和幅度,据以判断企业财务状况和经营成果发展变化的一种方法。会计报表的比较,具体包括资产负债表比较、利润表比较和现金流量表比较等。比较时,既要计算出表中有关项目增减变动的绝对额,又要计算出其增减变动的百分比。

(三)会计报表项目构成的比较

会计报表项目构成的比较是在会计报表比较的基础上发展而来的。它是以会计报表中的某个总体指标作为100%,再计算出其各组成指标占该总体指标的百分比,从而来比较各个项目百分比的增减变动,以此来判断有关财务活动的变化趋势,这种方法比上述两种方法更能准确地分析企业财务活动的变化趋势。它既可用于同一企业不同时期财务状况的纵向比较,又可用于不同企业之间的横向比较。同时,这种方法能消除不同时期(不同企业)之间业务规模差异的影响,有利于分析企业的耗费水平和赢利水平。

但在采用趋势分析法时,必须注意以下问题:第一,用于进行对比的各个时期的指标,在计算口径上必须一致;第二,剔除偶发性项目的影响,使作为分析的数据能反映正常的经营状况;第三,应运用例外原则,对某项有显著变动的指标做重点分析,研究其产生的原因,以便采取对策,趋利避害。

二、比率分析法

比率分析法是指利用财务报表中两项相关数值的比率来揭示企业财务状况和经营成果的一种分析方法。在财务分析中，比率分析法应用得比较广泛，因为采用相对数指标能够把某些条件下的不可比指标变成可以比较的指标。比率分析法主要有相关比率、结构比率和动态比率三种。

（一）相关比率

相关比率是将同一时期财务报表中的某个项目和与其有关但又不同的项目加以对比所得的比率，用以反映有关经济活动的相互关系。相关比率分析主要包括：

(1)反映偿债能力的比率，如资产负债率等；

(2)反映营运能力的比率，如存货周转率等；

(3)反映赢利能力的比率，如营业利润率等。

利用相关比率指标，可以考察相关业务安排得是否合理，以保障运营活动顺畅进行。

（二）结构比率

结构比率是指财务报表中某项财务指标的各组成部分数值占总体数值的百分比，它反映了部分与总体的关系。如企业资产中流动资产、固定资产和无形资产占资产总额的百分比（资产结构比率），企业负债中流动负债和长期负债占负债总额的百分比（负债结构比率）等。利用结构比率，可以考察总体中某个部分的形成和安排是否合理，以便协调各项财务活动。

（三）动态比率

动态比率是指财务报表中某个项目不同时期的两项数值的比率。这类比率又分为定基比率和环比比率，分别以不同时期的数值为基础揭示某项财务指标的变化趋势和发展速度。

在财务分析中，比率分析法往往要与趋势分析法结合起来，才能更加全面、深入地揭示企业的财务状况、经营成果及其变动趋势。

三、因素分析法

因素分析法是依据指标与其影响因素的关系，从数量上确定各因素对分析指标影响方向和影响程度的一种方法。采用这种方法的出发点在于：当有若干因素对分析指标发生影响作用时,假定其他各个因素都无变化,顺序确定每一因素单独变化所产生的影响。因素分析法主要有连环替代法和差额分析法两种。

(一)连环替代法

连环替代法是将分析指标分解为各个可以计量的因素,并根据各个因素之间的依存关系,顺次用各因素的比较值(通常为实际值)替代基准值(通常为标准值或计划值),据以测定各因素对分析指标的影响。

例 10.1

某企业 2006 年 6 月某种原材料费用的实际数是 8 100 元,而其计划数是 6 400元,实际比计划增加了 1 700 元。由于原材料费用是由产品产量、单位产品材料耗用量和材料单价三个因素的乘积构成的,因此,就可以把材料费用这一总指标分解为三个因素,然后逐个来分析它们对材料费用总额的影响程度。现假定这三个因素的数值见表 10.1 所示。

表 10.1

项　　目	单　位	计划数	实际数
产品产量	件	80	90
单位产品材料消耗量	千克	10	9
材料单价	元	8	10
材料费用总额	元	6 400	8 100

根据表中资料,材料费用总额实际数较计划数增加了 1 700 元,这是分析对象。运用连环替代法,计算各个因素变动对材料费用总额的影响程度。

分析

计划指标:80×10×8=6 400(元)　①

第一次替代:90×10×8=7 200(元)　②

第二次替代:90×9×8=6 480(元)　③

第三次替代:90×9×10=8 100(元)　④

②-①=7 200-6 400=800(元),这是产量增加的影响;

③-②=6 480-7 200=-720(元),这是材料节约的影响;

④-③=8 100-6 480=1620(元),这是价格提高的影响;

800-720+1 620=1 700(元),这是全部因素的影响。

(二)差额分析法

差额分析法是连环替代法的一种简化形式,它是利用各个因素的比较值与基准值之间的差额，来计算各因素对分析指标的影响。

例 10.2

仍以表 10.1 所列数据为例，采用差额计算法确定各因素变动对材料费用的影响。

分析 产量增加对材料费用的影响为：

$$(90-80)\times10\times8=800(\text{元})$$

材料消耗节约对材料费用的影响为：

$$(9-10)\times90\times8=-720(\text{元})$$

价格提高对材料费用的影响为：

$$(10-8)\times90\times9=1\,620(\text{元})$$

（三）因素分析法的特性

因素分析法既可以全面分析各因素对某一指标的影响，又可以单独分析某个因素对某一经济指标的影响，在财务分析中应用颇为广泛。但在应用这一方法时必须注意以下几个问题：

1. 因素分解的关联性

即确定构成经济指标的因素，必须客观上存在因果关系，要能够反映形成该项指标差异的内在构成原因，否则就失去了其存在的价值。

2. 因素替代的顺序性

替代因素时，必须按照各因素的依存关系，排列成一定的顺序并依次替代，不可随意加以颠倒，否则就会得出不同的计算结果。一般而言，确定正确排列因素替代顺序的原则是：按分析对象的性质，从诸因素相互依存关系出发，并使分析结果有助于分清责任。

3. 顺序替代的连环性

因素分析法在计算每一个因素变动的影响时，都是在前一次计算的基础上进行，并采用连环比较的方法确定因素变化影响结果。因为只有保持计算程序上的连环性，才能使各个因素影响之和等于分析指标变动的差异，以全面说明分析指标变动的原因。

4. 计算结果的假定性

由于因素分析法计算的各因素变动的影响数会因替代计算顺序的不同而有差异，因而计算结果不免带有假定性，即它不可能使每个因素计算的结果都达到绝对的准确。它只是在某种假定前提下的影响结果，离开了这种假定前提条件，也就不会是这种结果。为此，分析时应力求使这种假定是合乎逻辑的假定，是具有实际意义的假定。这样,计算结果的假定性,才不至于妨碍分析的有效性。

专栏 10.2

在进行绝对指标比较分析时应进行相对指标分析;在进行横向比较分析时应进行纵向比较分析;在与目标标准进行比较分析时应与公认标准进行比较分析。只有这样,才能得出正确的结论。

第三节　财务指标分析

总结和评价企业财务状况与经营成果的分析指标包括偿债能力指标、营运能力指标和赢利能力指标等。现列举后面举例时需要用到的 AB 公司的资产负债表(见表 10.2)和利润表(见表 10.3)。

表 10.2　资产负债表

编制单位:AB公司　　2008 年 12 月 31 日　　金额单位:万元

资　产	年初数	年末数	资产及所有者权益	年初数	年末数
流动资产:			流动负债:		
货币资金	780	900	短期借款	1 400	1 550
交易性金融资产	400	500	应付账款	1 100	1 180
应收账款净额	3 400	2 800	应付职工薪酬	300	320
预付账款	200	350	应交税费	280	250
存货	1 650	2 200	其他应付款	70	75
其他流动资产	124	130	流动负债合计	3 150	3 375
流动资产合计	6 554	6 880	非流动负债:		
持有至到期投资	80	100	长期借款	900	800
固定资产	1 240	1 550	应付债券	500	450
无形资产	150	120	非流动负债合计	1 400	1 250
长期待摊费用	55	65	负债合计	4 550	4 625
			所有者权益:		
			实收资本	2 800	2 800
			资本公积	200	550
			盈余公积	150	220
			未分配利润	379	520
			所有者权益合计	3 529	4 090
资产总计	8 079	8 715	负债和所有者权益合计	8 079	8 715

表 10.3　利润表

编制单位:AB公司　　　　2008年12月　　　　金额单位:万元

项　　目	本年金额	上年金额
一、营业收入	12 500	略
减:营业成本	7 500	
营业税金及附加	1 200	
销售费用	500	
管理费用	1 280	
财务费用	800	
加:投资收益	300	
二、营业利润	1 520	
加:营业外收入	25	
减:营业外支出	60	
三、利润总额	1 485	
减:所得税费用(40%)	594	
四、净利润	891	

一、偿债能力分析

偿债能力是指企业偿还到期债务(包括本息)的能力,它是反映企业财务状况和经营能力的重要指标。企业偿债能力低,不仅说明企业资金紧张,难以支付日常经营开支,而且说明企业资金周转不灵,难以偿还到期应偿付的债务,甚至面临破产的危险。企业的负债包括流动负债和长期负债。企业偿还流动负债的能力是由流动资产的变现能力所决定的,而偿还长期负债的能力一方面取决于负债与资产总额的比例,同时也取决于企业的获利能力。偿债能力分析包括短期偿债能力分析和长期偿债能力分析。

(一)短期偿债能力分析

短期偿债能力是指企业流动资产对流动负债及时足够偿还的保证程度,是衡量企业当前财务能力,特别是流动资产变现能力的重要指标。短期偿债能力的好坏,直接影响一个企业的短期存活能力。

企业短期偿债能力的衡量指标主要有流动比率、速动比率和现金流动负债比率。

1. 流动比率

流动比率是流动资产与流动负债的比率,它表明企业每1元流动负债有多少流动资产作为偿还保证，反映企业用可在短期内转变为现金的流动资产偿还到期流动负债的能力。其计算公式为：

$$流动比率=\frac{流动资产}{流动负债}$$

$$AB公司的流动比率=\frac{6\ 880}{3\ 375}=2.04$$

一般而言，企业的流动比率越高，表明其短期的偿债能力越强，债权人的权益越安全。国际上通常认为，流动比率的下限为1，流动比率为2对于大部分企业较为合适。AB公司的流动比率大于2，说明公司的短期偿债能力较强。流动比率过低，表明企业难以偿还到期债务，经营风险较大；但流动比率过高则表明企业流动资产占用较多，会影响资金的使用效率，进而影响企业的获利能力。一般来说，营业周期较短的企业，其流动比率也较低，因为营业周期较短，就意味着具备较高的应收账款周转率，而且无需储存大量的存货，所以，流动比率可以相对降低；反之，营运周期较长，则其流动比率相应提高。究竟应保持多高水平的流动比率，主要视企业对待风险与收益的态度予以确定。

2. 速动比率

速动比率是企业速动资产与流动负债的比率。所谓速动资产是指流动资产减去变现能力较差且不稳定的存货、预付账款、一年内到期的流动资产和其他流动资产等之后的余额。由于剔除了存货等变现能力较弱且不稳定的资产，因此速动比率较之流动比率能够更加准确、可靠地评价企业资产的流动性及其偿还短期负债的能力。其计算公式为：

$$速动比率=\frac{速动资产}{流动负债}$$

其中

$$\begin{aligned}速动资产&=货币资金+交易性金融资产+应收账款+应收票据\\&=流动资产-存货-预付账款-一年内到期的非流动资产\\&\quad-其他流动资产\end{aligned}$$

报表中如有应收利息、应收股利和其他应收款项目，可视情况归入速动资产项目。

$$AB公司速动比率=\frac{900+500+2\ 800}{3\ 375}=1.24$$

或

$$AB公司速动比率=\frac{6\ 880-2\ 200-350-130}{3\ 375}=1.24$$

一般而言，速动比率越高，表明企业偿还流动负债的能力越强。国际上通常认为，速动比率等于1较为适宜。AB公司的速动比率大于1，表明短期偿债能力很强。当然，速动比率小于1，说明企业面临偿债风险，但速动比率过高，尽管偿还债务的安全性很高，可企业却会因为现金及应收账款占用资金过多而大大增加了企业的机会成本。

3. 现金流动负债比率

现金流动负债比率是企业一定时期的经营现金净流量同流动负债的比率，它可以从现金流量角度来反映企业当期偿付短期负债的能力。其计算公式为：

$$现金流动负债比率=\frac{年经营现金净流量}{年末流动负债}$$

其中，年经营现金净流量是指一定时期内，企业经营活动所产生的现金及现金等价物流入量与流出量的差额。

现金流动负债比率从现金流入与流出的动态角度对企业的实际偿债能力进行考察。由于有利润的年份不一定有足够的现金(含现金等价物)来偿还债务，所以利用以收付实现制为基础计量的现金流动负债比率指标，能充分体现企业经营活动所产生的现金净流量可以在多大程度上保证当期流动负债的偿还，直观地反映出企业偿还流动负债的实际能力。用该指标评价企业偿债能力更加谨慎。该指标越大，表明企业经营活动产生的现金净流量越多，越能保障企业按期偿还到期债务。但也不是越大越好，若指标过大则表明企业流动资金利用不充分，赢利能力不强。

小思考 10.2

衡量企业短期偿债能力的流动比率、速动比率和现金流动负债比率指标越高，企业的财务状况就越好吗？

答 不对。短期偿债能力指标越高，只能说明企业偿债能力强，但企业却不能充分发挥负债的财务杠杆效应。究竟应保持多高的水平，主要视企业对待风险与收益的态度予以确定。

(二)长期偿债能力分析

长期偿债能力是企业偿还长期负债的能力，它主要反映企业的负债与总资产及权益资本之间的关系。通过长期偿债能力分析，可以较全面地判断企业资本结构是否合理，企业未来还本付息的能力如何，有无可能导致企业破产的财务风险存在。

企业长期偿债能力的衡量指标主要有资产负债率、产权比率、权益乘数和已获利息倍数。

1. 资产负债率

资产负债率又称负债比率，是企业的负债总额与资产总额的比率。它表明企业资产总额中，债权人提供资金所占的比重以及企业资产对债权人权益的保障程度。其计算公式为：

$$资产负债率=\frac{负债总额}{资产总额}\times 100\%$$

$$AB公司的资产负债率=\frac{4\ 625}{8\ 715}\times 100\%=53.07\%$$

一般而言，资产负债率越小，表明企业偿债能力越强。但也并非说该指标对谁都是越小越好。从债权人的角度来看，企业债务比率越低，偿债能力就越强，债权人的贷款风险就越小。从企业所有者的角度来看，当企业全部资本利润率高于借款利息率时，负债比率越大，可以利用财务杠杆增加企业的利润；反之，应降低负债比率。因此，企业应将资产负债率与企业的赢利能力结合起来分析，予以综合考虑。保守的观点认为资产负债率不应高于50%，而国际上通常认为资产负债率等于60%时较为适当。AB公司的资产负债率为53%，应较为合适。

2. 产权比率

产权比率是指负债总额与所有者权益的比率，是企业财务结构稳健与否的重要标志，也称资本负债率。它反映企业所有者权益对债权人的保障程度。其计算公式为：

$$产权比率=\frac{负债总额}{所有者权益总额}\times 100\%$$

$$AB公司的产权比率=\frac{4\ 625}{4\ 090}\times 100\%=113.08\%$$

一般而言，产权比率越低，表明企业的长期偿债能力越强，债权人的权益则越安全。但产权比率过高，则不能充分发挥负债的财务杠杆效应。所以企业应从提高获利能力和增强偿债能力两个方面来综合分析产权比率的合理性，即在保证债务偿还安全的前提下，尽可能提高产权比率。AB公司的产权比率为113.08%，是否适宜还应结合以后的获利能力分析。

产权比率与资产负债率对评价偿债能力的作用基本相同，两者的主要区别是：资产负债率侧重于分析债务偿付安全性的物质保证程度，产权比率则侧重于揭示财务结构的稳健程度以及自有资金对偿债风险的承受能力。

3. 权益乘数

权益乘数是指资产与所有者权益的比率。其计算公式为：

$$权益乘数=\frac{资产总额}{所有者权益总额}=\frac{1}{1-资产负债率}$$

$$AB公司的权益乘数=\frac{8\ 715}{4\ 090}=2.13$$

权益乘数表示企业的负债程度，乘数越大，企业负债程度越高。权益乘数主要受资产负债率的影响。负债越大，权益乘数就越高，说明企业有较高的负债程度，能给企业带来较大的杠杆效益，同时也给企业带来较大的财务风险。

4. 已获利息倍数

已获利息倍数又称利息保障倍数，是指企业一定时期息税前利润与利息支出的比率，反映了获利能力对债务偿付的保证程度。其中，息税前利润总额指利润总额与利息支出的合计数，利息支出指实际支出的借款利息、债券利息等。其计算公式为：

$$\text{已获利息倍数} = \frac{\text{息税前利润总额}}{\text{利息支出}}$$

其中

$$\begin{aligned}\text{息税前利润总额} &= \text{利润总额} + \text{利息支出}\\ &= \text{净利润} + \text{所得税} + \text{利息支出}\end{aligned}$$

$$\text{AB公司已获利息倍数} = \frac{1\,485 + 800}{800} = 2.87$$

或

$$\text{AB公司已获利息倍数} = \frac{594 + 891 + 800}{800} = 2.87$$

已获利息倍数不仅反映了企业获利能力的大小，而且反映了获利能力对偿还到期债务的保证程度，它既是企业举债经营的前提依据，也是衡量企业长期偿债能力大小的重要标志。一般情况下，已获利息倍数越高，表明企业长期偿债能力越强。国际上通常认为，该指标为 3 时较为适宜。从长期来看，若要维持正常偿债能力，利息保障倍数至少应大于 1，如果太小，企业将面临亏损以及偿债的安全性与稳定性下降的风险。AB 公司的已获利息倍数为 2.87，表明其长期偿债能力较强。究竟企业已获利息倍数应为多少，才算偿付能力强，还应结合企业往年经验和行业特点来判断。

二、营运能力分析

营运能力即企业资金的利用效率。营运能力分析主要是通过对企业资金的周转能力的分析，来评价企业各项资产的利用水平和赢利能力。其主要指标是资金周转率，它是指企业在一定时期内资金的周转次数或周转一次所需要的天数。

企业营运能力的衡量指标主要有应收账款周转率、存货周转率、流动资产周转率、固定资产周转率和总资产周转率。

（一）应收账款周转率

1. 应收账款周转率

应收账款周转率是指企业一定时期内营业收入与平均应收账款余额的比

率，反映应收账款周转速度的指标。其计算公式为：

$$应收账款周转率(周转次数)=\frac{营业收入}{平均应收账款余额}$$

其中

$$平均应收账款余额=\frac{应收账款余额年初数+应收账款余额年末数}{2}$$

所以

$$AB公司应收账款周转率=\frac{12\,500}{\frac{(3\,400+2\,800)}{2}}=4.03(次)$$

2. 应收账款周转期

$$应收账款周转期(周转天数)=\frac{360}{应收账款周转率}=\frac{平均应收账款余额\times 360}{营业收入}$$

$$AB公司应收账款周转期=\frac{360}{4.03}=89.33(天)$$

应收账款周转率反映了企业应收账款变现速度的快慢及管理效率的高低。周转率高、周转天数短说明企业在短期内收回货款，利用营业产生的资金支付短期债务的能力强，这在一定程度上可以弥补流动比率低的不利影响。如果应收账款周转率过低，则反映了企业资金的利用率不高或销售信用政策太松，影响资金的正常周转。

利用上述公式计算应收账款周转率时，需要注意以下问题：

(1)公式中的应收账款包括会计核算中“应收账款”和“应收票据”等全部赊销账款在内；

(2)如果应收账款的波动性较大，应尽可能使用更详尽的计算资料，如按每月的应收账款余额来计算其平均占用额；

(3)分子、分母的数据应注意时间的对应性。

(二)存货周转率

1. 存货周转率

存货周转率是指企业一定时期内营业成本与平均存货余额的比率，反映企业流动资产流动性的一个指标，也是衡量企业生产经营各环节中存货运营效率的一个综合性指标。其计算公式为：

$$存货周转率(周转次数)=\frac{营业成本}{平均存货余额}$$

其中

$$平均存货余额=\frac{存货余额年初数+存货余额年末数}{2}$$

$$AB公司存货周转率=\frac{7\ 500}{\frac{1\ 650+2\ 200}{2}}=3.90(次)$$

2. 存货周转期

$$存货周转期(周转天数)=\frac{360}{存货周转率}=\frac{平均存货余额\times 360}{营业成本}$$

$$AB公司应收账款周转期=\frac{360}{3.90}=92.31(天)$$

存货周转率高，表明存货的使用效率高，变现速度快，存货囤积的风险相对较低。存货周转率过低，说明企业库存积压，资金占用额大，导致企业库存成本很高，进而影响企业的短期偿债能力和赢利能力。

在计算存货周转率时应注意以下几个问题：

(1)存货计价方法对存货周转率具有较大的影响，因此，在分析企业不同时期或不同企业的存货周转率时，应注意存货计价方法的口径是否一致；

(2)分子、分母的数据应注意时间上的对应性。

(三)流动资产周转率

1. 流动资产周转率

流动资产周转率是指企业一定时期内营业收入与平均流动资产总额的比率，是反映企业流动资产周转速度的指标。其计算公式为：

$$流动资产周转率(周转次数)=\frac{营业收入}{平均流动资产总额}$$

其中

$$平均流动资产总额=\frac{流动资产总额年初数+流动资产总额年末数}{2}$$

所以

$$AB公司流动资产周转率=\frac{12\ 500}{\frac{6\ 554+6\ 880}{2}}=1.86(次)$$

2. 流动资产周转期

$$流动资产周转期(周转天数)=\frac{360}{流动资产周转率}=\frac{平均流动资产总额\times 360}{营业收入}$$

$$AB公司流动资产周转期=\frac{360}{1.86}=193.55(天)$$

流动资产周转率反映流动资产的周转速度。在一定时期内,流动资产周转次数越多,周转天数越短,表明以相同的流动资产完成的周转额越多,等于相对扩大了资产投入,增强了企业的赢利能力,流动资产的利用效果就越好。

(四)固定资产周转率

1. 固定资产周转率

固定资产周转率是指企业一定时期内营业收入与平均固定资产净值的比率,是反映固定资产周转情况、衡量固定资产利用效率的一项指标。其计算公式为:

$$固定资产周转率(周转次数)=\frac{营业收入}{平均固定资产净值}$$

其中

$$固定资产平均净值=\frac{固定资产净值年初数+固定资产净值年末数}{2}$$

所以

$$AB公司固定资产周转率=\frac{12\,500}{\frac{1\,240+1\,550}{2}}=8.96(次)$$

2. 固定资产周转期

$$固定资产周转期(周转天数)=\frac{360}{固定资产周转率}=\frac{平均固定资产净值\times 360}{营业收入}$$

$$AB公司固定资产周转期=\frac{360}{8.96}=40.18(天)$$

固定资产周转率高,表明企业固定资产利用充分,同时也能表明企业固定资产投资得当,固定资产结构合理,能够充分发挥效率。反之,如果固定资产周转率不高,则表明固定资产使用效率不高,提供的生产成果不多,企业的营运能力不强。

运用固定资产周转率时,需要考虑固定资产因折旧的影响其净值在不断地减少,以及因更新重置其净值突然增加的影响。同时,由于折旧方法的不同,可能影响其可比性。故在分析时,一定要剔除掉这些不可比因素。

(五)总资产周转率

1. 总资产周转率

总资产周转率是指企业一定时期内营业收入与平均资产总额的比率,是衡量企业全部资产利用效率的一项指标。其计算公式为:

$$总资产周转率(周转次数)=\frac{营业收入}{平均资产总额}$$

其中

$$平均资产总额=\frac{资产总额年初数+资产总额年末数}{2}$$

所以

$$AB公司总资产周转率=\frac{12\,500}{\frac{8\,079+8\,715}{2}}=1.49(次)$$

总资产周转率越高，表明企业全部资产的使用效率越高，企业的赢利能力就越强。

2. 总资产周转期

$$总资产周转期(周转天数)=\frac{360}{总资产周转率}=\frac{平均资产总额\times 360}{营业收入}$$

$$AB公司总资产周转期=\frac{360}{1.49}=241.61(天)$$

需要说明的是，在上述指标的计算中均以年度作为计算期，计算期应视分析的需要而定，但应保持分子与分母在时间口径上的一致。如果资金占用的波动性较大，企业应采用更详细的资料进行计算。如果各期占用额比较稳定，波动不大，季度、年度的平均资金占用额也可以直接用“(期初数+期末数)/2”的公式来计算。

专栏 **10.3**

获取期望的利润是企业最直接的经营目标，也是企业生存和发展的重要保证。

三、赢利能力分析

赢利能力是指企业赚取利润的能力。获取期望的利润是企业最直接的经营目标，也是企业生存和发展的重要保证。反映赢利能力的指标主要包括营业利润率、成本费用利润率、盈余现金保障倍数、总资产报酬率、净资产收益率和资本保值增值率等。

(一)营业利润率

营业利润率是指企业一定时期内营业利润与主营业收入的比率。其计算公式为：

$$营业利润率=\frac{营业利润}{营业收入}\times 100\%$$

$$AB公司的营业利润率=\frac{1\,520}{12\,500}=12.16\%$$

营业利润率越高，表明企业市场竞争力越强，发展潜力越大，从而获利能力越强。

另外，因为利润表中的企业利润包括营业利润、利润总额和净利润三种形式，而营业收入包括主营业务收入和其他业务收入，收入来源有商品销售收入、提供劳务收入和让渡资产使用权收入等。因此，在实务中也使用销售净利率、销售毛利率等指标来分析企业经营业务的获利水平。其计算公式分别为：

$$销售净利率=\frac{净利润}{销售收入}\times 100\%$$

$$销售毛利率=\frac{销售收入-销售成本}{销售收入}\times 100\%$$

$$AB公司的销售净利率=\frac{891}{12\,500}\times 100\%=7.13\%$$

$$AB公司的销售毛利率=\frac{12\,500-7\,500}{12\,500}\times 100\%=40\%$$

（二）成本费用利润率

成本费用利润率是指企业在一定时期内利润总额与成本费用总额的比率。其计算公式为：

$$成本费用利润率=\frac{利润总额}{成本费用总额}\times 100\%$$

其中

成本费用总额＝营业成本＋营业税金及附加＋销售费用＋管理费用＋财务费用

$$AB公司成本费用利润率=\frac{1\,485}{7\,500+1\,200+500+1\,280+800}\times 100\%=13.16\%$$

成本费用利润率越高，表明企业为获得利润而付出的代价越小，成本费用控制得越好，赢利能力越强。

（三）盈余现金保障倍数

盈余现金保障倍数是指企业一定时期内经营现金净流量与净利润的比值。其计算公式为：

$$盈余现金保障倍数=\frac{经营现金净流量}{净利润}$$

盈余现金保障倍数是从现金流入与流出的动态角度，对企业收益的质量进行评价，在收付实现制的基础上，反映了企业当期净利润中现金收益的保障程度。一般来说，该指标越大，表明企业经营活动产生的净利润对现金的贡献越大。

（四）总资产报酬率

总资产报酬率是指企业一定时期内获得的报酬总额与平均资产总额的比

率。其计算公式为：

$$总资产报酬率=\frac{息税前利润总额}{平均资产总额}\times 100\%$$

$$AB公司总资产报酬率=\frac{1\,485+800}{\frac{8\,079+8\,715}{2}}\times 100\%=6.80\%$$

总资产报酬率反映了企业全部资产的获利水平，是企业资产综合利用效果指标，也是衡量企业利用债权人和所有者权益总额所取得赢利的重要指标。一般而言，该指标越高，表明企业的资产利用效果越好，赢利能力越强，经营管理水平越高。

（五）净资产收益率

净资产收益率是指企业一定时期内净利润与平均净资产的比率。其计算公式为：

$$净资产收益率=\frac{净利润}{平均净资产}\times 100\%$$

其中

$$平均净资产=\frac{所有者权益年初数+所有者权益年末数}{2}$$

$$AB公司净资产收益率=\frac{891}{\frac{3\,529+4\,090}{2}}\times 100\%=5.85\%$$

净资产收益率是评价企业自有资本及其积累获取报酬水平的最具综合性与代表性的指标，反映企业资本运营的综合效益。一般而言，该指标越高，企业自有资本获取收益的能力越强，运营效益越好。净资产收益率指标不受行业限制，通用性强，在国际上被广泛使用。

（六）每股收益

每股收益是指上市公司本年净利润与年末普通股总数的比值。如果公司发行了不可转换优先股，则计算时要扣除优先股股数及其分享的股利，以便更好地反映普通股所取得的利润。其计算公式为：

$$每股收益=\frac{净利润-优先股股利}{年末普通股股数}$$

每股收益是衡量上市公司赢利能力的最重要的财务指标，它反映了普通股的获利水平。每股收益越高，说明公司的获利能力越强。

（七）每股股利

每股股利是指上市公司本年发放的普通股现金股利总额与年末普通股总

数的比值。其计算公式为：

$$每股股利=\frac{普通股现金股利总额}{年末普通股总数}$$

每股股利是上市公司普通股股东从公司实际分得的每股利润，它受到公司净利润、股利政策和普通股股数等多种因素的影响。

（八）市盈率

市盈率是指上市公司普通股每股市价与每股收益的比值。其计算公式为：

$$市盈率=\frac{普通股每股市价}{普通股每股收益}$$

市盈率反映了投资人对每股净利润所愿意支付的价格，可以用来估计股票的投资风险与报酬。一般而言，市盈率越高，说明投资者对公司的未来越看好，但相对来说，投资的风险也在逐渐地加大。

（九）每股净资产

每股净资产是指上市公司年末净资产（即股东权益）与年末普通股总数的比值。其计算公式为：

$$每股净资产=\frac{年末股东权益}{年末普通股总数}$$

每股净资产反映了公司每股普通股所拥有的净资产额，该比值越大，说明公司的财务实力越强。从理论上讲，每股净资产提供了股票的最低价值。把每股净资产与每股市价联系起来，可以说明市场对公司资产质量的评价。

（十）市净率

市净率是指上市公司普通股每股市价与每股净资产的比值。其计算公式为：

$$市净率=\frac{普通股每股市价}{普通股每股净资产}$$

市净率反映了公司股票的市场价值是净资产的多少倍数。一般而言，该指标越大，说明投资者对公司发展前景越有信心，但隐含的投资风险也越大。

四、发展能力分析

发展能力是指企业未来年度的发展前景及潜力。反映企业发展能力的指标主要有：营业收入增长率、总资产增长率、资本保值增值率、资本积累率、营业利润增长率、三年营业收入平均增长率、三年利润平均增长率和三年资本平均增长率等。

(一)营业收入增长率

营业收入增长率是指企业本年营业收入增长额与上年营业收入的比率,它反映企业营业收入的增减变动情况,是评价企业成长情况和发展能力的重要指标。其计算公式为:

$$营业收入增长率=\frac{本年营业收入增长额}{上年营业收入}\times 100\%$$

其中

$$本年营业收入增长额=本年营业收入-上年营业收入$$

营业收入增长率是衡量企业经营状况和市场占有能力、预测企业经营业务拓展趋势的重要标志。该指标若大于零,表示企业本年营业收入有所增长,指标值越高,表明增长速度越快,企业市场前景越好;该指标若小于零,表示企业产品不适销对路、质次价高、市场份额萎缩。该指标在实际操作时,应结合企业历年的营业收入水平、企业市场占有情况、行业未来发展及其他影响企业发展潜在因素进行前瞻性预测,或者结合企业前三年的营业收入增长率做出趋势性分析判断。

(二)总资产增长率

总资产增长率是企业本年总资产增长额同年初资产总额的比率,它反映企业本期资产规模的增长情况。其计算公式为:

$$总资产增长率=\frac{本年总资产增长额}{年初资产总额}\times 100\%$$

其中

$$本年总资产增长额=资产总额年末数-资产总额年初数$$

总资产增长率是从企业资产总量扩张方面衡量企业的发展能力,表明企业规模增长水平对企业发展后劲的影响。该指标若大于零,表示企业本年总资产有所增长,指标值越高,表明增长速度越快,企业发展潜力越大;该指标若小于零,表示企业发展速度下降,发展能力减弱。在实际分析时,应注意资产规模扩张的质和量的关系以及企业的后续发展能力,避免资产盲目扩张。

(三)资本保值增值率

资本保值增值率是企业扣除客观因素后的本年末所有者权益总额与年初所有者权益总额的比率,反映企业当年资本在企业自身努力下的实际增减变动情况。其计算公式为:

$$资本保值增值率=\frac{扣除客观因素后的年末所有者权益总额}{年初所有者权益总额}\times 100\%$$

一般认为，资本保值增值率越高，表明企业的资本保全状况越好，所有者权益增长越快，债权人的债务越有保障。该指标通常应该大于零。

（四）资本积累率

资本积累率是企业本年所有者权益增长额与年初所有者权益的比率。它反映企业当年资本的积累能力，是评价企业发展潜力的重要指标。其计算公式为：

$$资本积累率=\frac{本年所有者权益增长额}{年初所有者权益}\times 100\%$$

其中

本年所有者权益增长额＝所有者权益年末数－所有者权益年初数

资本积累率是企业当年所有者权益总的增长率，反映了企业所有者权益在当年的变动水平，体现了企业资本的积累情况，是企业发展强盛的标志，也是企业扩大再生产的源泉，展示了企业的发展潜力。资本积累率还反映了投资者投入企业资本的保全性和增长性。该指标若大于零，则指标越高，表明企业的资本积累越多，应付风险、持续发展的能力越大；该指标若小于零，表明企业资本受到侵蚀，所有者利益受到损害，应予充分重视。

（五）营业利润增长率

营业利润增长率是企业本年营业利润增长额与上年营业利润总额的比率，反映企业营业利润的增减变动情况。其计算公式为：

$$营业利润增长率=\frac{本年营业利润增长额}{上年营业利润总额}\times 100\%$$

其中

本年营业利润增长额＝本年营业利润总额－上年营业利润总额

（六）三年营业收入平均增长率

三年营业收入平均增长率表明企业营业收入连续三年的增长情况，体现企业的持续发展态势和市场扩张能力。其计算公式为：

$$三年营业收入平均增长率=\left(\sqrt[3]{\frac{本年营业收入总额}{三年前营业收入总额}}-1\right)\times 100\%$$

其中，三年前利润总额是指企业三年前的营业收入总额数，如分析 2008 年的该项指标时，则三年前营业收入总额是指 2005 年的营业收入总额。

营业收入是企业积累和发展的基础，该指标越高，表明企业积累的基础越牢，可持续发展能力越强，发展的潜力越大。利用该项指标，还能够反映企业的经营业务增长趋势和稳定程度，体现企业的持续发展状况和发展能力。

（七）三年利润平均增长率

三年利润平均增长率表明企业利润连续三年的增长状况与效益稳定的程度。其计算公式为：

$$三年利润平均增长率=\left(\sqrt[3]{\frac{本年利润总额}{三年前利润总额}}-1\right)\times 100\%$$

其中，三年前营业收入总额是指企业三年前的利润总额数，如分析 2008 年的该项指标时，则三年前利润总额是指 2005 年的利润总额。

该指标较好地体现了企业的发展状况和发展能力，避免因少数年份利润不正常增长而对企业发展潜力作出错误判断。该指标越高，表明企业积累越多，企业持续发展能力越强。

（八）三年资本平均增长率

三年资本平均增长率表明企业净资产连续三年的增长情况与稳步发展的趋势。其计算公式为：

$$三年资本平均增长率=\left(\sqrt[3]{\frac{年末所有者权益总额}{三年前年末所有者权益总额}}-1\right)\times 100\%$$

其中，三年前年末所有者权益总额是指企业三年前的所有者权益年末数，如分析 2008 年的该项指标时，则三年前年末所有者权益总额是指 2005 年年末的总额。

该指标越高，表明企业所有者权益得到的保障程度越大，企业可以长期使用的资金越充足，企业抗风险和保持持续发展的能力越强。

五、综合指标分析

（一）综合指标分析的含义及其特点

财务指标的最终目的在于全方位地了解企业经营理财的状况，并借以对企业经济效益的优劣作出系统的、合理的评价。不同财务指标之间都存在着相互的联系，单独分析任何一项财务指标，都难以全面评价企业的财务状况和经营成果，只有将各种财务指标放在一个系统中进行综合的分析，才能够充分地展现各种指标之间的相互关系以及相互之间影响的方向、程度和原因，才能对企业的财务状况和经营成果作出综合的评价。所谓综合指标分析就是将偿债能力、运营能力、获利能力和发展能力指标等诸方面纳入一个有机的整体之中，全面地对企业经营状况、财务状况进行揭示与披露，从而对企业经济效益的优劣作出准确的评价与判断。

综合指标分析的特点，体现在其财务指标体系的要求上。一个健全有效的综合财务指标体系必须具备三个基本要素。

1. 指标要素齐全适当

这里指所设置的评价指标必须能够涵盖企业偿债能力、运营能力和获利能力等各方面总体考核的要求。

2. 主辅指标功能匹配

这里要强调两个方面：第一，在确立偿债能力、运营能力和获利能力各方面评价的主要指标与辅助指标的同时，进一步明晰总体结构中各项指标的主辅地位；第二，不同范畴的主要考核指标所反映的企业经营状况、财务状况的不同侧面与不同层次的信息有机统一，应当能够全面地揭示出企业经营理财的实绩。

3. 满足多方信息需要

这要求评价指标体系必须能够提供多层次、多角度的信息资料，既能满足企业内部管理当局实施决策对充分而具体的财务信息的需要，同时又能满足外部投资者和政府凭以决策和实施宏观调控的要求。

（二）综合指标分析方法

综合指标分析方法主要包括杜邦财务分析体系和沃尔比重评分法。

1. 杜邦财务分析体系

杜邦财务分析体系，简称杜邦体系，是利用各主要财务比率指标间的内在联系，对企业财务状况及经济效益进行综合系统分析评价的方法。该方法由美国杜邦(Du Pont)公司在20世纪20年代创立并成功运用而得名。该体系以净资产收益率为核心，将其分解为若干财务指标，通过分析各分解指标的变动对净资产收益率的影响来揭示企业获利能力及其变动原因。

杜邦财务分析体系各主要指标之间的关系分解如下：

$$\text{净资产收益率}=\frac{\text{净利润}}{\text{所有者权益总额}}=\frac{\text{净利润}}{\text{资产总额}}\times\frac{\text{资产总额}}{\text{所有者权益总额}}$$

$$=\frac{\text{净利润}}{\text{营业收入}}\times\frac{\text{营业收入}}{\text{资产总额}}\times\frac{\text{资产总额}}{\text{所有者权益总额}}$$

$$=\text{营业净利率}\times\text{总资产周转率}\times\text{权益乘数}$$

$$\text{权益乘数}=\text{资产总额}\div\text{所有者权益总额}=1\div(1-\text{资产负债率})$$

$$\text{资产总额}=\text{流动资产}+\text{非流动资产}$$

$$\text{负债总额}=\text{流动负债}+\text{非流动负债}$$

净利润 = 营业收入 − 成本费用总额 + 投资收益 + 营业外收支净额 − 所得税费用

成本费用总额 = 营业成本 + 营业税金及附加 + 销售费用 + 管理费用 + 财务费用

杜邦财务分析体系可用图标的方式分解列示如图 10.1 所示。

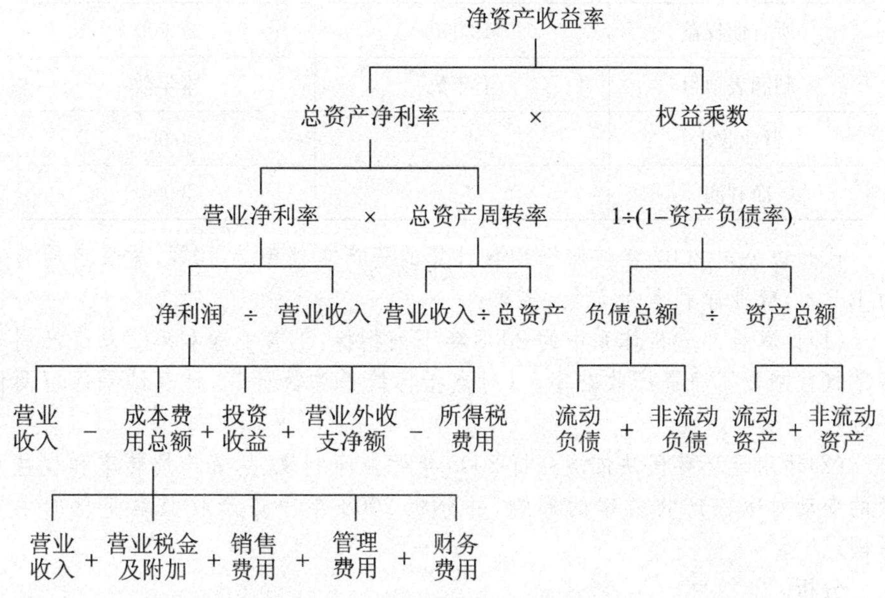

图 10.1　杜邦财务分析体系分析图

杜邦财务分析体系是一个多层次的财务比率分解体系。各项财务比率，在每个层次上与本企业历史或同业的财务比率比较，比较之后向下一级分解。逐级向下分解，逐步覆盖企业经营活动的每一个环节，可以实现系统、全面评价企业财务状况和经营成果的目的。

在具体运用杜邦分析体系时，可以采用前文所说的因素分析法，首先确定营业净利率、总资产周转率和权益乘数的基准值，然后顺次代入这三个指标的实际值，分别计算分析这三个指标的变动对净资产收益率的影响方向和程度，还可以使用因素分析法进一步分解各个指标并分析其变动的深层次原因，找出解决的方法。

例 10.2

已知某公司 2008 年会计报表的有关资料如表 10.4 所示。

表 10.4

金额单位:万元

资产负债表项目	年初数	年末数
资产	20 000	30 000
负债	8 000	10 000
所有债权益	12 000	20 000
利润表项目	上年数	本年数
营业收入		50 000
净利润		3 000

已知该公司 2007 年按照平均数计算的资产负债率为 40%,总资产周转率为 1.5 次,营业净利率为 5%。要求:

(1)计算杜邦分析体系中的 2008 年下列指标:①营业净利率②总资产周转率③权益乘数④净资产收益率。(时点指标按平均数计算,计算结果保留两位小数)

(2)运用连环替代法依次分析 2008 年营业净利率、总资产周转率和权益乘数的变动对净资产收益率的影响,并分析 2008 年净资产收益率变化的主要原因。

分析

营业净利率 = 3 000 ÷ 50 000 × 100% = 6%

总资产周转率 = 50 000 ÷ [(20 000 + 30 000) ÷ 2] = 2(次)

权益乘数 = [(20 000 + 30 000) ÷ 2] ÷ [(12 000 + 20 000) ÷ 2] = 1.56

净资产收益率 = 6% × 2 × 1.56 = 18.72%

2007 年的权益乘数 = 1 ÷ (1 − 40%) = 1.67

2007 年的净资产收益率 = 5% × 1.5 × 1.67 = 12.53%

第一次替代:6% × 1.5 × 1.67 = 15.03%

第二次替代:6% × 2 × 1.67 = 20.04%

第三次替代:6% × 2 × 1.56 = 18.72%

营业净利率变动对净资产收益率的影响 = 15.03% − 12.53% = 2.5%

总资产周转率变动对净资产收益率的影响 = 20.04% − 15.03% = 5.01%

权益乘数变动对净资产收益率的影响 = 18.72% − 20.04% = −1.32%

通过杜邦分析体系的综合分析,可以了解各财务指标的相互关系:

(1)净资产收益率是一个综合性很强的财务指标,是杜邦分析体系的源头和核心。财务管理的目标是使所有者财富最大化,净资产收益率反映所有者投入资金的获利能力，反映企业筹资、投资、资产营运等活动的效率，提高净资产收益率是实现财务管理目标的基本保证。该指标的高低取决于营业净利率、总资产周转率和权益乘数。

(2)营业净利率反映了企业净利润与营业收入的关系。提高营业净利率是提高企业赢利的关键，主要有两个途径：一是扩大营业收入，二是降低成本费用。

(3)总资产周转率是反映企业运营能力的重要指标。总资产周转率越快，资产的利用效率就越高，企业的经济效益也越好。提高企业的总资产周转率，一方面需要开拓市场，增加营业收入，另一方面需要控制资产占用资金的数额，并合理安排流动资产与非流动资产的比例结构。

(4)权益乘数是反映企业资本结构、财务杠杆程度以及偿债能力的重要指标。权益乘数与资产负债率同方向变动，权益乘数越高，财务杠杆的程度就越高，偿债能力相对也越弱。因此，保持适当的权益乘数，是企业债务安全的重要保障，也是保持企业收益与风险均衡的重要保障。

杜邦财务分析体系揭示了企业各项财务指标之间的结构关系，查明了各项主要指标变动的影响因素，为企业经营者优化经营理财状况，提高企业经营效益提高了思路。但杜邦财务分析体系更偏重于企业所有者的利益，没有考虑财务风险的因素，在指标设计上存在着一定的局限性。当权益乘数越大，财务风险也越大，企业的偿债压力也越大。因此还要结合其他指标进行综合分析。

2. 沃尔比重评分法

在进行财务分析时，一个主要的困难是在计算出财务指标后，往往无法判断它是偏高还是偏低。与本企业的历史比较，也只能看出自身的变化，却难以评价在市场竞争中的优劣地位。为了弥补这些缺陷，亚历山大·沃尔在20世纪初出版的《信用晴雨表研究》和《财务报表比率分析》中提出了信用能力指数的概念，以此来评价企业的信用水平。他选择了流动比率、产权比率、固定资产比率、存货周转率、应收账款周转率、固定资产周转率、自有资金周转率等七项财务比率，分别给定各项比率在100分总分中所占的分数，即权重，然后确定各项比率的标准值，并用比率的实际值与标准值相除得到的相对值乘以权重，计算出各项比率的得分，最后将七项比率的得分加总得到总分，即信用能力指数。

原始意义上的沃尔分析法存在两个缺陷：一是所选定的七项指标缺乏证明力；二是当某项指标严重异常时，会对总评分产生不合逻辑的重大影响。况且，现代社会与沃尔所处的时代相比，已经发生了很大的变化。沃尔最初提出的七项指标已难以完全适用当前企业评价的需要。现在通常认为，在选择指标时，偿债能力、运营能力、获利能力和发展能力指标均应当选到，除此之外，还应当选取一些非财务指标作为参考。

沃尔比重评分法的基本步骤为：

(1)选择财务比率。不同分析者所选择的财务比率可能不尽相同，但主要注意以下几点：一是所选择的财务比率要具有全面性，包括偿债能力、运营能力、获利能力和发展能力指标；二是所选择的财务指标要具有代表性，即要选择那些典型的、重要的指标；三是所选择的财务比率最好具有变化方向的一致性，即当财务指标增大时表示财务状况改善，当财务比率减小时表示财务状况恶化。

(2)确定各项财务比率的权重。要根据财务比率的重要程度，并结合企业的经营状况、管理要求、发展趋势以及分析的目的来判断分析，确定各项财务指标所占的权重。一般来说，越重要的比率，分配的权重越高。

(3)确定各项财务指标的标准值。财务指标的标准值可以是企业的历史水平，可以是竞争企业的水平，也可以是同行业的平均水平等。其中，最常见的是选择同行业的平均水平作为财务比率的标准值。

(4)计算各项财务比率的实际值。利用相关的财务数据计算企业各项财务比率的实际值。

(5)计算各项财务比率的得分。通过各项财务比率实际值与标准值的比较，得出对各项财务比率状况好坏的判断，再结合各项比率的权重即所分配的分数，计算各项财务比率的得分。计算得分的方法有很多，其中最常见的是用比率的实际值除以标准值得到一个相对值，再用这个相对值乘以比率的权重得到该比率的得分。

为了避免个别比率异常变动对总分造成的不合理影响，还可以为每个比率得分确定一个上限和下限，即每个比率的得分最高不能超过其上限，最低不能低于其下限。

(6)计算综合得分。将各项财务比率的实际得分加总，即得到企业的综合得分。企业的综合得分大于100分，说明企业的财务状况优于行业的平均水平，财务状况良好；企业的综合得分小于100，说明企业的财务状况较差，应当积极地采取措施加以改善。

例 10.3

根据某公司2008年的相关财务比率指标，运用沃尔比重评分法分析评价该公司财务状况如表10.5所示。

表 10.5

选择的指标	分配的权重①	指标的标准值②	指标的实际值③	指标的相对值④=③÷②	实际得分⑤=①×④
一、偿债能力指标	20				
1. 流动比率	12	2	2.5	1.25	15
2. 已获利息倍数	8	3	6	2	16
二、运营能力指标	30				
1. 存货周转率	15	5	4	0.8	12
2. 应收账款周转率	10	15	12	0.8	8
3. 总资产周转率	5	1.5	1	0.67	3.35
三、获利能力指标	30				
1. 净资产收益率	20	20%	25%	1.25	25
2. 总资产报酬率	10	12%	16%	1.33	13.3
四、发展能力指标	20				
1. 营业收入增长率	10	10%	15%	1.5	15
2. 资本积累率	10	15%	18%	1.2	12
综合得分					119.65

由于该公司综合得分为119.65,大于100,说明其财务状况较好。

沃尔比重评分法是评价企业总体财务状况的一种比较可取的方法,这一方法的关键在于指标的选定、权重的分配以及标准值的确定等。

本章小结

◇财务分析是企业财务管理的重要组成部分,它是以企业财务报告及其相关资料为主要依据,对企业的经营业绩、财务状况及发展趋势进行评价或预测。

◇财务分析既是已完成的财务活动的总结,又是财务预测的前提,在财务管理的循环中起着承上启下的作用。

◇财务分析对于企业所有者、企业债权人、企业经营决策者和政府等相关利害关系人都有着十分重要的意义。

◇财务分析的基本资料是财务报表,财务报表主要包括资产负债表、利润表和现金流量表。常用的财务分析方法有趋势分析法、比率分析法和连环替代法,财务分析的主要指标有偿债能力指标、运营能力指标、赢利能力指标和发展能力指标等。

◇综合指标分析就是将偿债能力、运营能力、获利能力和发展能力指标等诸方面纳入一个有机的整体之中,全面地对企业经营状况、财务状况进行揭示与披露,从而对企业经济效益的优劣作出准确的评价与判断。综合指标分析方法主要包括杜邦财务分析体系和沃尔比重评分法。

关键概念

财务分析　趋势分析法　比率分析法　连环替代法　速动比率　资产负债率　权益乘数　应收账款周转率　存货周转率　营业利润率　净资产收益率　市盈率　市净率　杜邦财务分析体系

综合练习题

知识题

一、单项选择题

1. 评价企业短期偿债能力强弱最直接的指标是(　　)。

A. 流动比率　　B. 速动比率

C. 现金流动负债比率　　D. 已获利息倍数

2. 较高的现金流动负债比率一方面会使企业资产的流动性较强,另一方面也会带来(　　)。

A. 存货购进的减少　　B. 销售机会的丧失

C. 利息的增加　　D. 机会成本的增加

3. 下列各项中,不会影响流动比率的业务是(　　)。

A. 用现金购买短期债券　　B. 用现金购买固定资产

C. 用存货进行对外长期投资　　D. 从银行取得长期借款

4. 短期债权人在进行财务分析时,最为关心的是(　　)。

A. 企业获利能力　　B. 企业支付能力

C. 企业资产营运能力　　D. 企业社会贡献能力

5. 用于评价企业赢利能力的总资产报酬率指标中的“报酬”是指(　　)。

A. 息税前利润　　B. 营业利润

C. 利润总额　　D. 净利润

6. 产权比率与权益乘数的关系是(　　)。

A. 产权比率×权益乘数=1

B. 权益乘数=1/(1-产权比率)

C. 权益乘数=(1+产权比率)/产权比率

D. 权益乘数=1+产权比率

7. 某企业 2008 年营业收入为36 000万元,流动资产平均余额为4 000万元,固定资产平均余额为8 000万元。假定没有其他资产,则该企业 2008 年的总资产周转率为(　　)次。

A. 3.0　　B. 3.4　　C. 2.9　　D. 3.2

8. 某上市公司2008年末每股收益为0.25元,该公司股票的市场价格为每股10元,则该公司股票的市盈率为(　　)倍。

A. 25　　B. 40　　C. 50　　D. 75

9. 在杜邦分析体系中,综合性最强的财务比率是(　　)。

A. 净资产收益率　　B. 总资产净利率

C. 总资产周转率　　D. 营业净利率

10. 企业大量增加速动资产可能导致的结果是(　　)。

A. 减少资金的机会成本　　B. 增加资金的机会成本

C. 增加财务风险　　D. 提高流动资产可收益

二、多项选择题

1. 短期偿债能力的指标主要包括(　　)。

A. 流动比率　　B. 速动比率

C. 资产负债率　　D. 存货周转率

2. 下列各项中,可能直接影响企业净资产收益率指标的措施有(　　)。

A. 提高营业净利率　　B. 提高资产负债率

C. 提高总资产周转率　　D. 提高流动比率

3. 以下对流动比率表述正确的有(　　)。

A. 不同企业的流动比率有统一的衡量标准

B. 流动比率越高越好

C. 流动比率需要用速动比率加以补充和说明

D. 流动比率高,并不意味着企业就一定具有短期偿债能力

4. 提高应收账款周转率有助于(　　)。

A. 加速资金周转　　B. 提高生产能力

C. 增强短期偿债能力　　D. 减少坏账损失

5. 若流动比率大于1,则下列结论不一定成立的是(　　)。

A. 速动比率大于1　　B. 营运资金大于零

C. 资产负债率大于1　　D. 短期偿债能力绝对有保障

三、判断题

1. 权益乘数的高低取决于企业的资金结构:资产负债率越高,权益乘数越高,财务风险越大。(　　)

2. 企业的速动比率越高,表明企业的短期偿债能力越强,企业的管理水平越好。(　　)

3. 一般而言,企业存货需要量与企业生产及销售的规模成正比,与存货周转

次数成反比。(　　)

4. 应收账款周转率过高或过低对企业可能都不利。(　　)

5. 成本费用利润率越高,表明企业为获得利润而付出的代价越小,成本费用控制得越好,赢利能力越强。(　　)

6. 一般而言,已获利息倍数越大,企业可以偿还债务的可能性也越大。(　　)

7. 在总资产利润率不变的情况下,资产负债率越高,净资产收益率就越低。(　　)

8. 盈余现金保障倍数指标越大,表明企业经营活动产生的净利润对现金的贡献越小。(　　)

9. 市盈率是评价上市公司赢利能力的指标,它反映投资者愿意对公司每股净利润支付的价格。(　　)

10. 每股净资产反映了公司每股普通股所拥有的净资产额,该比值越大,说明公司的财务实力越强。(　　)

技能题

1. 某公司流动资产由速动资产和存货构成,年初存货为200万元,年初应收账款为180万元,年末流动比率为2.4,速动比率为1.1,存货周转次数为5次,年末流动资产余额为400万元。要求:

(1)计算该公司流动负债年末余额;

(2)计算该公司存货年末余额和年平均余额;

(3)计算该公司本年销货成本;

(4)假设本年营业收入为1 200万元,应收账款以外的其他速动资产忽略不计,计算该公司应收账款周转期。

2. 某公司2008年度营业收入为4 000万元,营业成本为2 400万元;年初、年末应收账款余额分别为300万元与500万元;年初、年末存货余额分别为400万元和600万元;年末速动比率为1.5,年末现金与流动负债的比为0.8。假定该公司流动资产由速动资产和存货组成,速动资产由应收账款和现金类资产组成。要求:

(1)计算2008年应收账款周转天数;

(2)计算2008年存货周转天数;

(3)计算2008年年末流动负债余额和速动资产余额;

(4)计算2008年年末流动比率。

3. 已知某公司2008年会计报表的有关资料如下:

金额单位:万元

资产负债表项目	年初数	年末数
资产	8 000	10 000
负债	4 500	6 000
所有者权益	3 500	4 000
利润表项目	上年数	本年数
营业收入净额	(略)	20 000
净利润	(略)	500

要求:

(1)计算净资产收益率、总资产净利率、营业净利率、总资产周转率和权益乘数指标;(凡计算指标涉及资产负债表项目数据的,均按平均数计算。)

(2)用文字列出净资产收益率与上述其他各项指标之间的关系式,并用本题数据加以验证。

第十一章 企业资本经营

学习目标

通过本章学习，掌握资本经营、企业并构、企业控股、企业重组、企业托管、企业破产和企业重整的基本概念和方法，理解企业资本运营在市场经济发展中的积极作用及其对企业生存与发展的深远意义。

引例
YINLI

北大方正股权之争

人们一直认为，北大方正的入主，可以打破多年来噩梦一般笼罩在上海延中实业身上的规律：从1993年的“宝延风波”，1998年的“方正入主”，到2001年的裕兴举牌，几乎每三五年，就有一次成功或不成功的围绕股权的争夺。从2001年5月11日裕兴举牌算起，方正股权事件仅仅用了两个月的时间就尘埃落定。在这短短的时间内，主角更换了三次，斗争的焦点也转换了三回：从裕兴举牌方正科技，到原方正科技总裁祝剑秋奋力抵御“内忧”、“外患”，再到北大方正集团趁机一并将内部人事问题和外部“进犯”势力解决掉。在这场“赌博”中，前后变化落差之大，让人们强烈地感受到：收购与反收购、集团公司与上市公司、企业不同派系等各角色间的争夺多么激烈。后来甚至连一些当事人都不理解：自己怎么扮演了这样的角色？从什么时候开始，自己竟然出局了？

资料来源：赵国习《IT经理世界》

所有的这些问题告诉我们几个道理：

(1)“功夫在诗外”，资本经营也不例外，它背后的内容很复杂；

(2)买企业是一件很容易的事，只要你有钱。然而，管理好就不那么容易

了,能够把它再卖出去,并卖出一个好价钱则更不容易;

(3)资本经营不仅仅是钱的问题,它更重要的是能力或能力的组合。

第一节 资本经营概述

一、资本经营的目标

早在100多年前,包括马克思在内的许多经济学家就已经提出了资本经营的概念,它是产品经营、产业经营发展到一定阶段的必然趋势。所谓资本经营是指以资本为纽带,以价值管理为特征,通过资本资源的优化配置,以优化债务结构和资本所有者结构,实现企业价值最大化的一系列经营活动。

企业经营的主要目标是使得企业的资本不断地增值,实现企业价值的最大化。在商品经济社会中,资本是各种经济活动得以实现的条件,资本只有通过营运才能发挥其在经济生活中的作用并达到增值的目的。但是,这种增值首先应保证资本保值才能实现。因此,资本经营的目标在于企业经营者通过存量资产的流动和重组,最大限度地达到资本保值增值。

专栏 11.1

资本运用的本质是企业的产权运营。

二、资本经营的前提条件

(一)产权清晰是资本经营的核心

产权是财产所有权以及与财产所有权有关的财产权。企业要有明确的产权,谁投资,谁得益,谁承担风险,这些要求资本经营有明确的产权归属关系。因此,要明确企业资本投资主体,完善法人财产制度,让企业真正成为自我经营、自我发展、自负盈亏、自我约束的市场主体,成为资本经营的主体。界定产权的关键是建立现代企业制度。现代企业制度确立了企业的法人财产权,实现了出资者所有权、法人财产权和经营权的三权分离,具有明确的产权关系。只有在合理的产权制度下,才能够形成有效的约束、激励与监督机制,保护产权所有者的利益,促使资源优化配置。

（二）资产评估是资本经营的重要环节

在资本经营的过程中，资产评估是否科学准确、符合实际，直接影响资本经营的顺利进行。要建立资产评估制度，完善评估管理工作，确立统一资产评估制度，减少政府对资产评估工作的干预，使得资产评估在按照国家法律的基础上，依市场规律进行核算、评估、定价和交易。

（三）完善的资本市场是资本经营顺利进行的条件

资本市场的核心功能就是提高全社会的资金配置效率，促使资金向最有效率、最有竞争力的企业流动。正是据此功能，资本市场才能有效地促进经济结构的调整。为了实现资源的有效配置，资本市场发展战略、市场组织和市场结构、市场运行规则以及监管体制，都应以培育规范的、无歧视性的、高度竞争和高效率的市场为目标。因此，只有加快资本市场向结构完善、竞争有序、规范严密方向发展，才能推动企业在资本市场上进行资本经营，以期合理配置资源。资本市场是企业为进行资本经营而筹集资本和进行投资的场所，一个结构完善、竞争有序、规范严密的资本市场，可以促进资本经营的顺利进行，可以发挥市场对资本的配套功能，资本市场的不发育和不完善，将是资本经营的制约因素。

第二节　企业并购与控股

引例
YINLI

宝钢收购邯钢之战

邯郸钢铁股份有限公司于2006年6月1日发布公告称：公司于5月31日获悉，宝钢集团有限公司及其下属公司持有其股份已达到5.000 2%。此外，在二级市场举牌前，宝钢系企业已通过购入邯钢认购权证获得了数量可观的潜在股权，其现有持股量和潜在持股量合计占总股本的比例超过10.3%。邯郸钢铁股份有限公司同时宣布：公司控股股东邯郸钢铁集团有限责任公司目前持有公司股份1 632 178 371股，占总股本的59.06%，并决定通过上海证券交易所交易系统增持公司流通股股份，本次增持股份数量不超过7亿股，增持资金总额不低于15亿元人民币。至此，宝钢与邯钢的收购与反收购战正式打响。

这一案例对于中国股市全流通环境下的控制权争夺，是一次非常有典型意义的预演，它表明未来中国资本市场的主题就是上市公司的控制权争夺和运用。

企业在其生命周期中会发生很多组织上的变动，大部分公司的成长性都是由正常的资本预算活动来扩充已有的部门的。我国目前处于计划经济向市场经济转型阶段，但无论是在经济逐渐走向成熟还是由计划经济走向市场经济过程中，并购与控股在其中都将起到非常重要的作用。

专栏 11.1

杠杆收购是资本运营的典型形式。资本运营中，能力比有钱更重要，而对于目标公司来说，引入“战略投资者”更具有实际意义！

一、企业并购

（一）企业并购的概念

企业并购是指在市场机制作用下，企业为了获得其他企业的控制权而进行的产权交易活动。企业并购主要有企业兼并、企业收购和企业合并组成。

1. 兼并

兼并一词系外来语，英文一般称之为“Merger”，该词在世界各国广为使用。《大不列颠百科全书》对 Merger 一词的解释：“指两家或更多的独立的企业公司合并组成一家企业，通常由一家占优势的公司吸收另一家或更多的公司。”1996年8月20日财政部颁布的《企业兼并有关财务问题的暂行规定》对兼并的含义做出解释：“兼并指一个企业通过购买等有偿方式取得其他企业的产权，使其失去法人资格或虽保留法人资格，但变更投资主体的一种行为。”

从以上解释可以看出，兼并包括两层含义：一是狭义的兼并，是指在市场机制作用下，一个企业通过产权交易获得其他企业的产权，使这些企业的法人资格丧失，并获得企业经营管理控制权的经济行为，这相当于吸收合并；二是广义的兼并，是指在市场机制作用下，一个企业通过产权交易获得其他企业产权，并企图获得其控制权，但是这些企业的法人资格并不一定丧失。广义的兼并包括狭义的兼并、收购。

2. 收购

收购是指一家企业用现金、股票或者债券等支付方式购买另一家企业的股票或者资产行为。收购的结果可能是拥有目标企业几乎全部的股份或资产，从而将其吞并；也可能是获得企业较大一部分股份或资产，从而控制该企业；还可能是仅拥有较少一部分股份或资产，而作为该企业股东中的一个。

收购与兼并的主要区别是，兼并使目标企业和并购企业融为一体，目标企业的法人主体资格消灭，而收购常常保留目标企业的法人地位。

3. 合并

合并（Consolidation）是指两个或两个以上的企业互相合并成为一个新的企业。合并包括两种法定形式：吸收合并和新设合并。吸收合并是指两个或两个以上的企业合并后，其中一个企业存续，其余的企业归于消灭。新设合并是指两个或两个以上的企业合并后，参与合并的所有企业全部消灭，而成立一个新的企业。合并主要特点有：第一，合并后消灭的企业的产权人或股东自然成为存续或者新设企业的产权人或股东；第二，因为合并而消灭的企业的资产和债权债务由合并后存续或者新设的企业继承；第三，合并不需要经过清算程序。

兼并、收购和合并既有联系，又有区别，虽然它们运作的侧重点不同，但就其实质而言，都是一种导致企业资产流动或产权转移的行为，其产生的动因和运作的结果基本是一致的。因此，在实际操作过程中，人们把企业兼并、收购和合并统称为“并购”。

（二）企业并购的类型

1. 按并购双方的行业关系分类

按并购双方的行业关系，并购可以划分为横向并购、纵向并购和混合并购。

（1）横向并购。指同属于一个产业或行业，生产或销售同类产品的企业之间发生的并购行为。横向并购的结果是：资本在同一生产、销售领域或部门集中，优势企业吞并劣势企业组成横向托拉斯，扩大生产规模以达到新技术条件下的最佳经济规模。横向并购的优点在于：增强企业的竞争能力，扩大市场份额，获得规模经济效应。横向并购是企业并购中最常见的并购方式，并购的基本条件是：收购企业需要并且有能力扩大自己产品的生产和销售；兼并双方企业的产品及产品的生产和销售有相似之处。

（2）纵向并购。指生产和销售过程处于产业链的上下游，相互衔接、紧密联系的企业之间的并购。纵向并购又分为向前并购和向后并购两种。向前并购是指并购企业生产流程前一阶段的企业，即主要是并购企业的原材料供应商；而向后并购是指并购企业生产流程后一阶段的企业，即主要是并购企业的产品的销售商。纵向并购的优点在于：能扩大企业生产经营规模，节约成本；可以加强生产过程各环节的配合，有利于企业的协作化生产。

（3）混合并购。又称复合并购，是指既非竞争对手又非现实的或潜在的客户或供应商的企业之间的并购。混合并购的主要目的在于减少企业长期经营一个行业所带来的风险，分散企业的经营风险，提高企业对经营环境的适应能力。

2. 按并购是否取得目标企业的同意与合作分类

按并购是否取得目标企业的同意与合作，并购可以划分为善意并购和恶意并购。

(1)善意并购。又称友好并购，是指目标企业接受并购企业的并购条件并承诺给予协助。善意并购的主要方式是：通过双方高层的协商来决定收购价格、人事安排、资产处置等。若目标公司对收购条件不完全满意，双方还可以进一步讨价还价，最终达成双方都可以接受的并购协议，并经双方董事会批准，股东大会以特别决议的形式通过。

(2)恶意并购。又称敌意并购，是指并购企业在目标企业管理层对其并购意图不清楚或对其并购行为持反对态度的情况下，对目标企业强行进行的并购。恶意收购的主要方式是：收购公司往往采取突然的收购手段，提出苛刻的兼并条件而使目标公司不能接受，后者在得知收购公司的收购意图后，可能采取一系列的反收购措施，如发行新股以分散股权、回购本公司已发行在外的股份等。同样，收购公司在得知目标公司的激烈反应后也会采取一些手段，强迫目标公司最终就范。

3. 按并购双方是否通过中介机构分类

按并购双方是否通过中介机构，并购可以划分为直接并购和间接并购。

(1)直接并购。又称协议收购，是指并购企业直接向目标企业提出并购要求，双方通过一定程序进行磋商，共同商定并购的各项条件，然后根据协议的条件达到并购目的。

(2)间接并购。又称要约收购，是指并购企业不直接向目标企业提出并购要求，而是通过证券市场以高于目标企业股票市价的价格收购目标企业的股票，从而达到控制目标企业的目的。

4. 按并购是否受到法律强制分类

按并购是否受到法律强制，并购可划分为强制并购和自由并购。

(1)强制并购。是指并购企业持有目标企业股份达到一定比例，可能操纵后者的董事会并对股东的权益造成影响时，根据《证券法》的规定，并购企业负有对目标企业所有股东发出收购要约，并以特定价格收购股东手中持有的目标企业股份的强制性义务而进行的并购。我国《股份发行与交易管理暂行条例》规定："发起人以外的任何法人直接或者间接持有一个上市公司发行在外的普通股达到30%时，应当自该事实发生之日起45个工作日内，向该公司所有股票持有人发出收购要约，按照下列价格中较高的一种价格，以货币付款方式购买股票：

第一，在收购要约发出前12个月内收购要约人购买该种股票所支付的最高价格。

第二，在收购要约发出前30个工作日内该种股票的平均市场价格。前款持有人发出收购要约前，不得再行购买该种股票。”

(2)自由并购。是指并购方可以自由决定收购被并购方任一比例股权的并购。

5. 按并购的出资方式分类

按并购方的出资方式，并购可以划分为现金购买资产式并购、现金购买股票式并购、股票换取资产式并购和股票互换式并购。

(1)现金购买资产式并购。指并购企业用现金购买被并购方全部或绝大部分资产所进行的并购。以现金购买资产式并购，被收购公司按购买法或权益合并法计算资产价值并入收购公司，原有法人地位及纳税户头消灭。

(2)现金购买股票式并购。指并购企业用现金购买目标企业的股票所进行的并购。以现金购买股票可以通过一级市场进行，也可以通过二级市场进行。

(3)股票换取资产式并购。指并购企业向目标企业发行股票，以换取目标企业的大部分资产而进行的并购。一般情况下，收购公司同意承担目标公司的债务责任，但双方也可以做出特殊约定，如收购公司有选择地承担目标公司的部分责任。

(4)股票互换式并购。指并购企业直接向目标企业的股东发行股票，以换取目标企业的大部分或全部股票而进行的并购。通过这种形式收购，目标公司往往成为收购公司的子公司，有些目标公司也可能解散或并入收购公司。

6. 按并购企业是否利用自己的资金分类

按并购企业是否利用自己的资金，并购可以划分为杠杆收购和非杠杆收购。

(1)杠杆收购。指并购企业通过信贷所融资本获得目标企业的产权，并以目标企业未来的利润和现金流偿还负债的并购方式。按杠杆原理，以少量自有资金，主要通过举债方式取得企业并购所需要的巨额资金，运用财务杠杆的力量实现企业并购交易，为“小鱼”吃“大鱼”创造了条件，但风险很大，受到有关金融法规的限制。杠杆收购上世纪60年代出现于美国，之后迅速发展，上世纪80年代已风行于欧美。

(2)非杠杆收购。指并购企业不用目标企业的自有资金及营运所得来支付或担保并购价金的并购方式。但非杠杆收购不意味着收购公司不用举债即可负担并购价金，实践中，几乎所有的收购都是利用贷款完成的，所不同的只是借贷金额的多少而已。

小思考 11.1

“以小搏大”、“四两拨千斤”说明怎样的道理？

答 说明运用财务杠杆的力量，通过举债获取巨额资金，可以充分发挥财务杠杆的效用，但也存在巨大的财务风险。

（三）企业并购的动因

从单个企业来看，兼并与收购的具体动机往往表现出不同的形式，而且大多数并购的动因不仅仅限于某一个因素，而是诸多因素综合作用的结果，下面介绍几种主要的并购动因。

1. 谋求协同效应

协同效应是指两个公司并购后，其总体效益大于两个独立公司效益之和。当两个公司在最优经济规模之下运作时，并购后可以收益于规模经济。通过并购，实现了资产存量整体的有效配置，在生产经营、行政管理、调查研究、原料采购和产品销售等方面可以统一协调、统一组织，有利于控制和节约成本费用。

2. 谋求企业发展

在市场经济条件下，企业面对的是激烈的市场竞争。要想在市场竞争中立于不败之地，成为竞争中的强者，就必须加速资本集中，不断地扩大自身规模，壮大自己的实力。从实际效果来看，兼并一家企业形成的规模扩张要比新建一家企业花费更小的成本和更少的时间。

3. 实现多元化经营

公司的经营环境是不断变化的，任何一项投资都有风险。企业通过并购其他行业中的公司，把投资分散于不同的行业，可实行多元化经营。当某个行业因环境变化而导致投资失败时，还可以从其他方面得到补偿，从而降低单一经营所带来的风险，增加公司资本的安全性。公司实现多元化经营的途径一般有两种选择：一是公司在内部原有基础上，增加设备和技术力量，逐步向其他行业扩展；二是从公司外部兼并或收购其他行业的公司。从实践经验来看，兼并和收购是实现多元化经营的一条快捷途径。

4. 获得特殊资产

获得特殊资产也是并购的重要动因，如制造商为了保证原材料的供应而进行纵向兼并。特殊的资产可能是一些对公司发展至关重要的专门资产。有的企业兼并目标公司可能是为了获取优越的土地资本，有的企业兼并目标公司可能是为了拥有一支有效的管理队伍或者一批优秀的研究与开发人员等。

5. 避税

许多国家的税法和会计制度经常会使那些具有不同纳税义务的企业仅仅通过兼并便可获利，如一个利润丰厚的企业兼并一家亏损企业，通过两个企业间的利润分享就可以大量减少纳税的义务。逃避税赋也可能成为企业并购的一个重要动因。

6. 管理层利益驱动

公司的管理人员大多是职业管理人员或企业家，他们一般不拥有或拥有极少量的公司股份，因此，公司股东利益最大化往往不是他们经营的主要目标，他们也许会更多地关心公司的长远发展和规模的扩大。因为，公司的发展和壮大将更直接地影响到他们的权力、声誉、社会地位和薪金报酬等，而并购则是公司规模迅速扩大的捷径。因此，并购有时可能完全是公司高层管理人员为了满足自己的成就所致。

专栏 11.3

公司控制权的转移是资本运营的核心问题。

二、企业控股

企业控股是指一个企业通过购买其他企业的股票使其在该企业中所占控股股份份额达到控股条件，以实现对被兼并企业的产权占用。这种企业控股式的兼并是部分兼并，而不是整体兼并。被控股的企业作为经济实体仍然存在，具有法人资格；而控股企业作为被控股企业的新股东，对被控股企业的原有债务不负连带责任，其风险责任仅以控股出资的股资为限。因而这种兼并方式是企业在正常运行条件下的一种投资行为，通常是为了取得对经营权的控制，服务于本企业的发展战略。

小思考 11.2

公司控股权的核心在什么地方？

答 控制董事会的决策权。

第三节 企业重组与托管

引例
YINLI

华润增持万科——谁是房地产“巨无霸”

香港华润集团去年通过全资子公司中国华润总公司一次性受让深万科第一大股东深圳经济特区发展(集团)公司持有的5 115.559 9万股国有法人股，占万科总股本的8.1%；加上华润集团的间接控股公司——北京置地已持有的2.71%万科B股股份，华润已经成为万科的第一大股东。

北京置地还控制着北京华远房地产公司70%的股份。这次并购有望实现双方强势资源的整合，并且造就中国房地产业的“巨无霸”。北京华远拥有大量土地储备，而万科作为一家全国知名的房地产上市公司，有深刻的管理内涵和极强的资源运作能力。

2001年，华润集团增持深圳万科的新重组方案出台，主要内容是以华润集团以及华润北京置地的部分资产及少量现金来增持万科的股权。增持结束后，华润持有万科的股权应在30%上下，但是重组方案目前遇到了不小的阻力。

万科可以说是中国为数不多的优质企业之一，在房地产界常常给人“振臂一呼群者应”的印象。但是作为深圳市场第二家上市公司，万科发展多年也有自己的隐忧：一是万科缺乏通畅的融资渠道，无法达到规模效应，2000年万科的年销售额只有香港新鸿基销售利润的三分之一，20多亿的销售额对房地产企业来说实在太小；二是万科缺乏足够的土地储备，万科在深圳的土地资源本身就不多，在全国就更难找好的项目了，要想成为全国性的大房地产商，这一点已成为瓶颈；三是股权结构分散，1993～1997年，万科最大股东的持股比例不到7%，这样分散的股权结构极易成为证券市场的收购对象。这是一个诞生于市场、成长于市场、又受制于市场的企业发展典型。

一、企业重组

(一)企业重组的涵义与作用

企业重组是企业之间通过对企业产权和其他债务、资产、管理、结构所展开的企业的改组、整顿与整合的过程，从而带来企业组织形式的调整。通俗地讲，就是通过企业联合、合并、收购、破产、承包、租赁等方式对企业的现有资产和债务进行分拆和重新组合的过程。重组可以优化企业资源，调整经济结构，使企业经济效益大幅提高。企业重组主要包括产权重组、债务重组、资本重组、资产重组、组织机构重组等。企业重组的作用主要表现在以下几个方面：

1. 有利于优化企业的资源配置，增强企业的竞争能力

通过对现有企业存量资产的重组，将整个社会中的闲置资产重新利用起来，可优化企业各种资源要素的结构，提高资源的利用效率，增强企业的生产力和竞争力。

2. 有利于企业产权结构的调整，适应市场经济发展的需要

企业重组可以改变原有企业的产权单一化、抽象化的弊端。通过产权多元化和具体化来落实企业的产权，这样可以使多个投资者来共同参与并关注企业的生存，使企业能在新的领导机制下更适应市场经济变化和发展。

3. 有利于企业转换经营机制，充分发挥企业的自主竞争力

对于我国的企业来讲，过去曾经历过多年的政企分开，但政企始终分不开。其原因有：一是长期没有抓住产权这个关键因素，二是没有找到解决企业产权问题的途径。企业重组可为此提供有效的手段，实现出资者和企业法人所有权的分离，从而促使政企分开，转换经营机制，使企业摆脱对于行政机关的依赖，成为独立自主的市场竞争主体。

（二）企业重组的方式

一般来说，企业重组主要有以下几种方式：

1. 股权的有偿转让

股权的有偿转让是指收购公司根据股权协议价格受让“壳”公司全部或部分股权，从而取得对“壳”公司的控制权的买“壳”行为。股权有偿转让将成为我国上市公司重组的主要模式。

我国上市公司股权结构中大多数公司的国有股权占控股地位，而国有股权不能上市流通，在此情况下，国有股权的持有者在改变投资方向的计划或对上市公司的经营业绩感到不满时，就有将国有股权转让出去变现的需要。在目前的上市公司股权结构中，国有股股东的持股比例往往超过绝对持股的最低要求，在客观上也有将超出部分转让出去实现最优投资组合的需要。但在这种情况下，国有股权的持有者往往不愿意放弃其控股地位，从而难以实现通过有偿转让取得对上市公司的控股权。针对此情况，有的集团的重组采取了通过几种受让原来较为分散的法人股，取代或逼近原第一大股东的地位的股权转让“第三条路”。由于协议收购只涉及买卖双方两个法律主体，收购谈判的效率较高，程序直接，比较容易获得成功。

在股权有偿转让的模式中，转让价格是整个转让的关键，具有参照意义的财务指标是每股净资产。1997 年 7 月国家国资局和体改委联合发布的《股份有限公司国有股股东行使股权行为规范意见》第十七条规定："转让股份的价格必须依据公司的每股净资产、净资产收益率、实际投资价值(投资回报率)、近期市场价格以及合理的市盈率等因素确定，但不得低于每股净资产。"但在实际操作中股权转让价格的制定，在不同的公司中所依据的标准是不同的，极少数公司的股权转让价格甚至低于每股净资产。

2. 无偿划拨

无偿划拨主要是指地方政府或主管部门作为国有股的持股单位直接将国有股在国有投资主体之间进行划拨的行为，带有极强的行政性，政府色彩较为浓厚，是中国资产重组中的一种特殊的交易形式。

目前上市公司的控股股东的变更，主要是通过国家股无偿划拨和国家股、法人股的有偿转让来实现的。股权无偿划拨是政府(上市公司的所有者)通过行政手段将上市"壳"公司的产权无偿划归收购公司的行为。股权无偿划拨一般由地方政府和行业主管部门牵头实施，无偿划转的股权只能是国有股权，股权的变动对上市公司的持有者没有损失。股权无偿划拨的目的在于通过股权持有者的改变来强化对上市"壳"公司经营管理的控制，提高资产运营效率。

股权无偿划拨的优点在于：第一，交易成本低，简便易行。政府直接参与，整个过程几乎没有阻力，而收购的成本也接近于零。第二，有利于更好地发挥上市公司的融资功能及区域产业调整。政府参与这一重组行为的动机在于理顺管理体制，打破条块分割。在极端情况下，当上市公司的经营业绩不佳时，地方政府为了维持上市公司的市场形象，将优质资产注入上市公司，从而更好地利用"壳"资源，可以使有发展前景的大集团、大企业取代经济效益低下、产业前景黯淡的绩差公司。股权无偿划转的标的只能是上市公司的国有股权，而且只能在国有资产的代表中进行转让。

3. 二级市场收购

通过二级市场收购上市公司一定数量和比例的流通股，进而成为上市公司的大股东，获取控制权，是国外市场经济成熟国家的普遍做法。自 2005 年 8 月开始，我国在上市公司推行全面的股权分置改革工作，打破了我国多年形成的国有股、法人股和社会公众股份制以及"同股不同权"的不合理局面，股权的全流通为二级市场收购提供极为有利的条件。二级市场收购必将成为我国未来上市公司重组的主要方式。

4. 置换

在买"壳"交易方法中，除了用现金进行收购外，还可用股权置换和资产置换等方式进行收购，即收购方可以用资产和持有的其他公司的股权来换取对上市"壳"公司的股权。在这种方式下，收购方可以不需要拿出现金就可获得对"壳"公司的控制，同时还可对自己的资产结构进行适当的调整。

置换作为公司重组的一种方式，有着独特的运用。它是指交易者双方（有时可有多方）按某种约定价格（如谈判价格、评估价格等），在某一时期内相互交换资产、股权、负债或其他条件的交易。此处资产是狭义的定义，并非资产负债表中的资产分类，即不包括现金、股权。

其实，目前流行的置换交易方式尽管是由两个单笔逆向交易组合而成的，但它与逆向交易组合本身有着明显的区别：

第一，置换方式不存在现金流，而一组逆向交易即使不实际发生支付，但在账面上还是要记作应收或应付账款；

第二，置换交易是一笔交易，签订的是一个协议，而一组逆向交易是两笔交易，需要订立两个合同；

第三，置换交易所需要的时间较短，而一组逆向交易所需要的时间可能较长；

第四，置换交易不计入资产负债表，是表外交易，而一组逆向交易则作为表内交易。

（1）股权置换。股权置换是目前国际上强强联合所采用的比较通行的方式。它与资产置换所不同的是：股权置换会引起股权的变动，在运用中具有引入战略性投资者或合作伙伴的功能。

（2）资产置换。资产置换是指公司重组中为了使资产处于最佳配置状态，获取最大收益或出于其他目的而对其资产负债表的资产类进行交换。通常资产置换在以下情况下使用：双方通过置换资产能够减轻原来的资产包袱，发挥公司的特长，重新聚集公司的核心竞争力。这种情况类似于 20 世纪 80 年代兴起的债务互换。目前在国内这种重组方式颇为时兴，在政府行为的推动下，通常采用的是换入优质资产，换出劣质资产，从而提高上市公司的赢利水平。然而，这并未从上市公司本身的核心竞争力的形成和聚集角度出发。

（3）资产—股权置换。资产—股权置换的功能在于能够顺利调整公司的股权结构。其运用的好处在于公司甲通过部分股权的出让而能够引入公司乙优质资产的一部分，然后再通过上市公司丙的配股渠道，由公司甲和公司乙共同将这一块优质资产注入上市公司丙。这种重组方式的运用需要公司乙与公司甲具有同一行业上下游关系，能够成为公司甲的战略投资者，并且公司乙中所拥有的优质资产规模较大，不容易由一方一次性注入公司丙。

5. 债权转股权

债权转股权式企业并购，是指最大债权人在企业无力归还债务时，将债权转为投资，从而取得企业的控制权。由于债转股多是迫不得已而选择的并购方式,是属于特定经济环境下的企业购买方式,从发展趋势来看,它们将逐步让位于更规范、更合乎市场经济要求的购买方式。在1999年我国的资本市场中,债转股无疑是热门话题之一,但中国证券市场中还没有一个完全意义上的债转股的并购方式。

6. 间接控股

这类上市公司的控股权的转移比较特殊,主要是战略投资者通过直接并购上市公司的第一大股东来间接地获得上市公司的控制权。

7. 司法裁定

2000年法院裁定转让也成为中国上市公司控制权转让的重要形式。一般当上市公司原来的大股东无法偿还债权人的债务时,债权人会申请法院对大股东所持有的股权资产进行冻结乃至拍卖抵债。战略投资者可以竞拍的方式取得这部分股权,或者由法院直接裁定将这部分股权抵给债权人。

8. 企业托管

企业托管本质上是将被托管企业的资产委托给托管企业经营,其产权并没有进行交易,故并不属于企业并购范畴。但是托管企业不仅控制了被托管企业的经营权,往往还会出现先托管后并购的行为。不少地方政府十分提倡这种方式,所以它也是目前企业重组的可行方式。

9. 抵押式并购

以抵押形式转移产权,进而以赎买手段进行产权再转移,这种形式主要是在资不抵债的集体所有制企业与其最大的债权人之间进行的。具体做法是先将企业全部资产作价抵押给最大的债权人(往往是银行),实现所有权首次转移。转移后,原企业法人资格自行消失,债务挂账停息,然后由债权人和企业主管部门协商,利用原厂设备资金,根据市场需要选定新产品,组建新企业,聘请新的法人代表,并将新企业部分利润以租赁费形式分期偿还债务。如按规定时间全部还清债务后,赎回所有权,实现所有权与经营权的再转移,这也是一种完全的有偿并购。

二、企业托管

专栏 11.4

托管能让企业在变革中付出的代价减少,让行业内有经验的人将现代化的经营理念引入企业。

(一)企业托管的涵义与作用

企业托管是指企业资产所有者将企业的整体或部分资产的经营权、处置权,以契约形式在一定条件和期限内,委托给其他法人或个人进行管理,以明晰企业所有者、受托方、经营者和生产者之间责权利关系的一种经营方式。企业托管实际上是企业资产市场化运营方式的一种延伸。

委托管理是社会发展的必然产物,是社会化分工的具体表现。随着企业的发展和转型,管理问题越来越提上了日程,管理者面临着一系列的困惑,为此专业化管理公司应运而生,他们运用先进的管理技术和适宜的管理方法服务于企业管理的各个方面,帮助解决企业面临的各种问题,协助企业逐步建立完善的现代企业管理,使企业能够准确地决策、高效地管理,从而实现它们的管理目标。企业托管的作用主要表现在:

(1)有利于企业产权制度的改革和企业重组、整顿的实现;

(2)有利于企业拓宽融资渠道;

(3)有利于企业引入有效的经营机制和科学的管理手段,提高企业的管理水平;

(4)有利于企业生产要素进行优化组合,提高企业的资本营运效益。

小思考 11.3

企业托管与企业兼并、企业控股的区别是什么?

答 (1)企业托管与企业兼并的区别是:兼并是原两个法人单位通过吞并、新设合并形式,最后形成一个法人实体。托管形式中,委托人与被委托人都是独立法人,各自在合同中承担自己的民事责任。

(2)企业托管与企业控股的区别是:控股企业是股权人以资金为纽带,以股东身份参与控股企业重大经营决策,日常事务由董事会聘请经理人员管理。托管是优势企业以管理、技术、资源输出为手段,直接经营管理委托企业的全部资产。

(二)企业托管的模式

1. 按托管资产的范围划分

(1)整体托管。整体托管是指委托方将被托管企业的全部有形资产和无形资产委托给托管方进行经营的方式。这种模式适合于规模不大、企业经营的专业性不太高、不需对企业生产结构做大调整的中小型企业。

(2)部分托管。部分托管是指将被托管企业的下属分部或某一个部门、生产车间、生产线从整体中划出来委托给托管方经营的托管方式。这种方式适合对大型企业进行的托管。

(3)单项业务托管。单项业务托管是指对被托管企业的某项业务实行单项托管经营的托管方式。实行单项业务托管经营主要是重点解决企业的某些显著存在的问题,从而改造企业。

2. 按对被托管企业管理的方式划分

(1)委托方式。企业委托给托管公司托管后,其产权主体不变,托管公司按照既定的契约对公司进行经营管理,而企业也有权根据契约对托管公司的行为进行监管。

(2)风险抵押方式。是指在进行托管之前,由托管公司交付给被托管企业或第三方一笔资金作为其托管经营亏损的风险抵押的一种托管方式。

(3)股权回购方式。在这种方式下,被托管企业在托管前按其净资产额作价卖给托管公司,并同时签订回购协议,在托管期结束时,按托管后企业净资产额再作价购回股权。

第四节 企业破产与重整

引例 YINLI

据国务院国资委的统计,截至 2005 年底,全国实施政策性关闭破产项目 3 658家,需要退出市场的国有大中型特困企业和资源枯竭矿山,已有近三分之二实施了关闭破产。2008 年前,还有约 2 000 家企业等待进行政策性破产。

市场经济优胜劣汰,企业有生就有死。破产是解决困难企业退出市场的一项成功的制度创新,也为市场经济下的企业提供了一个正常新陈代谢的机制。

一、企业破产

(一)破产的概念与特征

破产是指因债务人不能清偿到期债务,债务人或债权人向法院提出申请,经法院审查受理,将债务人的财产公平分给债权人的特定的审理程序。

“破产”一词有两种含义:第一,破产是指债务人不能清偿到期债务的事实状态;第二,破产是指在债务人无力清偿到期债务的情况下,公平清理债务的一种法律程序(即破产程序)。破产具有如下法律特征:

1. 破产是一种法定偿债手段

当债务人不能清偿到期债务时，如何分配债务人的财产，如何满足多个债权人的清偿要求，除非有法律的特别规定，一般的民事诉讼程序或者执行程序，都难以解决这样的问题。所以，法律特别规定有可以利用的专门程序，破产程序即为其一。

2. 破产以债务人不能清偿到期债务为前提

债务人不能清偿到期债务，是破产的原因，破产只不过是对债务人不能清偿到期债务的事实予以法律确认，即通过法院的司法裁决承认债务人事实上的破产状态。

3. 破产以公平清偿债权为宗旨

债务人不能清偿到期债务时，利用破产程序可以合理地协调多数债权人之间就债务人的有限财产如何受偿的利益冲突，使债权人共同分担损失和共同享受利益，即同一顺序的债权人地位平等和受偿机会均等。

4. 破产是一种特殊的执行程序

首先，作为一种执行程序，破产程序处于法院的严格控制下，除非有法律的特别规定，其他任何人或者机构都不能处分或执行破产人的财产。其次，破产程序优先于个别民事执行程序，在破产程序开始后，必须中止对债务人财产的民事执行程序，所有的无财产担保的债权人均须通过破产程序行使权力。最后，破产程序是对债务人全部财产与经济关系进行的彻底清算，在做出破产宣告的情况下将终结债务人的经营业务，并使债务人丧失民事主体资格。

(二)破产机制的作用

破产机制的意义，主要体现在以下几个方面：

(1)对于债权人来说，通过破产程序，可以使他们的债权请求得到公正的待遇，避免了在缺乏公平清偿秩序的情况下可能受到的损害。

(2)对于债务人来说，企业破产程序可以起到两种作用：一是淘汰落后，二是起死回生。

(3)对于社会来说，破产制度的意义在于：首先，规范破产行为，维护正常的债务清偿秩序；其次，妥善处理破产事件，减少消极影响，维护社会安定；再次，通过优胜劣汰机制，实现资源优化组合，促进经济发展。

专栏 11.5

重整能为企业借助社会力量摆脱困境带来一线生机，重整制度及程序代表了现代国际破产法发展的主要潮流。

二、企业重整

(一)企业重整的涵义

企业重整是指在企业宣告破产以前,为了挽救处于困境中的债务企业,由有关当事人提出申请,并在重整人的主持下,制订振兴企业的计划,采取有效措施扭亏为盈,恢复企业正常生产经营能力的活动。

企业重整是主动拯救濒临破产的企业,使其在得以再生的同时,又维护债权人的利益,使债权得到更大的满足的一种制度安排。它是一种保护股东、债权人和职工利益,从而稳定社会经济秩序的重要法律措施。如果对于达到警戒线的国有企业全部实施破产,不仅目前脆弱的社会保障体系难以承受此种经济上的压力,还会造成社会秩序的紊乱。因此,企业重整的目的是对一些因各种原因面临困境,但有挽救希望的企业,通过实施重整,以摆脱困境,恢复生机,尽可能避免因破产清算带来的职工失业、社会财富损失等问题。

企业重整与企业整理、企业整顿是既有联系又有区别的三个概念。企业整顿是企业内外部关系的简单调整,是在企业外政府部门或执法部门干预下的企业治理行为,企业重整是较整理、整顿更高一层、更全面深刻的企业组织变革。

(二)企业重整的作用

1. 有利于实现社会公平

这里所说的公平,不仅仅是指公平清偿。破产清算也是以公平清偿为目标的。重整制度所要实现的公平,还有更深的一层含义,那就是要顾及破产事件影响所及的那些非请求权人和其他案外人的利益。

2. 有利于企业起死回生

通过重整计划,可以使企业采取有效的管理措施,改进经营管理,提高生产效率,实现扭亏为盈,起死回生。

3. 有利于适度控制破产

过度的竞争导致过量企业的破产,必然会给社会经济活动带来许多不利的影响。而重整可以通过优化资源的合理配置来挽救企业,从而有效地控制破产的发生。

本章小结

◇资本经营是通过资本资源的优化配置,以优化债务结构和资本所有者结构，实现企业价值的最大化。资本经营的目标在于企业经营者通过存量资产的流动和重组，最大限度地达到资本保值增值。公司控制权的转移是资本运营的核心问题。

◇企业并购是企业通过兼并、收购、合并等方式获得其他企业的控制权而进行的产权交易活动。企业重组是通过企业联合、合并、收购、破产、承包、租赁等方式对企业的现有资产和债务进行分拆和重新组合的过程。

◇企业重组主要包括产权重组、债务重组、资本重组、资产重组、组织机构重组等。企业托管是指企业资产所有者将企业的整体或部分资产的经营权、处置权，以契约形式在一定条件和期限内，委托给其他法人或个人进行管理，是企业资产市场化运营方式的一种延伸。

◇破产是指因债务人不能清偿到期债务，债务人或债权人向法院提出申请，经法院审查受理，将债务人的财产公平分给债权人的特定的审理程序。企业重整是一种主动拯救濒临破产的企业，使其得以再生的同时，又维护债权人的利益，使债权得到更大的满足的一种制度安排。它是一种保护股东、债权人和职工利益，从而稳定社会经济秩序的重要法律措施。

关键概念

资本经营　企业并购　企业控股　企业重组　企业托管　企业破产　企业重整

综合练习题

1. 企业资本经营的目标是什么？资本经营的前提条件有哪些？
2. 企业并购的动因有哪些？
3. 企业重组的方式有哪几种？
4. 企业破产具有哪些法律特征？破产机制的作用有哪些？
5. 企业重整有何经济意义？

附表一

1元复利终值系数表

期数	1%	2%	3%	4%	5%	6%	7%	8%	9%	10%	12%	14%	15%	16%	18%	20%	24%	28%	32%	36%
1	1.0100	1.0200	1.0300	1.0400	1.0500	1.0600	1.0700	1.0800	1.0900	1.1000	1.1200	1.1400	1.1500	1.1600	1.1800	1.2000	1.2400	1.2800	1.3200	1.3600
2	1.0201	1.0404	1.0609	1.0816	1.1025	1.1236	1.1449	1.1664	1.1881	1.2100	1.2544	1.2996	1.3225	1.3456	1.3924	1.4400	1.5376	1.6384	1.7424	1.8496
3	1.0303	1.0612	1.0927	1.1249	1.1576	1.1910	1.2250	1.2597	1.2950	1.3310	1.4049	1.4815	1.5209	1.5609	1.6430	1.7280	1.9066	2.0872	2.3000	2.5155
4	1.0406	1.0824	1.1255	1.1699	1.2155	1.2625	1.3108	1.3605	1.4116	1.4641	1.5735	1.6890	1.7490	1.8106	1.9388	2.0736	2.3642	2.6844	3.0360	3.4210
5	1.0510	1.1041	1.1593	1.2167	1.2763	1.3382	1.4026	1.4693	1.5386	1.6105	1.7623	1.9254	2.0114	2.1003	2.2878	2.4883	2.9316	3.4360	4.0075	4.6526
6	1.0615	1.1262	1.1941	1.2653	1.3401	1.4185	1.5007	1.5809	1.6771	1.7716	1.9738	2.1950	2.3131	2.4364	2.6996	2.9860	3.6352	4.3980	5.2899	6.3275
7	1.0721	1.1487	1.2299	1.3159	1.4071	1.5036	1.6058	1.7738	1.8280	1.9487	2.2107	2.5023	2.6600	2.8262	3.1855	3.5832	4.5077	5.6205	6.9826	8.6054
8	1.0829	1.1717	1.2668	1.3686	1.4775	1.5938	1.7182	1.8509	1.9926	2.1436	2.4760	2.8526	3.0590	3.2784	3.7589	4.2998	5.5895	7.2058	9.2170	11.703
9	1.0937	1.1951	1.3048	1.4233	1.5513	1.6895	1.8385	1.9990	2.1719	2.3579	2.7731	3.2519	3.5179	3.8030	4.4355	5.1598	6.9310	9.2234	12.166	15.917
10	1.1046	1.2190	1.3439	1.4802	1.6289	1.7908	1.9672	2.1589	2.3674	2.5937	3.1058	3.7072	4.0456	4.4114	5.2338	6.1917	8.5914	11.806	16.060	21.647
11	1.1157	1.2434	1.3842	1.5395	1.7103	1.8933	2.1049	2.3316	2.5804	2.8531	3.4785	4.2262	4.6524	5.1173	6.1759	7.4301	10.657	15.112	21.199	29.439
12	1.1268	1.2682	1.4258	1.6010	1.7959	2.0122	2.2522	2.5182	2.8127	3.1384	3.8960	4.8179	5.3503	5.9360	7.2876	8.9161	13.215	19.343	27.983	40.037
13	1.1381	1.2936	1.4685	1.6651	1.8856	2.1329	2.4098	2.7196	3.0658	3.4523	4.3635	5.4924	6.1528	5.8858	8.5994	10.699	16.386	24.759	36.937	54.451
14	1.1495	1.3195	1.5126	1.7317	1.9799	2.2609	2.5785	2.9372	3.3417	3.7975	4.8871	6.2613	7.0757	7.9875	10.147	12.839	20.319	31.691	48.757	74.053
15	1.1610	1.3459	1.5580	1.8009	2.0789	2.3966	2.7590	3.1722	3.6425	4.1772	5.4736	7.1379	8.1371	9.2655	11.974	15.407	25.196	40.566	64.359	100.71
16	1.1726	1.3728	1.6047	1.8730	2.1829	2.5404	2.9522	3.4259	3.9703	4.5950	6.1304	8.1372	9.3576	10.748	14.129	18.488	31.243	51.923	84.954	136.97
17	1.1843	1.4002	1.6528	1.9479	2.2920	2.6928	3.1588	3.7000	4.3276	5.0545	6.8660	9.2765	10.761	12.468	16.672	22.186	38.741	66.461	112.14	186.28
18	1.1961	1.4282	1.7024	2.0258	2.4066	2.8543	3.3799	3.9960	4.7171	5.5599	7.6900	10.575	12.375	14.463	19.673	26.623	48.039	86.071	148.02	253.34
19	1.2081	1.4568	1.7535	2.1068	2.5270	3.0256	3.6165	4.3157	5.1417	6.1159	8.6128	12.056	14.232	16.777	23.214	31.948	59.568	108.89	195.39	344.54
20	1.2202	1.4859	1.8061	2.1911	2.6533	3.2071	3.8697	4.6610	5.6044	6.7275	9.6463	13.743	16.367	19.461	27.393	38.338	73.864	139.38	257.92	468.57
21	1.2324	1.5157	1.8603	2.2788	2.7860	3.3996	4.1406	5.0338	6.1088	7.4002	10.804	15.668	18.822	22.574	32.324	46.005	91.592	178.41	340.45	637.26
22	1.2447	1.5460	1.9161	2.3699	2.9253	3.6035	4.4304	5.4365	6.6586	8.1403	12.100	17.861	21.645	26.186	38.142	55.206	113.57	228.36	449.39	866.67
23	1.2572	1.5769	1.9736	2.4647	3.0715	3.8197	4.7405	5.8715	7.2579	8.2543	13.552	20.362	24.891	30.376	45.008	66.247	140.83	292.30	593.20	1178.7
24	1.2697	1.6084	2.0328	2.5633	3.2251	4.0489	5.0724	6.3412	7.9111	9.8497	15.179	23.212	28.625	35.236	53.109	79.497	174.63	374.14	783.02	1603.0
25	1.2824	1.6406	2.0938	2.6558	3.3864	4.2919	5.4274	6.8485	8.6231	10.835	17.000	26.462	32.919	40.874	62.669	95.396	216.54	478.90	1033.6	2180.1
26	1.2953	1.6734	2.1566	2.7725	3.5557	4.5494	5.8076	7.3964	9.3992	11.918	19.040	30.167	37.857	47.414	73.949	114.48	268.51	613.00	1364.3	2964.9
27	1.3082	1.7069	2.2213	2.8834	3.7335	4.8823	6.2139	7.9881	10.245	13.110	21.325	34.390	43.535	55.000	87.260	137.37	332.95	784.64	1800.9	4032.3
28	1.3213	1.7410	2.2879	2.9987	3.9201	5.1117	6.6488	8.6271	11.167	14.421	23.884	39.204	50.066	63.800	102.97	164.84	412.86	1004.3	2377.2	5483.9
29	1.3345	1.7758	2.3566	3.1187	4.1161	5.4184	7.1143	9.3173	12.172	15.863	26.750	44.693	57.575	74.009	121.50	197.81	511.95	1285.6	3137.9	7458.1
30	1.3478	1.8114	2.4273	3.2434	4.3219	5.7435	7.6123	10.063	13.268	17.449	29.960	50.950	66.212	85.850	143.37	237.38	634.82	1645.5	4142.1	10143
40	1.4889	2.2080	3.2620	4.8010	7.0400	10.286	14.794	21.725	31.408	45.259	93.051	188.83	267.86	378.72	750.38	1469.8	5455.9	19427.0	66521.0	*
50	1.6446	2.6916	4.3839	7.1067	11.467	18.420	29.457	46.902	74.358	117.39	289.00	700.23	1083.7	1670.7	3927.4	9100.4	46890.0	*	*	*
60	1.8167	3.2810	5.8916	10.520	18.679	32.988	57.946	101.26	176.03	304.48	897.60	2595.9	4384.0	7370.2	20555.0	56348.0	*	*	*	*
	* >99999																			

附表二

1元复利现值系数表

期数	1%	2%	3%	4%	5%	6%	7%	8%	9%	10%	12%	14%	15%	16%	18%	20%	24%	28%	32%	36%
1	0.9901	0.9804	0.9709	0.9615	0.9524	0.9434	0.9346	0.9259	0.9174	0.9091	0.8929	0.8772	0.8696	0.8621	0.8475	0.8333	0.8065	0.7813	0.7576	0.7353
2	0.9803	0.9712	0.9426	0.9246	0.9070	0.8900	0.8734	0.8573	0.8417	0.8264	0.7972	0.7695	0.7561	0.7432	0.7182	0.6944	0.6504	0.6104	0.5739	0.5407
3	0.9706	0.9423	0.9151	0.8890	0.8638	0.8396	0.8163	0.7938	0.7722	0.7513	0.7118	0.6750	0.6575	0.6407	0.6086	0.5787	0.5245	0.4768	0.4348	0.3975
4	0.9610	0.9238	0.8885	0.8548	0.8227	0.7921	0.7629	0.7350	0.7084	0.6830	0.6355	0.5921	0.5718	0.5523	0.5158	0.4823	0.4230	0.3725	0.3294	0.2923
5	0.9515	0.9057	0.8626	0.8219	0.7835	0.7473	0.7130	0.6806	0.6499	0.6209	0.5674	0.5194	0.4972	0.4762	0.4371	0.4019	0.3411	0.2910	0.2495	0.2149
6	0.9420	0.8880	0.8375	0.7903	0.7462	0.7050	0.6663	0.6302	0.5963	0.5645	0.5066	0.4556	0.4323	0.4104	0.3704	0.3349	0.2751	0.2274	0.1890	0.1580
7	0.9327	0.8606	0.8131	0.7599	0.7107	0.6651	0.6227	0.5835	0.5470	0.5132	0.4523	0.3996	0.3759	0.3538	0.3139	0.2791	0.2218	0.1776	0.1432	0.1162
8	0.9235	0.8535	0.7874	0.7307	0.6768	0.6274	0.5820	0.5403	0.5019	0.4665	0.4039	0.3506	0.3269	0.3050	0.2660	0.2326	0.1789	0.1388	0.1085	0.0854
9	0.9143	0.8368	0.7664	0.7026	0.6446	0.5919	0.5439	0.5002	0.4604	0.4241	0.3606	0.3075	0.2843	0.2630	0.2255	0.1938	0.1443	0.1084	0.0822	0.0628
10	0.9053	0.8203	0.7441	0.6756	0.6139	0.5584	0.5083	0.4632	0.4224	0.3855	0.3220	0.2697	0.2472	0.2267	0.1911	0.1615	0.1164	0.0847	0.0623	0.0462
11	0.8963	0.8043	0.7224	0.6496	0.5847	0.5268	0.4751	0.4289	0.3875	0.3505	0.2875	0.2366	0.2149	0.1954	0.1619	0.1346	0.0938	0.0662	0.0472	0.0340
12	0.8874	0.7885	0.7014	0.6246	0.5568	0.4970	0.4440	0.3971	0.3555	0.3186	0.2567	0.2076	0.1869	0.1685	0.1373	0.1122	0.0757	0.0517	0.0357	0.0250
13	0.8787	0.7730	0.6810	0.6006	0.5303	0.4688	0.4150	0.3677	0.3262	0.2897	0.2292	0.1821	0.1625	0.1452	0.1163	0.0935	0.0610	0.0404	0.0271	0.0184
14	0.8700	0.7579	0.6611	0.5775	0.5051	0.4423	0.3878	0.3405	0.2992	0.2633	0.2046	0.1597	0.1413	0.1252	0.0985	0.0779	0.0492	0.0316	0.0205	0.0135
15	0.8613	0.7430	0.6419	0.5553	0.4810	0.4173	0.3624	0.3152	0.2745	0.2394	0.1827	0.1401	0.1229	0.1079	0.0835	0.0649	0.0397	0.0247	0.0155	0.0099
16	0.8528	0.7284	0.6232	0.5339	0.4581	0.3936	0.3387	0.2919	0.2519	0.2176	0.1631	0.1229	0.1069	0.0980	0.0709	0.0541	0.0320	0.0193	0.0118	0.0073
17	0.8444	0.7142	0.6050	0.5134	0.4363	0.3714	0.3166	0.2703	0.2311	0.1978	0.1456	0.1078	0.0929	0.0802	0.0600	0.0451	0.0259	0.0150	0.0089	0.0054
18	0.8360	0.7002	0.5874	0.4936	0.4155	0.3503	0.2959	0.2502	0.2120	0.1799	0.1300	0.0946	0.0808	0.0691	0.0508	0.0376	0.0208	0.0118	0.0068	0.0039
19	0.8277	0.6864	0.5703	0.4746	0.3957	0.3305	0.2765	0.2317	0.1945	0.1635	0.1161	0.0829	0.0703	0.0596	0.0431	0.0313	0.0168	0.0092	0.0051	0.0029
20	0.8195	0.6730	0.5537	0.4564	0.3769	0.3118	0.2584	0.2145	0.1784	0.1486	0.1037	0.0728	0.0611	0.0514	0.0365	0.0261	0.0135	0.0072	0.0039	0.0021
21	0.8114	0.6598	0.5375	0.4388	0.3589	0.2942	0.2415	0.1987	0.1637	0.1351	0.0926	0.0638	0.0531	0.0443	0.0309	0.0217	0.0109	0.0056	0.0029	0.0016
22	0.8034	0.6468	0.5219	0.4220	0.3418	0.2775	0.2257	0.1839	0.1502	0.1228	0.0826	0.0560	0.0462	0.0382	0.0262	0.0181	0.0088	0.0044	0.0022	0.0012
23	0.7954	0.6342	0.5067	0.4057	0.3256	0.2618	0.2109	0.1703	0.1378	0.1117	0.0783	0.0491	0.0402	0.0329	0.0222	0.0151	0.0071	0.0034	0.0017	0.0008
24	0.7876	0.6217	0.4919	0.3901	0.3101	0.2470	0.1971	0.1577	0.1264	0.1015	0.0659	0.0431	0.0349	0.0284	0.0188	0.0126	0.0057	0.0027	0.0013	0.0006
25	0.7798	0.6095	0.4776	0.3751	0.2953	0.2330	0.1842	0.1460	0.1160	0.0923	0.0588	0.0378	0.0304	0.0245	0.0160	0.0105	0.0046	0.0021	0.0010	0.0005
26	0.7720	0.5976	0.4637	0.3604	0.2812	0.2198	0.1722	0.1352	0.1064	0.0839	0.0525	0.0331	0.0264	0.0211	0.0135	0.0087	0.0037	0.0016	0.0007	0.0003
27	0.7644	0.5859	0.4502	0.3468	0.2678	0.2074	0.1609	0.1252	0.0978	0.0763	0.0469	0.0291	0.0230	0.0182	0.0115	0.0073	0.0030	0.0013	0.0006	0.0002
28	0.7568	0.5744	0.4371	0.3335	0.2551	0.1956	0.1504	0.1159	0.0895	0.0693	0.0419	0.0255	0.0200	0.0157	0.0097	0.0061	0.0024	0.0010	0.0004	0.0002
29	0.7493	0.5631	0.4243	0.3207	0.2429	0.1846	0.1406	0.1073	0.0822	0.0630	0.0374	0.0224	0.0174	0.0135	0.0082	0.0051	0.0020	0.0008	0.0003	0.0001
30	0.7419	0.5521	0.4120	0.3083	0.2314	0.1741	0.1314	0.0994	0.0754	0.0573	0.0334	0.0196	0.0151	0.0116	0.0070	0.0042	0.0016	0.0006	0.0002	0.0001
35	0.7059	0.5000	0.3554	0.2534	0.1813	0.1301	0.0937	0.0676	0.0490	0.0356	0.0189	0.0102	0.0075	0.0055	0.0030	0.0017	0.0005	0.0002	0.0001	*
40	0.6717	0.4529	0.3066	0.2083	0.1420	0.0972	0.0668	0.0460	0.0318	0.0221	0.0107	0.0053	0.0037	0.0026	0.0013	0.0007	0.0002	0.0001	*	*
45	0.6391	0.4102	0.2644	0.1712	0.1113	0.0727	0.0476	0.0313	0.0207	0.0137	0.0061	0.0027	0.0019	0.0013	0.0006	0.0003	0.0001	*	*	*
50	0.6080	0.3715	0.2281	0.1407	0.0872	0.0543	0.0339	0.0213	0.0134	0.0085	0.0035	0.0014	0.0009	0.0006	0.0003	0.0004	*	*	*	*
55	0.5785	0.3365	0.1968	0.1157	0.0683	0.0406	0.0242	0.0145	0.0087	0.0053	0.0020	0.0007	0.0005	0.0003	0.0001	*	*	*	*	*

* <0.0001

附表三

1元年金终值系数表

期数	1%	2%	3%	4%	5%	6%	7%	8%	9%	10%	12%	14%	15%	16%	18%	20%	24%	28%	32%	36%
1	1.0000	1.0000	1.0000	1.0000	1.0000	1.0000	1.0000	1.0000	1.0000	1.0000	1.0000	1.0000	1.0000	1.0000	1.0000	1.0000	1.0000	1.0000	1.0000	1.0000
2	2.0100	2.0200	2.0300	2.0400	2.0500	2.0600	2.0700	2.0800	2.0900	2.1000	2.1200	2.1400	2.1500	2.1600	2.1800	2.2000	2.2400	2.2800	2.3200	2.3600
3	3.0301	3.0604	3.0909	3.1216	3.1525	3.1836	2.2149	3.2464	3.2781	3.3100	3.3744	3.4396	3.4725	3.5066	3.5724	3.6400	3.7776	3.9184	3.0624	3.2096
4	4.0604	4.1216	4.1836	4.2465	4.3101	4.3746	4.4399	4.5061	4.5731	4.6410	4.7793	4.9211	4.9934	5.0665	5.2154	5.3680	5.6842	6.0156	6.3624	6.7251
5	5.1010	5.2040	5.3091	5.4163	5.5256	5.6371	5.7507	5.8666	5.9847	6.1051	6.3528	6.6101	6.7424	6.8771	7.1542	7.4416	8.0484	8.6999	9.3983	10.146
6	6.1520	6.3081	6.4684	6.6330	6.8019	6.9753	7.1533	7.3359	7.5233	7.7156	8.1152	8.5355	8.7537	8.9775	9.4420	9.9299	10.980	12.136	13.406	14.799
7	7.2135	7.4343	7.6625	7.8983	8.1420	8.3938	8.6540	8.9228	9.2004	9.4872	10.089	10.730	11.067	11.414	12.142	12.916	14.615	16.534	18.696	21.126
8	8.2857	8.5830	8.8923	9.2142	9.5491	9.8975	10.260	10.637	11.028	11.436	12.300	13.233	13.727	14.240	15.327	16.499	19.123	22.163	25.678	29.732
9	9.3685	9.7546	10.159	10.583	11.027	11.491	11.978	12.488	13.021	13.579	14.776	16.085	16.786	17.519	19.086	20.799	24.712	29.369	34.895	41.435
10	10.462	10.950	11.464	12.006	12.578	13.181	13.816	14.487	15.193	15.937	17.549	19.337	20.304	21.321	23.521	25.959	31.643	38.593	47.062	57.352
11	11.567	12.169	12.808	13.486	14.207	14.972	15.784	16.645	17.560	18.531	20.655	23.045	24.349	25.733	28.755	32.150	40.238	50.398	63.122	78.998
12	12.583	13.412	14.192	15.026	15.917	16.870	17.888	18.977	20.141	21.384	24.133	27.271	29.002	30.850	34.931	39.581	50.895	65.510	84.320	108.44
13	13.809	14.680	15.618	16.627	17.713	18.882	20.141	21.495	22.953	24.523	28.029	32.089	34.352	36.786	42.219	48.497	64.110	84.853	114.30	148.47
14	14.947	15.974	17.086	18.292	19.599	21.015	23.550	24.214	26.019	27.975	32.393	37.581	40.505	43.672	50.818	59.196	80.496	109.61	149.24	202.93
15	16.097	17.293	18.599	20.024	21.579	23.276	25.129	27.152	29.361	31.772	37.280	43.842	47.580	51.660	60.695	72.035	100.82	141.30	198.00	276.98
16	17.258	18.639	20.157	21.825	23.657	25.673	27.888	30.324	33.003	35.950	42.753	50.980	55.717	60.925	72.939	87.442	126.01	181.87	262.36	377.69
17	18.430	20.012	21.762	23.698	25.840	28.213	30.840	33.750	36.974	40.545	48.884	59.118	65.075	71.673	87.068	105.93	157.25	233.79	347.31	514.66
18	19.615	21.412	23.414	25.645	28.132	30.906	33.999	37.459	41.301	45.599	55.750	68.394	75.836	84.141	103.74	128.12	195.99	300.25	459.45	770.94
19	20.811	22.841	25.117	27.671	30.539	33.760	37.379	41.446	46.018	51.159	63.440	78.969	88.212	98.603	123.41	154.74	244.03	385.32	607.47	954.28
20	22.019	24.297	26.870	29.778	33.066	36.786	40.995	45.752	51.160	57.275	72.052	91.025	102.44	115.38	146.63	186.69	303.60	494.21	802.86	1298.8
21	23.239	25.783	28.676	31.969	35.719	39.993	44.865	50.423	56.765	64.002	81.699	104.77	118.81	134.84	174.02	225.03	377.46	633.59	1060.8	1767.4
22	24.472	27.299	30.537	34.248	38.505	43.392	49.006	55.457	62.873	71.403	92.503	120.44	137.63	157.41	206.34	271.03	469.06	812.00	1401.2	2404.7
23	25.716	28.845	32.453	36.618	41.430	46.996	53.436	60.883	69.532	79.543	104.60	138.30	159.28	183.60	244.49	326.24	582.63	1040.4	3850.6	3271.3
24	26.973	30.422	34.426	39.083	44.502	50.816	58.177	66.765	76.790	88.497	118.16	158.66	184.17	213.98	289.49	392.48	723.46	1832.7	2443.8	4450.0
25	28.243	32.030	36.459	41.646	47.727	54.863	63.269	73.106	84.701	98.347	133.33	181.87	212.79	249.21	342.60	471.98	898.09	1706.8	3226.8	6053.0
26	29.526	33.671	38.553	44.312	51.113	59.156	68.676	79.954	93.324	109.18	150.33	208.33	245.71	290.09	405.27	567.38	1114.6	2185.7	4260.4	8233.1
27	30.821	35.344	40.710	47.084	54.669	63.766	74.484	87.351	102.72	121.10	169.37	238.50	283.57	337.50	479.22	681.85	1383.1	2798.7	5624.8	11198.0
28	32.129	37.051	42.931	49.968	58.403	68.528	80.698	95.339	112.97	134.21	190.70	272.89	327.10	392.50	556.48	819.22	1716.1	3583.3	7425.7	15230.3
29	33.450	38.792	45.219	52.966	62.323	73.640	87.347	103.97	124.14	148.63	214.58	312.09	377.17	456.30	669.45	984.07	2129.0	4587.7	9802.9	20714.2
30	34.785	40.568	47.575	56.085	66.439	79.058	94.461	113.28	136.31	164.49	241.33	356.79	434.75	530.31	790.95	1181.9	2640.9	5873.2	12941.	28172.3
40	48.886	60.402	75.401	95.026	120.80	154.76	199.64	259.06	337.88	442.59	767.09	1342.0	1779.1	2360.8	4163.2	7343.2	2729.0	69377.0	*	*
50	64.463	84.579	112.80	152.67	209.35	290.34	406.53	573.77	815.08	1163.9	2400.0	4994.5	7217.7	10436.	21813.	45497.	*	*	*	*
60	81.670	114.05	163.05	237.99	353.58	533.13	813.52	1253.2	1944.8	3034.8	7471.6	18535.	29220.	46058.	*	*	*	*	*	*
	*＞99999																			

附表四

1元年金现值系数表

期数	1%	2%	3%	4%	5%	6%	7%	8%	9%	10%	12%	14%	15%	16%	18%	20%	24%	28%	32%
1	0.9901	0.9804	0.9709	0.9615	0.9524	0.9434	0.9346	0.9259	0.9174	0.9091	0.8929	0.8772	0.8696	0.8621	0.8475	0.8333	0.8065	0.7813	0.7576
2	1.9704	1.9416	1.9135	1.8861	1.8594	1.8334	1.8080	1.7833	1.7591	1.7355	1.6901	1.6467	1.6257	1.6052	1.5656	1.5278	1.4568	1.3916	1.3315
3	2.9410	2.8839	2.8286	2.7751	2.7232	2.6730	2.6243	2.5771	2.5313	2.4869	2.4018	2.3216	2.2832	2.2459	2.1743	2.1065	1.9813	1.8684	1.7663
4	3.9020	3.8077	3.7171	3.6299	3.5460	3.4561	3.3872	3.3121	3.2397	3.1699	3.0373	2.9173	2.8550	2.7982	2.6901	2.5887	2.4043	2.2410	2.0957
5	4.8534	4.7136	4.5797	4.4518	4.3295	4.2124	4.1002	3.9927	3.8897	3.7908	3.6048	3.4331	3.3522	3.2743	3.1272	2.9906	2.7454	2.5320	2.3452
6	5.7955	5.6014	5.4172	5.2421	5.0757	4.9173	4.7665	4.6229	4.4859	4.3553	4.1114	3.8887	3.7845	3.6847	3.4976	3.3255	3.0205	2.7594	2.5342
7	6.7282	6.4720	6.2303	6.0021	5.7864	5.5824	5.3893	5.2064	5.0330	4.8684	4.5638	4.2882	4.1604	4.0386	3.8115	3.6046	3.2423	2.9370	2.6775
8	7.6517	7.3255	7.0197	6.7327	6.4632	6.2098	5.9713	5.7466	5.5348	5.3349	4.9676	4.6389	4.4873	4.3436	4.0776	3.8372	3.4212	3.0758	2.7860
9	8.5660	8.1622	7.7861	7.4353	7.1078	6.8017	6.5152	6.2469	5.9952	5.7590	5.3282	4.9164	4.7716	4.6065	4.3030	4.0310	3.5655	3.1842	2.8681
10	9.4713	8.9826	8.5302	8.1109	7.7217	7.3601	7.0236	6.7101	6.4177	6.1446	5.6502	5.2161	5.0188	4.8332	4.4941	4.1925	3.6819	3.2689	2.9304
11	10.3676	9.7868	9.2526	8.7605	8.3064	7.8869	7.4987	7.1390	6.8052	6.4951	5.9377	5.4527	5.2337	5.0286	4.6560	4.3271	3.7757	3.3351	2.9776
12	11.2551	10.5753	9.9540	9.3851	8.8633	8.3838	7.9427	7.5361	7.1607	6.8137	6.1944	5.6603	5.4206	5.1971	4.7932	4.4392	3.8514	3.3868	3.0133
13	12.1337	11.3484	10.6350	9.9856	9.3936	8.8527	8.3577	7.9038	7.4869	7.1034	6.4235	5.8424	5.5831	5.3423	4.9095	4.5327	3.9124	3.4272	3.0404
14	13.0037	12.1062	11.2961	10.5631	9.8986	9.2950	8.7455	8.2442	7.7862	7.3667	6.6282	6.0021	5.7245	5.4675	5.0081	4.6106	3.9616	3.4587	3.0609
15	13.8651	12.8493	11.9379	11.1184	10.3797	9.7122	9.1079	8.5595	8.0607	7.6061	6.8109	6.1422	5.8474	5.5755	5.0916	4.6755	4.0013	3.4834	3.0764
16	14.7179	13.5777	12.5611	11.6523	10.8378	10.1059	9.4466	8.8514	8.3126	7.8237	6.9740	6.2551	5.9542	5.6685	5.1624	4.7296	4.0333	3.5026	3.0882
17	15.5623	14.2919	13.1661	12.1657	11.2741	10.4773	9.7632	9.1216	8.5436	8.0216	7.1196	6.3729	6.0472	5.7487	5.2223	4.7746	4.0591	3.5177	3.0971
18	16.3983	14.9920	13.7535	12.6896	11.6896	10.8276	10.0591	9.3719	8.7556	8.2014	7.2497	6.4674	6.1280	5.8178	5.2732	4.8122	4.0799	3.5294	3.1039
19	17.2260	15.6785	14.3288	13.1339	12.0853	11.1581	10.3356	9.6036	8.9601	8.3649	7.3658	6.5504	6.1982	5.8775	5.3162	4.8435	4.0967	3.5386	3.1090
20	18.0456	16.3514	14.8775	13.5903	12.4622	11.4699	10.5940	9.8181	9.1285	8.5136	7.4694	6.6231	6.2593	5.9288	5.3527	4.8696	4.1103	3.5458	3.1129
21	18.8570	17.0112	15.4150	14.0292	12.8212	11.7641	10.8355	10.0168	9.2922	8.6487	7.5620	6.6870	6.3125	5.9731	5.3837	4.8913	4.1212	3.5514	3.1158
22	19.6604	17.6580	15.9369	14.4511	13.4886	12.3034	11.0612	10.2007	9.4424	8.7715	7.6446	6.7429	6.3587	6.0113	5.4099	4.9094	4.1300	3.5558	3.1180
23	20.4558	18.2922	16.4436	14.8568	13.4886	12.3034	11.2722	10.3711	9.5802	8.8832	7.7184	6.7921	6.3988	6.0442	5.4321	4.9245	4.1371	3.5592	3.1197
24	21.2434	18.9139	16.9355	15.2470	13.7986	12.5504	11.4693	10.5288	9.7066	8.9847	7.7843	6.8351	6.4338	6.0726	5.4509	4.9371	4.1428	3.5619	3.1210
25	22.0232	19.5235	17.4131	15.6221	14.0939	12.7834	11.6536	10.6748	9.8226	9.0770	7.8431	6.8729	6.4641	6.0971	5.4669	4.9476	4.1474	3.5640	3.1220
26	22.7952	20.1210	17.8768	15.9828	14.3752	13.0032	11.8258	10.8100	9.9290	9.1609	7.8957	6.9061	6.4906	6.1182	5.4804	4.9563	4.1511	3.5656	3.1227
27	23.5596	20.7059	18.3270	16.3296	14.6430	13.2105	11.9867	10.9352	10.0266	9.2372	7.9426	6.9352	6.5135	6.1364	5.4919	4.9636	4.1542	3.5669	3.1233
28	24.3164	21.2813	18.7641	16.6631	14.8981	13.4062	12.1371	11.0511	10.1161	9.3066	7.9844	6.9607	6.5335	6.1520	5.5016	4.9697	4.1566	3.5679	3.1237
29	25.0658	21.8444	19.1885	16.9837	15.1411	13.5907	12.2777	11.1584	10.1983	9.3696	8.0218	6.9830	6.5509	6.1656	5.5098	4.9747	4.1585	3.5687	3.1240
30	25.8077	22.3965	19.6004	17.2920	15.3725	13.7648	12.4090	11.2578	10.2737	9.4269	8.0552	7.0027	6.5660	6.1772	5.5168	4.9789	4.1601	3.5693	3.1242
35	29.4086	24.9986	21.4872	18.6646	16.3742	14.4982	12.9477	11.6546	10.5668	9.6442	8.1755	7.0700	6.6166	6.2153	5.5386	4.9915	1.1644	3.5708	3.1248
40	32.8347	27.3555	23.1148	19.7928	17.1591	15.0463	13.3317	11.9246	10.7574	9.7791	8.2438	7.1050	6.6418	6.2335	5.5482	4.9966	4.1659	3.5712	3.1250
45	36.0945	29.4902	24.5187	20.7200	17.7741	15.4558	13.6055	12.1084	10.8812	9.8628	8.2825	7.1232	6.6543	6.2421	5.5523	4.9986	4.1664	3.5714	3.1250
50	39.1961	31.4236	25.7298	21.4822	18.2559	15.7619	13.8007	12.2335	10.9617	9.9148	8.3045	7.1327	6.6605	6.2463	5.5541	4.9995	4.1666	3.5714	3.1250
55	42.1472	33.1748	26.7744	22.1086	18.6335	15.9905	13.9399	12.3186	11.0140	9.4171	8.3170	7.1376	6.6636	6.2482	5.5549	4.9998	4.1666	3.5714	3.1250

参考文献

[1] 白蔚秋,潘秀丽.财务管理学[M].北京:经济科学出版社,2010.

[2] 财政部会计资格评价中心.财务管理[M].北京:中国财政经济出版社,2010.

[3] 荆新,王化成.财务管理学[M].北京:中国人民大学出版社,2006.

[4] 王化成.财务管理教学案例[M].北京:中国人民大学出版社,2001.

[5] 袁建国.财务管理[M].大连:东北财经大学出版社,2008.

[6] 刘曼红,等.公司理财[M].北京:中国人民大学出版社,2009.

[7] 王建华.现代财务管理精华读本[M].合肥:安徽人民出版社,2002.

[8] 张鸣,陈文浩.财务管理[M].北京:高等教育出版社,2007.

[9] 唐婉虹,等.财务管理教程[M].上海:立信会计出版社,2002.

[10] 王庆成.财务管理学[M].北京:中国财政经济出版社,2006.

[11] 何瑞丰,徐斌.财务管理学[M].上海:华东师范大学出版社,2009.

[12] 何建国,黄金曦.财务管理[M].北京:清华大学出版社,2011.

[13] 胡旭微,刘洪彬.财务管理[M].杭州:浙江大学出版社,2010.

[14] 乔宏.财务管理[M].成都:西南财经大学出版社,2008.